序言（一）

开展社会实践活动是贯彻党的教育方针的重要措施，是加强和改进高校思想政治教育的重要途径，是应用型人才培养的重要手段。其体现实践育人的教育理念，有助于大学生了解社会、认识国情、增长才干、锻炼毅力、奉献自我、学以致用，对于坚定正确的理想信念、增强历史使命感和社会责任感具有重要意义，是大学生成长为社会主义事业的合格建设者和可靠接班人的重要一课。

山东青年政治学院历来高度重视社会实践在大学生成长成才中的重要作用。近年来，我校大学生积极响应党和国家号召，踊跃参加社会实践和志愿服务，不仅为经济社会发展做出了贡献，自身也在基层的实践锻炼中健康成长，所展现出的对理想信念的坚定追求，对历史使命的积极回应，对时代责任的勇于担当，赢得了社会各界的高度赞扬和肯定。

山东青年政治学院政治与公共管理学院依托山东省高水平应用型培育建设专业——社会工作专业群，按照“知行合一”的原则，紧密结合学生所学专业，实行课程体系、第二课堂体系与自我教育体系的有机统一，将专业社会实践作为三位一体人才培养体系的重要环节，强调学生自我成长与交互成长，以项目化运作的方式，采用专业教师全程指导、学生自发组建实践团队的方式，实施了一系列内容充实、切合实际的专业社会实践项目。学院特别制定了相应的管理与激励政策，鼓励学生项目化进行专业社会实践，并对形成的成果按照学术论文标准进行查重、审读，对优秀成果积极推荐发表，参加“挑战杯”“模拟政协提案大赛”等竞赛活动，推动学生专业社会实践成果的转化应用，打造了社会实践的全链条工作体系。

从“受教育”角度来说，本书将项目化专业社会实践取得的成果集结成册，旨在引导广大青年学生以更加专业的视角积极投身社会实践，同时充分发挥实践活动在加强和改进大学生思想政治教育中的积极作用，将思政小课堂与社会大课堂相结合，让思想政治教育“活”的教科书成为青年大学生在“拔苗育穗期”的铸魂之基；从“长才干”视角来讲，本书是从学生所学专业出发，围绕养老产业发展、留守儿童权益维护、优秀历史文化传承、精准扶贫举措、城市社区治理等社会问题开展的实践调研，有利于引导学生在实践中验证所学理论、促进认知的螺旋式上升，形成知识链条闭环，学思践悟、知行合一；从“做贡献”方面来看，本丛书的出版将对大学生社会实践活动专业化、精准化，实践项目成果化、社会化起到很好的示范作用，在引导青年读透“有字之书”，掌握专业知识、丰富知识储备的同时，又搭建了青年体悟“无字之书”的平台，对于青年学生运用理论指导实践、通过实践悟得真知起到了很好的帮助作用。

相信这套实践成果的出版，不仅对学校下一步继续深化专业社会实践活动的组织实施，而且对其他高校学生社会实践活动的开展都具有较好的借鉴和指导意义。

山东青年政治学院党委书记　鹿　林

2020 年 1 月

序言（二）

20世纪80年代初，团中央首次号召全国大学生在暑期开展“三下乡”社会实践活动。1996年12月，中央宣传部、国家科委、农业部、文化部等十部委联合下发《关于开展文化科技卫生“三下乡”活动的通知》。1997年，“三下乡”活动在全国正式开展，随后逐步在各高校展开，时至今日已成为各大高校锻炼学生社会实践能力的一种重要的常规性活动，也是考核学生综合素质的重要指标。

2004年，中共中央国务院《关于进一步加强和改进大学生思想政治教育的意见》（中发〔2004〕16号）发布后；2005年，团中央、教育部制定了《关于进一步加强和改进大学生社会实践的意见》（中青联发〔2005〕3号），文件第四条提出：“文化、科技、卫生‘三下乡’和科教、文体、法律、卫生‘四进社区’活动，是新形势下大学生参加社会实践的有效载体。要广泛发动大学生利用寒暑假等时间开展‘三下乡’和‘四进社区’活动。高校要更加主动地与地方沟通，进一步明确实践服务的内容，根据需求选派相关专业的大学生组成团队，为群众办实事、做好事、解难事。”

山东青年政治学院历来高度重视学生的全面发展，支持鼓励各类学生实习实践活动。政治与公共管理学院依托山东省高水平应用型培育建设专业——社会工作专业群，多年来遵守“以学生为本”“知行合一”的教育原则，突出专业特色打造，注重发挥青年院校的政治优势，坚持政治方向行政规律、运用社会工作理念方法、借鉴公共事业管理手段，把学生社会实践作为培养“立场坚定、基础扎实、能力突出、素质全面”的社区治理人才的重要抓手。

学院确立了“紧密结合所学专业，有效衔接一二课堂，任课教师全程指导，实践成果转化应用”的工作原则。在学生所学的“社会调查”

“社会研究方法训练”“社会统计软件应用”等课程中将社会实践作为课程考核的重要组成部分，专门设置“认知实习”环节，由专业课任课教师担任实践项目指导教师，组织开展社会实践项目申报答辩，对获批立项的项目进行资金支持和全过程指导，实践活动结束后对形成的成果按照学术论文标准进行查重、审读，对优秀成果积极推荐发表，参加“挑战杯”“模拟政协提案大赛”等竞赛活动，推动学生实践成果转化应用。打造社会实践的全链条工作体系。

本书汇编了山东青年政治学院政治与公共管理学院2017—2018年的60余篇学生寒暑假社会实践报告，结合学生所学的社会工作、政治学与行政学、公共事业管理、法律事务等专业，围绕养老产业发展、留守儿童权益维护、优秀历史文化传承、精准扶贫举措、城市社区治理等问题开展调查研究，针对存在的突出问题进行数据分析，尝试提出对策建议。一定程度上代表了学院社会实践专业化、项目化的工作水平，以期对高校开展实践活动提供一定的启发、借鉴和参考。

本书由山东青年政治学院政治与公共管理学院院长王玉香任编委会主任，由山东青年政治学院党校副校长于其欣，山东青年政治学院政治与公共管理学院党总支书记丁萍任编委会副主任，政治与公共管理学院副院长张剑，政治与公共管理学院副院长卢鹏程任主编。感谢各位编者的大力支持，感谢为本书编辑成册做出努力的单位和个人！

由于编者水平有限，编辑时间仓促，本书可能会有疏漏不周之处，敬请广大高校同仁及读者批评指正。

编委会
2020年1月

目录 Contents

关于公共政策视角下“限塑令”执行现状及成效的调研报告——以山东省济南市为例

团队负责人：李泓成　　　　　　　　　　　　　　　　指导教师：臧文杰
团队成员：吴学良　李文华　陈钊　韩津情　王文露

一、项目背景

党的十九大以来，习近平总书记提出建设生态文明是中华民族长远发展的宏伟工程，我们必须坚持人与自然和谐相处的原则，坚持节约资源和保护环境的基本国策，实行最严格的生态环境保护制度，打好防止污染攻坚战，形成建设美丽中国的绿色发展道路和生活方式。

2018 年 1 月 5 日国家发展和改革委员会在其门户网站发表声明，向社会各界人士征集有关限制塑料垃圾污染的意见或建议，并将制定公共政策以限制塑料垃圾污染的加剧，国家发展改革委员会该举动让整整推行十年之久的公共政策“限塑令”再度引发关注。

2007 年 12 月 31 日国务院办公厅印发了《关于限制生产销售使用塑料购物袋的通知》，这份被群众称为“限塑令”的通知明确规定：“从 2008 年 6 月 1 日起，在全国范围内禁止生产、销售、使用厚度小于 0.025 毫米的塑料购物袋（简称超薄塑料购物袋）”。“自 2008 年 6 月 1 日起，在所有超市、商场、集贸市场等商品零售场所实行塑料购物袋有偿使用制度，一律不得免费提供塑料购物袋。”

时至今日，“限塑令”已经过去整整 10 个年头，虽然“限塑令”的执行取得了一定的成效，在限制白色污染保护生态环境等方面有着不可磨灭的作用，然而其现行状况堪忧，存在有偿使用制度执行情况参差不齐、价格调节作用在失效、集贸市场成为执行盲区、塑料袋质量不达标、社会大众支持不够等诸多问题。

二、项目目的

随着社会经济的发展，社会对生态环境更为关注，整治白色污染是打好防治污染攻坚战、加快形成生态文明体系中一个不可或缺的命题。为了贯彻落实十九大报告中大力推进生态文明建设的战略部署和十三五规划纲要中提高环境质量的要求，本社会实践团队结合所学公共事业管理专业知识，对“限塑令”这一公共政策在山东省济南市的现行状况进行一系列调研工作，剖析时效性对公共政策的影响以及“限塑令”执行过程中存在的问题，并根据社会大众对“限塑令”评价，运用软件 IBM SPSS Statistics 进行分析，提出加强限塑力度的有效措施和建议。

三、项目内容

项目概述

本项目以公共政策为切入视角，围绕生态环保主题开展，旨在通过发放问卷调查表、访谈及实地考察的方式，了解公共政策“限塑令”执行十年以来的实际执行现状及成效，并分析公共政策在执行过程中存在限制因素和问题，探究公共政策执行客体主体和政策执行客体如何更好地发挥作用，助力公共政策的实施。

项目创新点

1. 从公共政策视角下调研“限塑令”的执行状况及其问题，对“限塑令”这一公共政策的时效性进行研究与探析；

2. 以“限塑令”这一典型的公共政策为例，研究公共政策在执行过程中存在哪些制约因素和问题，并分析其原因，提出相应的对策。

3. 本项目围绕“限塑令”的执行状况展开研究，契合当前“限塑时代”走向“禁塑时代”的社会趋势。

调研经历

1. 深入了解调研项目、梳理文献、奠定调研基础

调研初期，通过查阅相关资料与书籍对公共视角理论进行梳理，深刻理解公共视角的核心内涵，探究公共政策视角与“限塑令”在现实操作过程中的联系，为后续研究奠定理论基础。其次调研团队成员首先通过查阅相关文献，利用各种渠道分专题广泛查阅相关理论资料，深刻解读中央文件及政策，进行文献资料的梳理与了解，概括公共政策“限塑令”的内涵、特征及研究现状

等，以“限塑令”这一公共政策为例深入探讨公共政策在我国执行过程中的困境及影响因素。

2. 组内充分讨论、分工合作、提高调研效率

我们在现代公共政策理论指导下，以公共政策涉及的责任主体和反馈主体为基础，设计了《“限塑令”执行现状及成效调查问卷》和访谈提纲，并且探讨并制定走访地点和区域。经过严谨的讨论，我们小组决定在社会调查过程中主要采用问卷调查法和访问调查法的方法，调研团队分为4个小组，对山东省济南市各大商场、农贸市场、中小型超市进行“限塑令”执行现状的问卷调查和无结构式访谈。分别对快递行业、零售行业、环卫行业等不同行业，消费者、经营者等不同人群进行了“限塑令”执行现状及成效的问卷调查和访谈。

3. 缜密整理、细致比对，保证调研成效

经过3天的调查，在济南市历下区、市中区13家大型商场、18家中小型超市、8所农贸市场各地点共计发放100份问卷，有效问卷93份，共计进行38次无结构式访谈。对于调研结果，使用专业课所学的IBM SPSS Statistics数据分析软件进行整理分析。基于调研数据，分析公共政策“限塑令”执行的执行现状及成效、政策落实等方面的阻碍因素，从公共政策视角分析如何规避这些问题，并根据调研数据和分析结果撰写调研报告。

四、项目方法

1. 相关文献查证

在调研开始之前，公共政策“限塑令”的内涵、特征及研究现状等的相关文献进行全面搜集、整合，力图使此份调研报告更具权威性、系统性。

2. 面对面访谈法

采用面对面访谈的方法，与该课题相关的人员进行直接面对面交谈，从而从多角度来探究这个问题，主要由以下五个方面深入探究

①对快递行业工作人员进行访问

②对环卫行业从业人员进行访问

③对政策执行对象销售商家进行访问

④对消费者进行访问

3. 调查问卷法

通过设计问题、发放问卷进行调查，团队成员再使用IBM SPSS Statistics软件对调查得到的问卷数据进行处理分析。

4. 头脑风暴法

经过前几个方法的调查，将收集到的数据整合之后，项目组成员进行了紧张激烈的头脑风暴讨论，最终使得该调研报告更具前瞻性与创新性。

五、项目结果——济南市“限塑令”执行现状及成效的调查分析

公共政策是由政府权力部门为解决公共问题、达成公共目标、实现公共利益所制定的公共方案，公共政策的彻底执行不仅需要政府发挥公共事务管理中的主导作用，也需要不同形式主体之间相互配合、密切联系、多方合作才能确保公共政策的落实。本次调研分别从公共政策涉及的不同形式主体出发，分析消费者、经营者对“限塑令”的执行现状。

（一）商品销售场所“限塑令”的执行现状

调研团队通过对济南市历下区、市中区 13 家大型商场、18 家中小型超市、8 所农贸市场的实地走访发现，大型商场对“限塑令”能够完全执行，塑料购物袋厚度符合国家限制大于 0.025 毫米的标准，塑料袋售价普遍在 0.2—0.5 元之间。23%的中小型超市能够对塑料购物袋进行收费，高达 77%的中小型超市未能执行有偿使用塑料袋制度。农贸市场的“限塑令”执行力度更是堪忧，高达 96%的农贸市场未能执行“限塑令”，不仅免费赠送塑料购物袋，而且仍有商家使用国家严令禁止厚度小于 0.025 毫米的超薄塑料袋，只有 4%的非露天农贸市场能够执行塑料购物袋有偿使用制度。

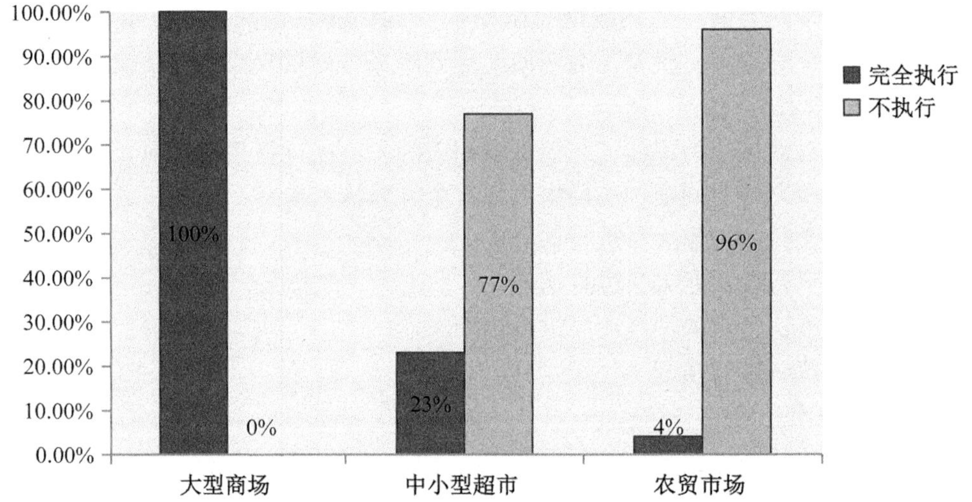

图 1　济南市各商品零售场所“限塑令”执行情况

数据表明大型商场和超市对“限塑令”做出了积极的响应和支持，但对于农贸市场来说这一公共政策成了一纸空文，并未对政策涉及主体起到实际约束效应。

表 1　您觉得哪里“限塑令”执行力最弱?

		频率	百分比	有效百分比	累积百分比
有效	菜场、水果店等小商贩	70	75.3	75.3	75.3
	超市	8	8.6	8.6	83.9
	商场	4	4.3	4.3	88.2
	其他	11	11.8	11.8	100.0
	总计	93	100.0	100.0	

从问卷调查角度来看，调查问卷中能够反应销售场所“限塑令”执行状况的是第 13 题“您觉得哪里‘限塑令’的执行力度最弱?”93 份有效调查问卷中，如表 1 所示选择菜市场、水果店和小商贩选项的有 70 人，占 75.3%；选择超市选项的人有 8 人，占 8.6%；选择商场选项的有 4 人，占 4.3%；选择其他选项的有 11 人，占 11.8%。公共政策的监督主体所提供的问卷数据与实地考察情况基本吻合，农贸市场、流动商贩仍然是“限塑令”得不到执行的重灾区。

（二）消费者对“限塑令”的参与现状

公民参与公共政策执行是公共政策民主化的内在要求。公民参与公共政策执行有利于提升公共政策的绩效、落实公共方案、达成公共目标、实现公共利益。消费者不仅是“限塑令”这一公共政策的执行客体，而且也是“限塑令”政策的监督主体、反馈主体，消费者的参与是提升限塑力度、评估政策绩效的重要途径。

消费者对“限塑令”的参与现状分析将按照公共政策“限塑令”认知度、支持度、影响度、预知度、执行度等五个方面进行分类概括，从而便于更加直观、全面的研究公共政策“限塑令”的执行现状及成效。

1. 消费者对公共政策“限塑令”的认知程度

表 2　您对“限塑令”的了解程度？

		频率	百分比	有效百分比	累积百分比
有效	（1）不了解	26	27.7	28.0	28.0
	（2）了解一点	51	54.3	54.8	82.8
	（3）了解较多	13	13.8	14.0	96.8
	（4）非常了解	3	3.2	3.2	100.0
	总计	93	98.9	100.0	

对于执行整整十年的公共政策“限塑令”，27.7%的消费者表示不了解，54.3%的消费者表示了解一点，13.8%的消费者表示了解较多，3.2%的消费者表示非常了解。公众对公共政策“限塑令”的知晓程度在一定程度上反映了政府宣传是否深入人心，由此可见绝大多数消费者对于公共政策“限塑令”仍处于一知半解的状态，这部分消费者对公共政策“限塑令”的政策内涵理解程度，仅仅是停留在塑料购物袋收费的政策表层。

问卷调查数据显示（图2），文化程度与“限塑令”知晓度的交叉分析，整体趋势为文化程度越高，相应对“限塑令”的知晓程度越高。小学及以下学历中有高达69.23%的人表示对“限塑令”不了解，初中学历中仅有23.53%的人表示对“限塑令”不了解，高中学历中有33.33%的人表示对“限塑令”不了解，大学学历中有34.29%的人表示对“限塑令”不了解。对“限塑令”表示完全不了解的人群中小学学历所占比重最高，但恰恰相反，对“限塑令”表示非常了解的人群中小学学历所占比重最高，违反了文化程度越高“限塑令”知晓程度越高的整体趋势，说明公共政策的公众知晓程度不仅受到公共政策执行客体文化程度的限制，也受到公共政策与执行客体关联程度的影响。

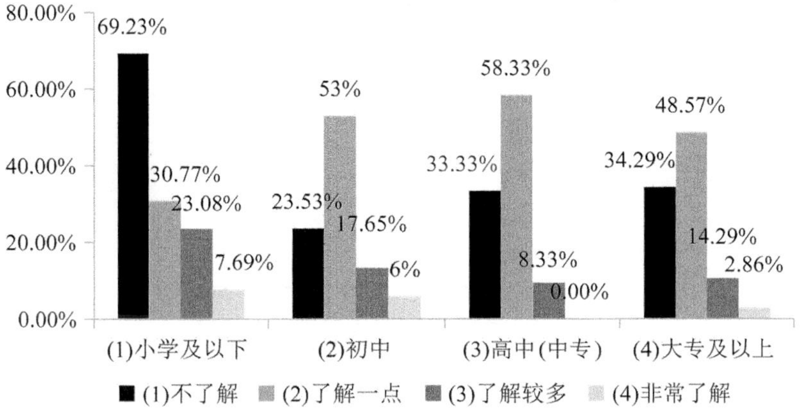

图 2 文化程度与“限塑令”知晓度交叉分析图

问卷调查数据显示（图 3），文化程度与“限塑令”知晓度的交叉分析，在不了解“限塑令”的饼状图中，月收入为 1000 元以下和 1001 元至 2000 元的人群占比重分别为 11.83%和 7.53%，反映了收入水平低的人群对公共政策“限塑令”的了解程度较少。不同的思想文化水平高低对公共政策理解程度不同，文化水平低的消费者很难认识到公共政策的长远社会利益与自身利益的矛盾。虽然公共政策“限塑令”采取的是经济执行方式，利用了价格杠杆的作用调整塑料购物袋的使用数量，但收入水平低的人群仍对公共政策“限塑令”关注度较小，在一定程度上说明价格杠杆的引导性和控制性较弱。

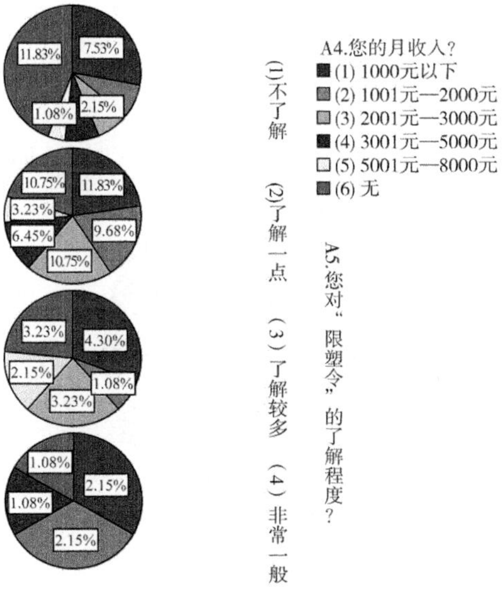

图 3 收入状况与“限塑令”知晓度交叉分析饼状图

表3 消费者对“限塑令”政策认知的调查统计

对“限塑令”的认知	重点选项	人数比例	
您认为国家颁布“限塑令”政策的主要原因是什么？	环境保护	72	77.42%
	资源节约	34	36.56%
	促进居民消费	6	6.45%
	其他	10	10.75%

对于国家实施的公共政策“限塑令”的原因，有77.7%的人认为是环境保护，有36.56%的人认为是资源节约，有6.45%的人认为是促进居民消费，还有10.75%认为是其他原因。公共政策执行客体对公共政策的知晓度越高，越有利于缓解公共政策执行主体与客体之间的矛盾，增强执行客体对公共政策的适应程度。大多数消费者能够了解公共政策“限塑令”的政策目标，有利于缓和塑料购物袋收费对消费者利益损害的矛盾。

2. 消费者对公共政策“限塑令”的支持程度

问卷调查数据显示（图4），您如何看待“限塑令”政策，80%的消费者表示支持；8.89%的人表示反对；11.11%的人表示无所谓。公共政策“限塑令”出台的政策目标是限制白色污染、鼓励人们节约资源和保护环境，数据显示支持“限塑令”政策的消费者达到80%。公共政策是对公共利益均衡调控，政策目标能否符合公共利益、能够约束和控制公共政策，可以说这样的公政策目标符合公共利益的内在要求，在一定程度上得到了社会大众的认可，消费者乐意接受这样的环境公共政策以保护生态环境、限制白色垃圾污染，维护环境公共利益。

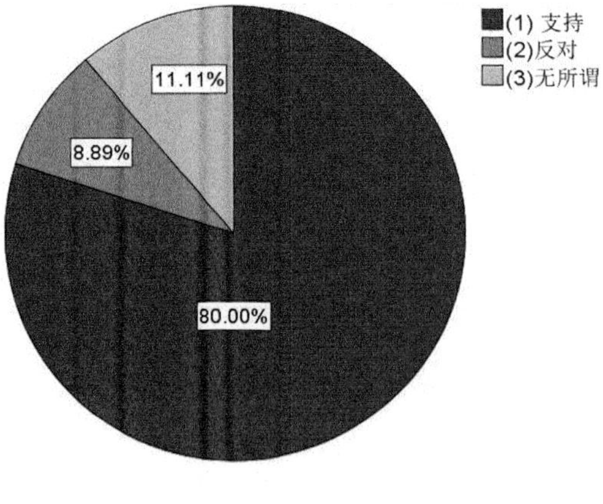

图4 您如何看待“限塑令”政策？

3. 公共政策“限塑令”对消费者影响程度

问卷调查数据显示（图5），您认为“限塑令”给您的生活带来的最大不便是？有51.61%的人表示没有不便，有37.63%的人表示外出购物不方便，有2.15%的人表示购买收费的塑料购物袋会造成经济负担，有8.6%的人表示会造成平时家里垃圾没有袋子装了。公共政策“限塑令”对政策执行客体产生了一定的影响，但仍有高达51.61%的人认为没有受到影响。

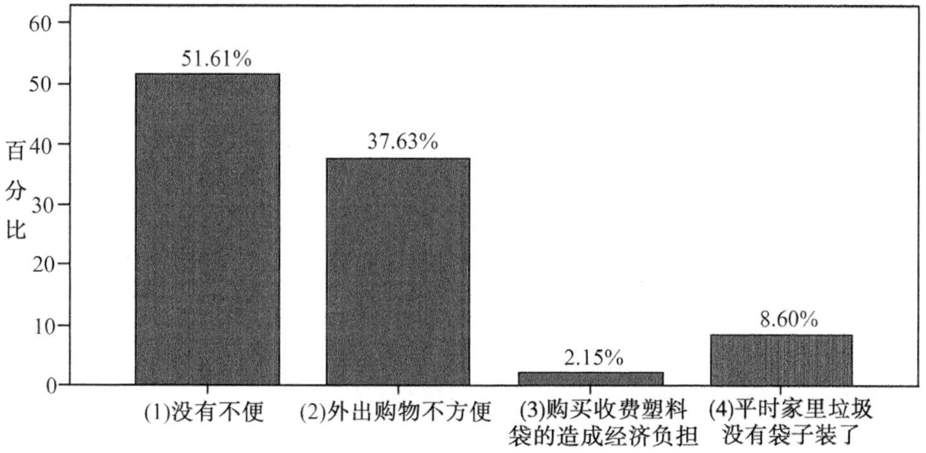

图5 您认为“限塑令”给您的生活带来的最大不便是？

4. 消费者对公共政策“限塑令”的预知程度

问卷调查数据显示（图6、表4），在问到“您觉得‘限塑令’政策的执行趋势如何？”这一问题时，有68.09%的人表示会越来越得到落实，有22.34%的人表示大家会越来越不受其限制，有9.57%的人表示不关心无所谓。

表4 消费者对“限塑令”政策执行趋势的调查统计

		频率	有效百分比
有效	（1）会越来越得到落实	64	68.1
	（2）大家越来越不受其限制	21	22.3
	（3）不关心，无所谓	9	9.6
	总计	94	100.0
缺失	系统	5	
总计		99	

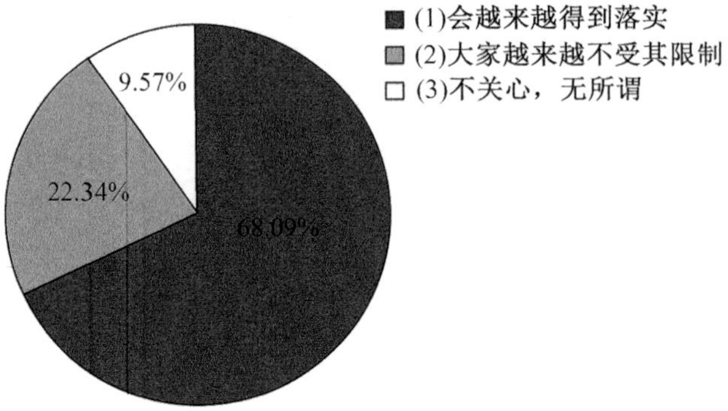

图6 您觉得“限塑令”的执行趋势如何？

消费者对公共政策“限塑令”的预知程度整体预知趋势是朝着良好状态发展，有少部分人对公共政策“限塑令”的预知程度不持乐观态度，说明大多数消费者认为公共政策“限塑令”的执行力度势必将会加强，大多数消费者也期望公共政策“限塑令”的执行主体加强监管、完善配套政策、加强“限塑”力度。

5. 公共政策“限塑令”对消费者的执行程度

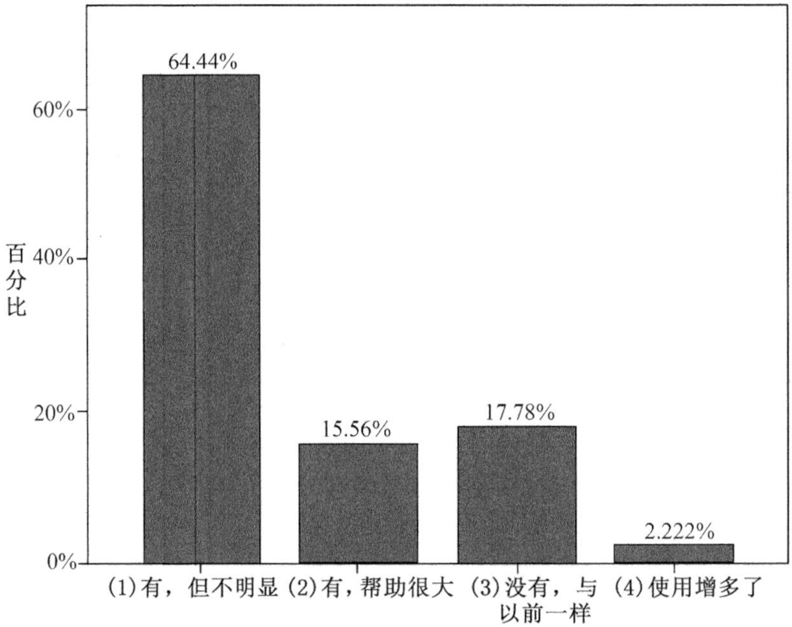

图7 您认为对塑料袋收取几毛钱有助于限制塑料袋的使用吗？

问卷调查数据显示（图 7、表 4），在问到“您觉得‘限塑令’政策的执行趋势如何?”这一问题时，有 64.44%的人表示“有，但不明显”，有 15.56%的人表示“有，帮助很大”，有 17.78%的人认为“没有，和以前一样”，有 2.22%的人认为“使用增多了”。有高达 82.22%消费者认为公共政策“限塑令”的执行状况不明显或没变化力，说明尽管公共政策“限塑令”执行十年以来取得了一定的成效，但大多数政策执行客体仍然认为这一公共政策执行的力度不够，政策执行力度还有待提高。

表 5　您每周大概要用多少个塑料购物袋?

		频率	百分比	有效百分比	累积百分比
有效	（1）5 个以上	24	24.2	25.5	25.5
	（2）3—5 个	28	28.3	29.8	55.3
	（3）0—2 个	34	34.3	36.2	91.5
	（4）其他	8	8.1	8.5	100.0
	总计	94	94.9	100.0	
缺失	系统	5	5.1		
总计		99	100.0		

问卷调查数据显示（表 5），在问到“您每周大概要用多少个塑料购物袋?”这一问题时，有 25.5%的消费者表示会用 5 个以上，有 29.8%的消费者表示会用 3—5 个，有 36.2 的消费者表示会用 0—2 个，有 8.5%的消费者选择了其他选项。

表 6　公共政策“限塑令”对消费者的执行程度

“限塑令”的执行程度	重点选项	人数比例	
您自己及周边的人在购物时更倾向于使用哪种塑料替代品?	环保布袋	20	21.51%
	手工蓝	7	7.53%
	高成本可降解塑料袋	10	10.75%
	牛皮纸袋	13	13.98%
	编织袋	14	15.05%
	继续使用卖家提供的塑料袋	29	31.18%

问卷调查数据显示（表 6），在问到“您自己及周边的人在购物时更倾向于使用哪种塑料替代品?”这一问题时，有 21.51%的消费者选择环保布袋，

有7.53%的消费者选择手工篮，有10.75%的消费者选择高成本可降解塑料袋，有13.98%的人选择牛皮纸袋，有15.05%的消费者选择编织袋，有31.18%的消费者选择继续使用卖家提供的塑料袋。由调查结果可见继续使用卖家提供塑料袋的消费者所占比重最高，公共政策“限塑令”虽取得一定成效，但仍要加强执行力度。

（三）快递、餐饮行业“限塑令”的执行现状

近些年来新兴行业异军突起，快递、外卖行业发展突飞猛进，快递、外卖行业链条也应运而生，随之而来的是塑料快递包装的大量使用与丢弃，但是由于公共政策“限塑令”的制定受政策环境和时间的影响，并未对快递、外卖等近些年才异军突起的新兴行业做出具体限制与要求，公共政策内容中也并未涉及餐饮、快递、外卖等行业的塑料包装制品。

通过对快递行业的无结构式访谈得知，由于公共政策“限塑令”中并未明确规定对快递塑料包装进行限制，所以目前市面上绝大多数快递企业免费赠送快递塑料包装袋，未对塑料包装到进行收费。电商的发达致使快递产生的塑料包装袋数量直线上升，在“双11”“双12”等购物狂欢节的使用数量甚至远远超过了大型商场、农贸市场、小型超市的塑料袋的使用数量。通过对环卫行业的无结构式访谈，塑料垃圾中很大一部分为外卖塑料垃圾，其次是快递行业产生的快递塑料包装袋。公共政策的执行力强弱取决于公共政策的不断完善和条例细化，建立健全快递、外卖行业的“限塑”条例刻不容缓、亟待解决。

六、项目分析

公共政策的执行受到其时效性、外界环境的影响与干预，公共政策“限塑令”也不例外，执行十年的“限塑令”政策出现政策偏差、政策失灵的现象。在我国大力推动生态文明建设的社会大背景下，建立健全“限塑”机制、细化完善“限塑”准则刻不容缓，亟待解决。本项目立足于公共政策视角，针对目前商品销售场所的公共政策“限塑令”执行存在的问题进行深入的调研，经过对调研结果的数据整合以及资料分析，对本项目进行了分类汇总以及相应的分析如下。

（一）政策执行存在偏差

通过对商品销售场所的考察发现，公共政策“限塑令”中价格杠杆作用失调，该项公共政策初衷为通过价格杠杆的经济手段降低塑料袋的使用数量，然而部分商家却通过塑料袋收费谋取高额利润，把塑料袋的成本转接给消费

者，将“限塑令”曲解为“卖塑令”，这一行为实则是违背了政策执行目标，偏离了限制塑料垃圾污染的方向。

（二）政策执行存在盲区

公共政策“限塑令”限制的地点范围为商品销售场所，然而调查结果显示大多数农贸市场和部分中小型超市仍为政策执行的盲区，仍有不少商家不实行塑料袋有偿使用制度，免费赠送塑料购物袋。尽管该项政策已经执行十年，执法监管部门出台整治农贸市场塑料购物袋的配套政策也已经接近十年，但仍然未在农贸市场得到贯彻实施。

（三）政策内容亟待完善

公共政策执行力强弱很大一部分取决于其配套政策是否完善、相关政策内容是否能够随着政策评估因时而变，通过完善和细化公共政策条例是落实政策执行的基础和关键。随着新型行业的突飞猛进，新兴行业塑料垃圾污染数量的增加，原本政策中商品销售场所的限塑范围也应当扩大，相关政策条例也理应完善。

七、结论与建议

经过项目分析，我们可以得到公共政策“限塑令”的执行现状及成效，“限塑令”取得了不小的成效，但也实实在在存在一些突出问题。我们针对项目分析中所呈现出来的问题，在项目组成员进行了激烈的探讨与论证后，在指导老师的指导下，得出的相应的可行性建议如下。

（一）强化政策宣传，增强公众认知

提高公众对公共政策的认同，有利于缓和政策执行主体与客体之间的矛盾，促进公众对公共政策的支持，强化公共政策的执行力。要继续加强对公共政策“限塑令”的宣传，通过宣传使公众了解公共政策“限塑令”的政策目标和意义。我国的公共政策传播机制还不是很完善，要建立健全新型公共政策传播机制，助力公共政策执行力的提高。

（二）完善配套政策，扩大限塑范围

所谓政策细化就是要分解政策目标，做到行动有计划，要使政策的顺利进行就必须在基本原则的指导下，对总体目标进行分解。要提高公共政策“限塑令”的执行力，就要结合当前新兴行业突飞猛进的时代背景，将新型行业

的塑料包装纳入限塑范围，只有不断对公共政策实施细则和配套政策的修改与完善，才能实现“限塑时代”的到来。

（三）鼓励公众参与，提高公共政策的公众参与度

早期的公共政策理论是自上而下、缺乏公众的参与，随着公共政策理论的不断完善，自下而上的公共政策也成为公共政策理论不可缺少的部分。公共政策中的公众参与是实现公共政策民主化的基础，要提高公众对公共政策“限塑令”的参与程度，公众参与不仅体现在政策执行环节，也要提高在政策制定环节的公众参与。

（四）培育多元公共政策执行主体，加强执法监管

公共政策“限塑令”的落实，仅仅只靠政府的执法监管和政策宣传是远远不够的，要提高公共政策“限塑令”的执行力还需要培育多元公共政策的执行主体，企业联动、消费者监督都是培育多元公共政策的有效途径，在实现多元主体促进公共政策执行的同时，政府还要发挥在公共政策中的主导作用，加强执法监管，保障公共政策“限塑令”的实施。

参考文献

［1］任连军，廖成中．“限塑令”政策执行现状及对策——以绵阳市为例［J］. 内江师范学院学报，2014.

［2］倪娜．基于公共政策执行过程模型的“限塑令”执行影响因素分析［J］. 法制与社会，2017.

［3］高菁．“限塑令”实施现状分析［J］. 经济研究导刊，2017.

［4］郭美晨，范凯文，付轲，等．环保公共政策实施效果的制约因素动态反馈分析——以“限塑令”为例［J］. 学理论，2014.

［5］彭荔红，刘婷婷．从“限塑令”看我国环境公共政策的困境［J］. 生态经济（学术版），2012.

附录一　“限塑令”执行现状及成效调查问卷

尊敬的调查对象：

您好，我们是山东青年政治学院自主实践调研项目组的调查人员，为更好了解当前山东省“限塑令”政策执行状况及不同属性群众对塑料袋的使用情况，进而提出相关应对性建议，我们特对山东省部分地区的大型商场、市场以

及小型超市进行此项调查，通过对调研结果的系统分析，以更好地促进山东省生态文明建设，希望得到您的积极参与和合作，为我省生态文明建设贡献自己的一分力量。

衷心感谢您的大力支持和参与！祝您工作顺利！

“限塑令”执行现状及效果成效项目调查团队

山东青年政治学院

2018 年 1 月 20 日

问卷填答说明：

1. 本调查采用匿名填写，对您填答的个人信息，我们将严格保密，所有回答只用于统计分析；

2. 所有问题的回答没有正确错误之分。请如实、完整地填写该问卷。

第一部分：基本情况

A1. 您的性别为？

（1）□男　　（2）□女

A2. 您的年龄？

（1）□25 岁及以下　　（2）□26 岁—30 岁　　（3）□31 岁—35 岁

（4）□36 岁—40 岁　　（5）□40 岁以上

A3. 您的文化程度？

（1）□小学及以下　　（2）□初中　　（3）□高中（中专/技校/职高）

（5）□大专及以上

A4. 您的月收入？

（1）□1000 元以下　　（2）□1001 元—2000 元

（3）□2001 元—3000 元　　（4）□3001 元—5000 元

（5）□5001 元—8000 元　　（6）□无

第二部分：了解情况

A5. 您对“限塑令”的了解程度？

（1）□不了解　（2）□了解一点　（3）□了解较多　（4）□非常了解

A6. 您如何看待“限塑令”政策？

（1）□支持　（2）□反对　（3）□无所谓　（4）其他______

A7. 您认为国家颁布“限塑令”政策的主要原因是什么？

（1）□环境保护　　（2）□资源节约

（3）□促进居民消费　　（4）其他______

A8. 您认为“限塑令”给您的生活带来的最大不便是？

(1) □没有不便　　(2) □外出购物不方便

(3) □购买收费塑料袋的造成经济负担

(4) □平时家里垃圾没有袋子装了

A8. 目前，在部分交易场所，仍然存在无偿提供塑料袋情况，您觉得导致目前状况的根本原因是？

(1) □政府部门监管不严　　(2) □消费者环保意识不强

(3) □塑料袋价格太低　　(4) □其他______

A9. 您认为环保袋的费用应由谁来承担？

(1) □政府　(2) □顾客　(3) □商家　(4) □政府和商家

A10. 您能接受的塑料袋的收费价格是多少？

(1) □0.1 元以下（含 0.1 元）　(2) □0.1 元—0.5 元（含 0.5 元）

(3) □0.5 元—1 元（含 1 元）　(4) □1 元以上

第三部分：执行情况

A11. 您认为对塑料袋收取几毛钱有助于限制塑料袋的使用吗？

(1) □有，但不明显　(2) □有，帮助很大

(2) □没有，与以前一样　(4) □使用增多了

A12. 你觉得哪里“限塑令”执行力最弱？

(1) □菜场、水果店等小商贩　　(2) □超市

(3) □商场　　(4) □其他______

A13. 你觉得“限塑令”的执行趋势如何？

(1) □会越来越得到落实　　(2) □大家越来越不受其限制

(3) □不关心，无所谓

A14. 您每周大概要用多少个塑料购物袋？

(1) □5 个以上　(2) □3—5 个　(3) □0—2 个　(4) 其他______

A15. 您自己及周边的人在购物时更倾向于使用哪种塑料替代品？

(1) □环保布袋　(2) □手工篮　(3) □高成本可降解塑料袋

(4) □牛皮纸袋　(5) □编织袋　(6) □继续使用卖家提供的塑料袋

(7) 其他______

A16. 针对当前“限塑令”政策执行现状的诸多问题以及给您生活中带来的不便，您认为政府相关部门需要对相应政策做出哪些改进？

____

____

本次问卷调查到此结束，感谢您在百忙之中抽出时间来完成我们的问卷，再次对您表示衷心感谢!

附录二　公共政策视角下“限塑令”执行现状及成效调研访谈提纲

1. 您所在社区周围零售场所“限塑令”执行的基本情况?
2. 您认为“限塑令”的实行对您的生活有什么影响?
3. 国家颁发限塑令后，您使用塑料袋的情况如何?
4. 您觉得现在很多人离不开塑料袋的主要原因?
5. 您认为商家有偿提供塑料袋所得的收益应该怎样用?
6. 您认为“限塑令”执行有什么障碍?
7. 您认为有关部门还需要做什么?
8. 就个人实际，促使您使用环保袋的原因是?
9. 您对加强“限塑令”实施效果的建议?
10. 您对限制使用塑料购物袋这一问题还有什么看法?以及相关的实施建议?

公共管理视域下城市老旧小区社区医疗服务调查研究

团队负责人：王琨元　　指导教师：韩芳丽
团队成员：谢爱红　王龙

一、项目目的

随着我国医疗体制改革的不断进步，以“分级诊疗”为基础的“医联体”模式正式走入人们视线，而作为“分级诊疗”模式基石的社区医疗服务越来越引发人们的关注。本次项目围绕城市老旧小区的社区医疗服务，主要有以下六个目的。

1. 为社区医疗服务的现状把脉，并提出合理化的建议。

我国社区医疗服务体系发展已经超过半个世纪，通过本次的调研活动，可以更加全面客观地了解目前我国社区医疗的现状，从第一手的资料中分析社区医疗存在的优势与劣势，并根据相关意见整理汇总形成可行性的建议报告。

2. 为政府在社区医疗服务体系的建设中建言献策。

目前正是“分级诊疗”体系在我国逐步推广的时期，基层社区医疗正在进行着角色转换，作为统筹社区医疗服务转换的政府来说，需要基础数据进行决策。我们可以通过数据的整理汇总之后形成调研报告，为政府在社区医疗服务体系改革中提供参考性建议。

3. 为居委会在社区医疗服务的改造与升级中提供理论支撑。

通过在调研中收集的数据，经过汇总分析之后，加以运用公共管理的理论，将其形成调查研究报告，呈递给居委会等有关部门作为参考，在后期的社区医疗服务升级中提供理论支撑。

4. 为工作人员未来的工作环境及工作态度的转变提供数据支撑。

调研的方式分为问卷调查与访问法，分别从两个维度对不同的群体进行资料的收集，其中有很多涉及社区医疗服务中工作人员的指标，经过简单整理后，可以客观地反馈给工作人员，有利于他们工作绩效的提升。

5. 为小区居民更好地解决就医问题提供可行性方案。

通过对不同人群的信息的横向与纵向分析，更好地得出目前社区医疗服务的发展水平，并通过对比措施，为社区居民更好地解决就医问题提供参考性方案，方便居民及时、准确地解决问题。

6. 让更多的人了解“分级诊疗”模式，为其推广做好铺垫。

通过我们的调研活动，也可以使更多的人了解以“分级诊疗”为核心的“医联体”模式，可以为之后“分级诊疗”模式的推广做好铺垫，减少推广初期面临的来自基层的阻力。

二、项目内容

1. 调研政府在社区医疗建设方面取得的成就与尚且存在的不足。

与市中区政府相关部门的负责人经过交流之后，了解目前辖区内社区医疗服务的发展状况，尤其是城市老旧小区的社区医疗服务升级方面的进展；同时，掌握目前政府在老旧小区社区医疗服务发展方面的不足之处。

2. 调研居委会在社区医疗服务完善与升级中的作用与弱势。

作为城市的基层自治组织，居委会担任着维护良好秩序、构建幸福社区的职责。通过与三里庄小区居委会相关负责人了解当前所在社区的医疗卫生发展状况，掌握居委会发挥的作用与尚且存在的不足之处。

3. 调研社区医院工作人员的作用与目前所面临的困境。

通过与三里庄社区医院工作人员的交流与沟通，了解目前社区医院中工作人员所承担的责任与义务，并掌握目前工作人员所面临的困境与挑战，把握目前社区医疗人员配备方面的不足，为调研报告的形成提供一手数据。

4. 调研小区居民对社区医疗服务的态度与看法。

通过分发调查问卷与结构式访问两种方式，了解三里庄小区居民对社区医疗服务的态度与看法，切实把握目前社区医疗服务在城市社区居民中的定位，并积极探索社区居民对未来社区医疗服务的展望与期待。

5. 调研城市新老小区之间社区医疗服务存在的差距。

通过实地走访新建小区——豪景苑小区与老旧小区——三里庄小区的社区医疗服务，了解目前城市新老小区之间社区医疗服务存在的差距，并积极探索出老旧小区存在的优势与不足，为最终调研报告的形成提供基础数据。

6. 调研市民对“分级诊疗”模式的认识与理解。

采用街头随机采访的方法，对路人进行随机采访，了解市民对以“分级诊疗”为核心的“医联体”的认识与理解，切实把握“分级诊疗”模式在民众中的普及程度与接受程度，掌握“分级诊疗”的优势与劣势。

三、项目方法

1. 文献研究法

通过中国知网等学术平台对有关社区医疗服务的文章进行搜集，之后进行数据的分析，对现有相关理论进行整理和汇总。

2. 实地观察法

团队成员依次深入城市的新建小区——豪景苑小区与老旧小区——三里庄小区，分别对有关社区医疗服务的指标进行观察与记录，为后期数据分析做好铺垫。

3. 对比分析法

对分别从新建小区——豪景苑小区与老旧小区——三里庄小区收集来的资料进行对比分析，找出目前老旧小区社区医疗服务的优势与存在的不足。

4. 结构访问法

①根据采访摘要，与市中区政府相关负责人进行沟通与交流。

②根据采访摘要，与三里庄居委会负责人进行深入沟通，了解情况。

③根据采访摘要，与三里庄社区医院工作人员进行交流。

④根据采访摘要，与三里庄社区居民进行深入交流与沟通。

5. 问卷调查法

采用个人分发的方式，将调查问卷分发给老旧小区——三里庄小区的居民，并积极进行问卷的回收与有效度检验。

6. 头脑风暴法

在数据处理后期，根据数据汇总所展现的信息，在团队内部进行头脑风暴法，发散思维，不断完善与创新调研报告。

四、项目结果

为直观形象地展现本次项目的调研成果，将运用项目方法与项目对象相结合的方法呈现项目的结果。

1. 政府在构建社区医疗服务体系中的努力与失能。

在与市中区政府的卫生部门负责人张主任的交流中了解到，目前市中区共有老旧小区 23 个，其中社区医院完成改造升级的仅有 12 个，占总数的 52.17%，每年用于社区医疗服务升级的资金约 200 余万元，受益人群达 2300 余户。自社区医院改造升级计划实施以来，越来越多的老旧小区居民体验到现代医疗体系的服务。但同时他也指出，目前资金不足仍是困扰老旧小区社区医疗服务升级的最主要的障碍，其次是电线线路老化、升级社区医疗服务受到部分人的抵制等因素也在影响着社区医疗服务体系的构建。

2. 居委会在社区医疗服务体系建立中的作用与失效。

在与居委会负责人李女士的交谈中，我们了解到目前三里庄小区建于1999年，目前共有居民2600余户，社区内拥有一家社区医院，周围半径五公里范围内有诊所6家。从实施社区医疗服务升级以来，居委会在不断进行社区医疗服务升级的准备工作，提前做好心理疏导工作，并在社区医疗服务的维护中起到积极的促进与统筹作用。但同时，李女士指出，社区医院的建立仍存在很多问题，比如缺乏相关法律法规的约束，导致社区医院运营不规范；社区医院发挥作用小，居民看病仍大多选择大医院，导致大医院的就医压力依旧很大；社区医院的医疗设备落后，发挥的功能极其有限等因素影响社区医疗服务的提升。

3. 作为社区医疗服务主体的社区医院工作人员有话说。

通过与社区医院工作人员付先生的沟通，了解到目前社区医院发挥着解决诸如感冒、预防接种等基础性的医疗服务，为就近居民解决头疼脑热发挥着不可小觑的作用。但同时，他承认目前社区医院的工作面临着巨大的压力，首先是医疗设备较为落后，无法开展更多的医疗服务，其次是每年政府部门的拨款有限，社区医疗运行面临资金不足的难题，再次是与大医院相比，得不到民众的认可，最后是工作人员待遇很低，很少有人愿意从事社区医院的工作。

4. 老旧小区的居民对社区医疗服务的认可与不满。

我们采用结构式访问与问卷调查的方式采访了三里庄小区的部分居民。在采访中我们发现，大部分居民对社区医院还是比较认可的，在平时的感冒或头疼脑热的时候发挥着积极的作用，但他们也明确指出，目前老旧小区的社区医院存在着不小的问题。比如，社区医院的病历资料并未与大医院的系统联网，导致需要重新建立病历；社区医院缺少医疗康复方面的服务，目前的服务过于单一；医疗设备落后导致民众越来越多地涌向大医院；社区医院工作人员的服务态度较差，导致民众不愿去社区医院就诊等等。

5. 老旧小区与新建小区社区医疗服务的对比之中体现不足。

通过我们在新建小区社区医疗服务与老旧小区社区医疗服务的实地走访与记录，我们发现老旧小区的社区医疗服务主要存在以下五点不足。一是老旧小区医疗设备落后，医疗环境较差；二是医疗人员服务态度差；三是缺乏全科医生的存在；四是缺乏医疗康复设施。

6. 采用问卷调查法对老旧小区居民进行调研的结果。

我们在三里庄小区共发放问卷145份，回收且有效问卷137份，有效回收率为94.5%，我们挑选问卷中具有代表性的6个问题，经过数据的处理与分析，其呈现的结果如下。

1. 你和你的家人如果生病，一般首先想去的是：

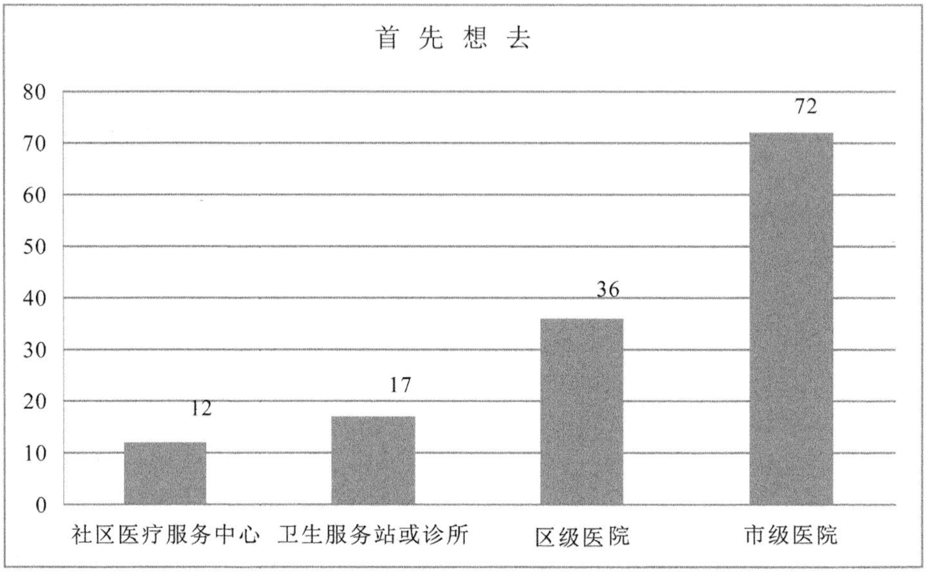

从问卷分析的结果可以看出，在受访者中超过一半的居民表示，如果生病会首先会考虑市级大医院，而社区医疗服务中心仅仅排在最后选项。

2. 社区医疗服务中心是否有明确的科室分类：

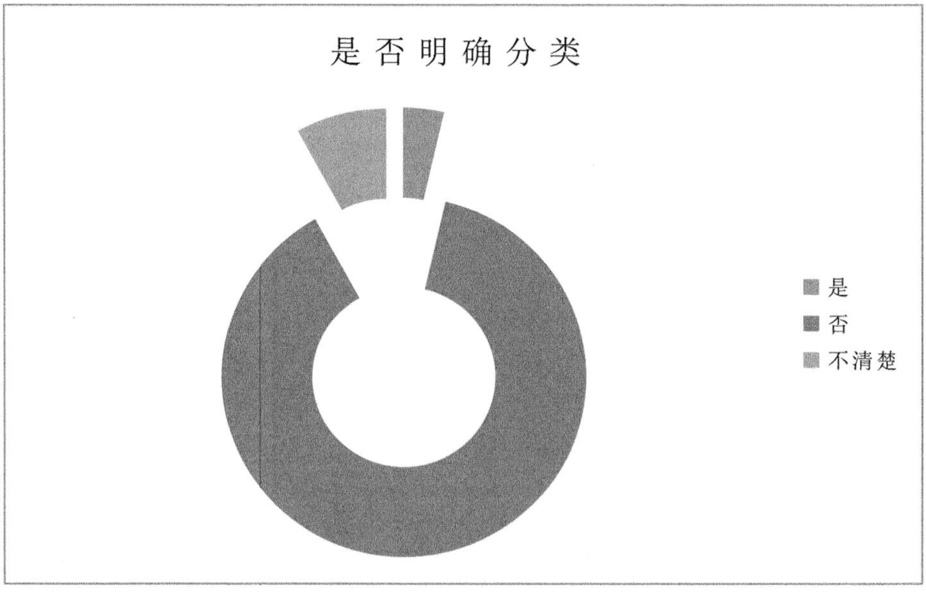

从结果来看，接近90%的社区医院是没有明确科室分类的。

3. 您对您所在社区的医疗服务中心工作水平总印象是：

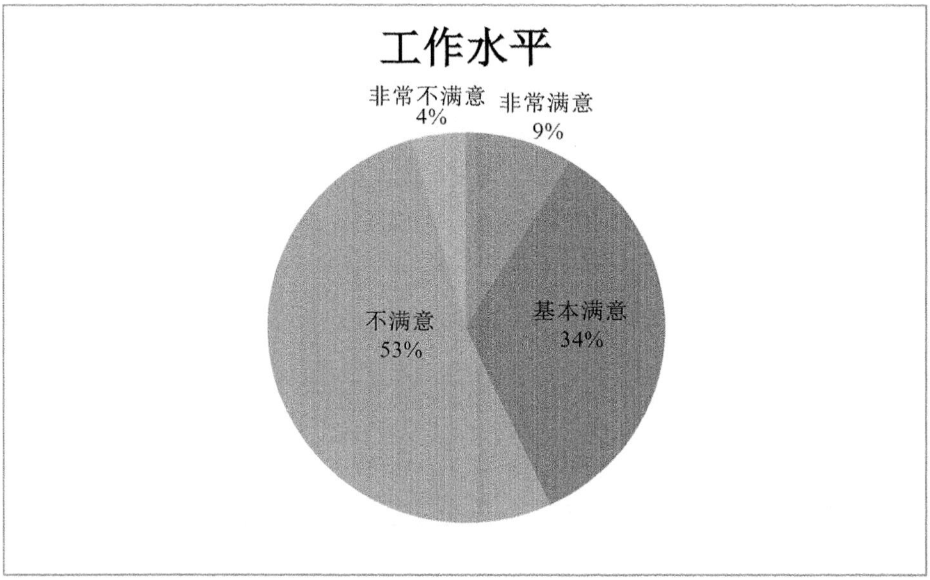

在社区医疗服务中心工作水平的调查结果上来说，不满意的人数略高于满意的人数，不满意人数总共占57%，而满意人数占43%。

4. 您认为目前社区医院存在的问题有（多选题）：

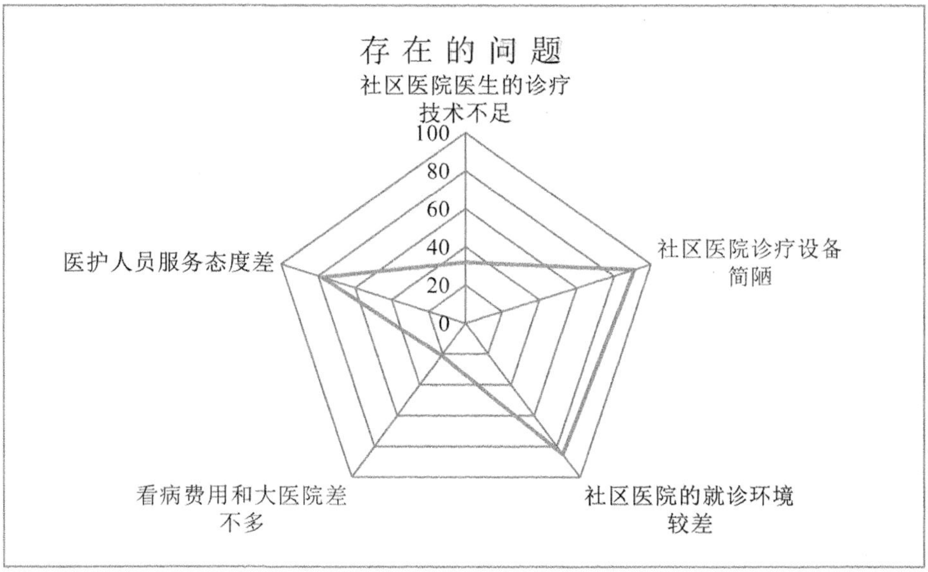

从调查问卷的题目分析雷达图来看，目前在社区医疗服务方面存在的最大的问题是社区医院的诊疗设备简陋以及就诊环境较差、医护人员服务态度较差等问题。而看病费用与社区医院医生的技术水平的问题较为缓和。

5. 你对社区卫生服务机构的收费看法如何：

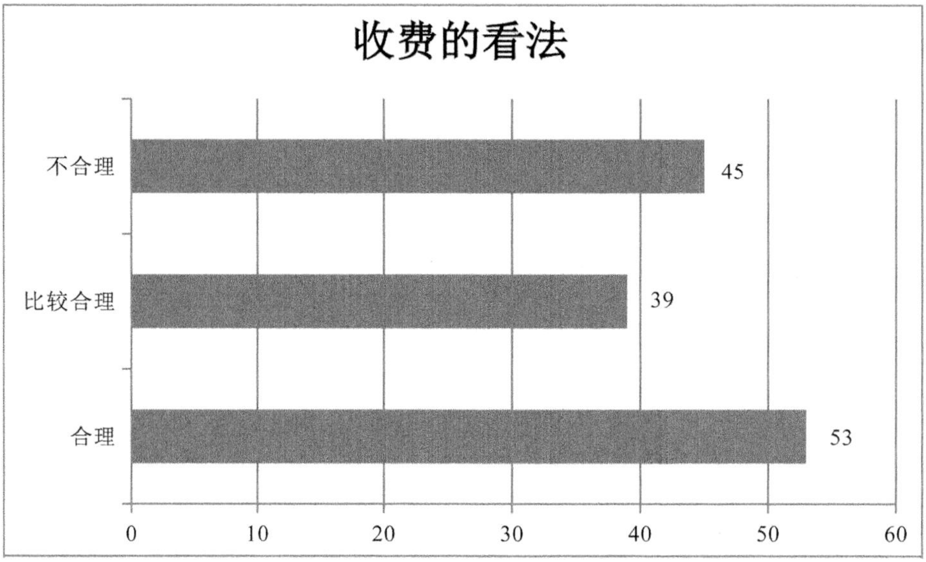

如上图所示，居民认为社区医院收费不合理的人数共有 45 人，而认为合理的共有 53 人，认为较为合理的有 39 人。

6. 您认为现阶段社区医院需要建立哪些健康服务（多选题）：

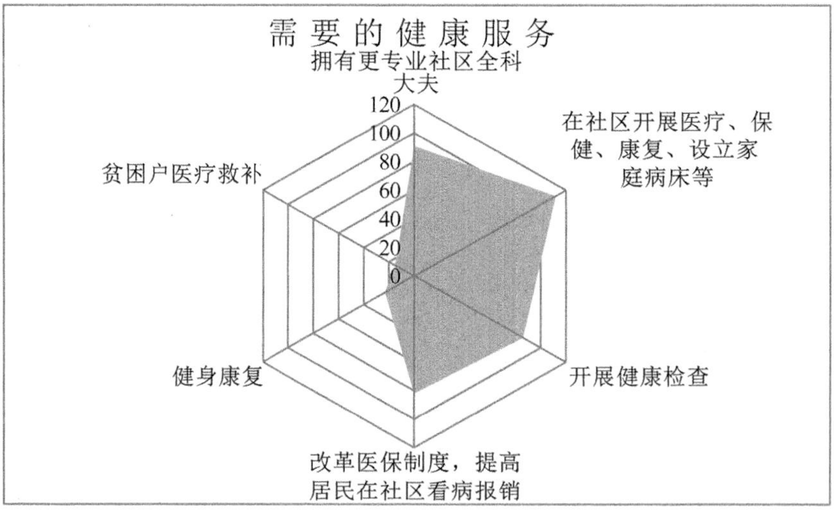

从小区居民填写的需要的健康服务的数据分析雷达图来看，居民需要的服务是医疗、保健、康复等一系列较为完整的保健体系，其次是较为普通的健康检查、拥有全科大夫、改革医保制度等常规服务，而健身、贫困户医疗补救等较为小众的服务位列最后。

五、项目分析

随着医疗制度改革的不断推进，社区医疗服务起着越来越重要的作用，在我们的调研中发现，社区医疗服务在解决周边居民的感冒、头疼脑热方面发挥着不容小觑的作用，但是还是存在着诸如功能单一、医护人员服务差等突出缺点，这在城市老旧小区中体现得十分显著。经过我们对数据的分析，其项目分析如下。

（一）优势明显

1. 社区医疗服务发挥着人民生命安全防护网的功能。

作为距离民众生活区最近的医疗服务设施，社区医院等一系列社区医疗服务设施在解决民众较轻疾病方面发挥着不容小觑的作用，因此，社区医疗服务作为医疗制度的基础服务，保障民众最基本的生命安全，时时刻刻发挥着人民生命安全防护网的功能。

2. 社区医疗服务成为未来医疗制度体系中的服务基站。

根据以“分级诊疗”为核心的“医联体”制度的规划，将社区医疗服务作为最基本的医疗单位，将以社区医疗服务中心为基站，实现与大医院之间的“分级诊疗、信息联网、双向转诊”，由此，社区医院的作用将继续扩大。

3. 社区医疗服务对于提升居民幸福感具有重要意义。

作为基层的医疗单位，社区医疗服务承担着满足附近居民最基本的医疗需求，对于行动不便的老人来说，社区医疗服务是他们最为依赖的医疗服务，发挥着举足轻重的作用，对于提升人民幸福感具有重要意义。

（二）突出问题

1. 社区医院资金来源单一，政府财政支出紧张。

通过调研发现，社区医疗服务的资金都是由市级层面统一调配使用的，作为区政府一级工作人员也表示，社区医院的资金来源仅仅以政府的拨款作为唯一来源，但由于政府部门社区医疗服务的资金是统一调配的，导致社区医院的资金始终处于不足状态，这与政府的财政支出紧张也息息相关。

2. 居委会的引导不足与监督不力的情况仍旧存在。

居委会作为社区的自治组织，更应当增加宣传，引导居民在接受医疗时倾向于社区医疗服务中心而非大医院就诊，以此达到分流的效果，但是，经过调研发现，社区居委会做得并不到位；另外，居委会对社区医院的监督工作也并不到位，并未对社区医院工作人员的态度较差等问题做出明确反应。

3. 社区医院的运营规范性以及工作人员的服务态度有待提升。

老旧小区的社区医疗服务中心大多建于20世纪末，其运营模式大多承接于20世纪的规章制度，进入21世纪以来，国家尚未出台明确的有关社区医疗服务方面的法律法规来保障居民与工作人员的权益，这也由此导致工作人员的待遇较低，由此带来情绪上的不满，使工作态度差成为社区医院的主要问题。

4. 社区就诊环境差以及医疗设施落后成为重点难题。

老旧小区的社区医院大多建于20世纪末，由此导致其无论是基础设施条件还是诊疗环境都远远落后于现在新建的小区。在调研中发现，大多数的居民对当前社区医院的诊疗环境以及医疗设施都感到不满，这也是影响居民涌向大医院进行治疗的重要原因之一，成为目前社区医疗服务面临的重点难题。

5. 社区医院缺乏全科医生以及医疗康复设施成为发展阻碍。

经过调研发现，目前在社区医院履职的医生大多为外科等常见疾病的医生，缺乏全科医生也是目前社区医疗服务最为突出的缺点之一；同时，医院设施老化，无法满足如今老人进行医疗康复的需求也成为较为突出的缺点，这两点成为社区医院改造升级与服务发展的最大阻碍。

6. 社区医院的服务职能不完善导致大医院压力依旧上行。

经过调研，目前社区医院仅仅提供感冒、头疼脑热等较轻疾病的治疗服务，缺乏健身、预防、治疗、康复等一系列的服务体系，这成为社区医院相对大医院来说的不足之一，由此导致，居民看病还是倾向于去大医院排队等候也不愿意直接在社区内就诊，导致大医院就诊压力依旧呈现上行趋势。

六、结论与建议

经过项目分析环节，我们可以清楚地看到目前社区医疗服务在保障民众生命安全方面发挥着举足轻重的作用，但也确确实实存在着一些问题值得我们去探讨解决。在经过团队成员的资料查询与头脑风暴之后，在老师的细心指导下，我们将可行性建议整理如下。

1. 鼓励政府加大财政投入，增加引入社会力量支持。

建议可以根据由各级政府上报的财政预算，经过适当的调研活动，加大对现有社区医疗服务的财政投入，解决目前社区医疗服务资金不足的现状；另一方面，积极引入社会资本的参与，为社区医疗服务体系注入社会资本，为其发展提供更为充足的资金保障与支持，保障社区医疗服务更好地运行与发展。

2. 居委会发挥宣传引导作用，进行社区医院监督性考核。

居委会应当通过黑板报、走家串户等方式，加大居民对医疗体制改革的理解与认识，将居民涌向大医院的想法拉回到在社区医院进行医疗的思路上来；同时对社区医院的服务、环境、操作程序等方面进行定期的监督性考核，安排专人从事监督工作，确保与大医院同等的服务质量。

3. 提议国家制定有关法律规范运营，提升社区医院医务工作人员待遇。

建议国家可以尽快出台有关社区医疗服务运营的法律条文，从法律上规范社区医院的运营水平，保障其服务质量与服务态度；同时，提升在社区医院等基层工作的医务人员的待遇，并与医院职称评选相挂钩，以保障其可以在基层社区医疗服务机构工作得舒心、工作得安心。

4. 进行社区医院环境改造，引入国际先进医疗设备。

一方面，在政府与居委会的统一安排下，对老旧小区的社区医疗服务机构进行改造升级，主要针对就诊环境的改善以及引入较为先进的诊疗设备，使社区医院具备解决大多数疾病的能力；另一方面，对社区医院工作人员的招聘要求提升，加大人才队伍建设，保障社区医院的全方位升级。

5. 培训现有社区医务工作人员，增加社区基本医疗康复设施。

一方面，通过法律法规的限定，打通社区医疗服务机构与大医院之间的人员流动与职称考评机制，同时，全科医生的调配向社区医院方面倾斜，增加社区医院全科医生的数量；另一方面，不断通过政府预算购入社区基础医疗康复设施，增加社区医院在医疗康复方面的职能与水平，从而升级服务质量。

6. 增加健身与预防工作职能，打造医养结合的社区医院。

引进健身、预防接种等全新的社区医院工作设施，逐步形成健身、预防、医疗、康复四位一体的社区医疗服务体系，真正将社区居民的困难在社区内解决，并将康复的责任也安排在社区内，使居民可以得到更好的疗养效果，打造医养结合的现代化社区医疗服务体系。

总的来说，随着医疗制度改革的不断进行，社区医疗服务体系发挥着越来越重要的作用，成为保障社区居民生命安全的防护网，从而对人民幸福感的提升具有十分重要的意义。但同时，不可否认的是，现如今社区医院面临着政府财政支出紧张、运营不规范、缺少全科医生、就诊环境差、医疗设施落后等一系列问题，阻碍着社区医疗服务体系的进步与发展。

与此同时，我们需要不断增加对社区医疗服务的财政投入，并不断出台新的规定，不断提升其运营规范性与环境和设施的提升，改善人才的流动机制等措施来提升社区医疗服务质量，解除居民的后顾之忧，提升幸福感，从而使社区的居民可以住得舒心、生活得安心、对未来充满信心。

参考文献

[1] 陈起坤. 完善城市社区医疗就诊制度的思考——双轨双诊制度 [J]. 中国卫生事业管理，2012，415—416.

[2] 陈起坤，孙毅明，郭小聪. 城市社区卫生服务和社区医疗的新审视——城市社区医疗及其就诊问题系列研究 [J]. 中国卫生事业管理，2012，738—739.

[3] 杨阳，何嘉敏. 城市社区医疗及其就诊影响因素调查 [J]. 现代医院管理，2012，20—23.

[4] 王晓红. 社区全科医疗服务中的人性化理念 [J]. 中国初级卫生保健，2007. 16—17.

[5] 贾春水，熊忠东. 城市社区医疗服务多元供给模式探究 [J]. 四川理工学院学报，2016，30—38.

[6] 黄钧裕. 浅析城市社区卫生服务的现状及对策 [J]. 湖北科技学院学报，2013，11—14.

[7] Tom Clinton, The advantages and disadvantages of the British community medical service system, *Manage the world*, 2015, 12—16.

[8] David Mask, How to promote the improvement and development of community medical system, *Management weekly*, 2017, 121—126.

附录 1 调研报告架构图

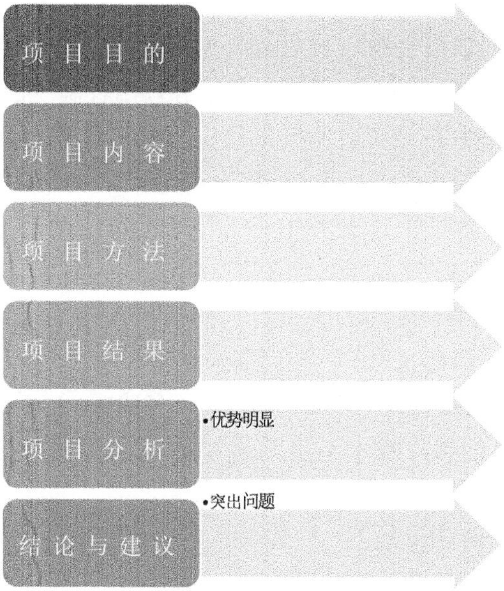

附录 2 城市社区医疗服务调查问卷

此份是调查有关城市社区医疗服务发展状况的问卷，旨在了解城市社区居民医疗卫生保健需求以及社区医疗服务存在的弊端，促进社区医疗体系的完善与进步，特制定本调查问卷。本次的调查数据仅供研究参考之用，不涉及您的隐私，感谢您百忙之中的支持与帮助，祝您生活愉快。

1. 您的年龄：

□20 岁—40 岁 □41 岁—60 岁 □61 岁—80 岁 □80 岁以上

2. 文化程度：

□初中 □高中 □大专 □大学本科及以上

3. 您月收入：

□1000 元以下 □1001—5000

□5001—10000 □10001 元以上

4. 您目前身体状况：

□很好 □一般 □体弱 □很差

5. 你和你的家人如果生病，一般首先想去的是：

□社区医疗服务中心　　□卫生服务站或诊所

□区级医院　　□市级医院

6. 您去过社区医疗服务站吗：

□去过　　□没去过（跳转至下一题）

您去社区医疗服务中心接受以下哪些服务：□看病　□打针输液　□拿药

7. 社区医疗服务中心是否有明确的科室分类：

□是　　□否　　□不清楚

8. 您对您所在社区的医疗服务中心工作水平总印象是：

□非常满意　　□基本满意　　□不满意　　□非常不满意

9. 你对社区卫生服务机构的收费看法如何：

□合理　　□比较合理　　□不合理

10. 您认为目前社区医院存在的问题有（多选题）：

□社区医院医生的诊疗技术不足

□社区医院诊疗设备简陋

□社区医院的就诊环境较差

□看病费用和大医院差不多

□医护人员服务态度差

11. 您认为现阶段社区医院需要建立哪些健康服务（多选题）：

□拥有更专业社区全科大夫

□在社区开展医疗、保健、康复、设立家庭病床等

□开展健康检查

□改革医保制度，提高居民在社区看病报销比例增加

□贫困户的医疗救补

□健身康复

12. 您认为社区医疗服务应在“分级诊疗”体系中发挥什么样的作用：

附录3　城市社区医疗服务的采访摘要

（政府/居委会篇）

1. 您认为目前辖区内的社区医疗服务水平如何？

2. 您认为社区医疗应在“分级诊疗”体系中扮演什么样的角色？

3. 目前辖区内的社区是否均已存在社区医院？/没有的话什么时间可以达

到全覆盖？

4. 未来社区医疗服务将承担什么样的职能？（宏观/具体）

5. 作为老旧小区的居委会，应在社区医疗服务建设中起什么作用？

6. 居委会所在社区的医疗服务您是否体验过？/您的体验与感受是什么样的？（直观的/访问的）

7. 您认为社区医院还有哪些方面的条件需要去改善？

（社区居民篇）

1. 您对您所在社区的医疗服务是否满意？/您如果生病，是否会选择在社区医院治疗？

2. 您认为相对大医院来说，社区医院的优势是什么？

3. 您认为目前社区医院存在的不足有哪些？

4. 您认为社区医院还应该增加哪些职能？（详细）

（工作人员篇）

1. 目前社区医院的工作量是否超负荷？/每天的接诊量多吗？

2. 您认为目前社区医院存在哪些方面的不足？/需要改进什么？

3. 您认为社区医院会在未来的“分级诊疗”体系中发挥什么作用？

4. 您对现在的工作满意吗？/待遇、社会地位如何？

附录4　项目组寒假社会实践新闻稿

保障社区医疗服务，构建分级诊疗体系

——城市老旧小区社区医疗调研活动

随着经济发展的稳步增长以及改革开放的进一步深入，人们对于医疗制度改革的呼声也随之提高，同时，“医联体”的分级诊疗模式也在不断被推广与借鉴，由此，作为医疗制度的基层服务主体，社区医疗服务发挥着愈来愈重要的作用。团队以了解老旧小区社区医疗为目标进行全方位的调查研究活动。

首先，我们对济南市政府的卫生管理部门进行访问，参观了解“医联体”分级诊疗模式的体系构建，沟通交流基础社区医疗服务所发挥的作用与存在的弊端，受到领导的热烈欢迎；其次，我们来到街道办事处的卫生部门，与负责人进行沟通与交流，了解当下辖区内社区医疗服务的发展状况；最后，我们进入城市老旧小区，进行问卷调查与结构访问，切实了解目前社区医疗服务的发展状况，受到广大居民的积极配合。

在工作人员以及居民的积极配合下，本次调研活动顺利完成。团队成员在调研活动中不仅了解到目前社区医疗的实际发展状况，同时使团队成员获得社会实践能力与专业知识能力的双重提高。此外，对于分级诊疗模式的推广与“医联体”体系的构建具有十分重要的参考意义。

附录5　实践活动过程性照片

图1　三里庄小区门牌

图2　三里庄小区社区医疗机构

图 3　团队成员在调研地点

图 4　三里庄小区实地调研

图5 三里庄小区开始访谈

图6 三里庄小区调研行动

致谢

经过1个月的准备与实际调研，我们项目组完成全部的调研任务，并分析总结出调研报告如上。感谢在这辛苦调研期间给了我无私且珍贵的帮助的人们。在此期间，指导老师高度负责地指导我们进行计划书的书写、调研任务的计划、调研前的准备工作以及调研过程的进行，全程帮助我们进行调研，很感谢指导老师的辛勤付出。另外，感谢老师组织策划这一有意义的社会实践项目，一方面，帮助同学们更加亲近地接触社会，为以后踏上社会做好准备，另一方面，使我们了解社会的现状，为以后工作打好基础，很感谢这次调研活动给我们带来的巨大的收获。再者，我们还要感谢市中区卫生部门负责人、三里庄社区居委会、社区医院工作人员以及所有接受我们采访及调查问卷的人们，感谢你们的积极配合。最后，感谢本组成员的协调配合、积极努力，才使得项目能够顺利完成。总之，项目的已经圆满完成，谢谢大家。

留守儿童性教育行动研究

团队负责人：张淑芳　　指导教师：张文华
团队成员：孙晓旭　曹磊　王延昊

一、项目目的

留守儿童是指外出务工连续三个月以上的农民托留在户籍所在地家乡，由父、母单方或其他亲属监护接受义务教育的适龄儿童少年。由于城市的吸引力，进城务工人员逐年增加，导致留守儿童数量也逐年增加。父母角色的暂时缺失一定程度上对留守儿童的教育以及安全方面产生了影响，尤其是留守儿童屡遭性侵事件的发生，留守儿童性教育的开展刻不容缓。

本项目以行动研究为主要方法，依托问卷调查、访谈、课堂授课等方式，调查留守儿童性知识了解情况，探索目前儿童性教育课程的不足，为提出符合留守儿童实际情况的性教育课程提供基础。

二、项目内容

借助暑期支教的方式，通过问卷、访谈的方法调查留守儿童接受性教育情况、家长对儿童接受性教育的态度并利用课程授课的方式探索留守儿童性教育的课程方式，以玛丽斯特普中国材料、丁丁豆豆小学教材、不羞课堂等资料为教学支撑，调查留守儿童性知识了解情况，提出符合留守儿童实际情况的性教育课程提供基础。

三、项目方法

以行动研究为主要方法，依托问卷、访谈、课堂授课等方式，结合定性分析与定量分析的方法，以社会工作专业方法并结合玛丽斯特普中国教材、不羞课堂等资料作为课堂授课的参考材料。

四、项目结果

1. 大部分的家长的知识文化水平处于中层，年龄多在30—40岁，属于青年阶段，家长的思想相较于爷爷奶奶辈的思想已经发生了改变，家长的思想对于性知识已经比较接受。对于家长是否愿意向儿童普及性教育的知识调查，大部分家长表示愿意，尤其是有关防性侵的知识。当然，有小部分家长认为儿童到了一定的年龄自然而然就会了解，这部分家长是我们需要努力的对象。

2. 从调查儿童性教育知识的了解情况看，大部分的同学没有接受过学校和家长普及的性教育有关知识，但是有一半的学生已经了解了性教育的有关知识。虽然大部分家长愿意向儿童传授性教育的有关知识，但是在实际行动上大部分家长都犹豫不决，并未向学生讲授性教育的有关知识。

3. 对于儿童对于基本性教育知识的了解调查中，我们发现大部分儿童对于生命的起源、预防性侵的方法这几个基本的知识比较了解，但对于较深层次的，比如性别平等、正确认识异性等知识还处于一知半解状态。

4. 家长和学生对于由谁来教授性教育知识方面，双方普遍认为学校应当发挥主要作用。对于授课的形式，家长更认同引用身边的例子来教学，而学生更认同传统的授课形式。

五、项目分析

弗洛伊德以身体不同部位获得性冲动的满足为标准，将人格发展划分为口唇期（0—1岁）、肛门期（1—3岁）、性器期（3—6岁）、潜伏期（6—11岁）、生殖期（11岁或13岁开始）5个阶段，这就是人格发展理论又称性心理期发展论。口唇期时，婴幼儿以吸吮、咬和吞咽等口腔活动为主满足本能和性的需要；肛门期，儿童性欲望的满足主要来自肛门或排便过程；性器期时，儿童会对生殖器官产生好奇，出现恋父情结或恋母情结等等，由此可见，性一直存在我们身边，我们需要性教育。研究表明：性教育的关键时期是在儿童少年期，这一时期所接受的性教育会影响到他们性自识、性别自我表现、性别角色行为、动情反应以及今后性目标选择，将有利于儿童终身幸福。

在国外，一些发达国家从本国实际出发，自20世纪70年代起就将性教育纳入国民教育体系，并将性教育与个体的整体素质发展结合起来，与人的社会生活实际结合起来，把性教育看作“人格教育”“爱的教育”“生活教育”，甚至将它提升到“人的教育”的高度。日本在1979年便专门编写和出版了《性教育指导纲领》，其中“儿童篇”系统地介绍了儿童期性教育的目的、内容、原则和方法。美国在1990年就有50%的学校开展性教育活动，并以此指导和配合家庭的性教育。瑞典作为世界上性教育公开化程度最高、性教育效果最好的国家，学校中已将性教育普及。而我国的儿童性教育还处于滞后状态，一定程度上受到人们忽视，这与国际上把性教育贯穿人的一生，关心人的终身健康与幸福的教育趋势是不一致的。因此，在儿童期普及性教育是不可忽略的。

1. 研究对象与研究方法

1.1 研究对象

从菏泽市定陶区孟海镇马楼村选取马楼小学的学生家长和高年级同学为调查对象，共发放问卷110份，其中家长问卷50份，学生问卷60份，删除作答不完整的问卷后，回收有效问卷101份，其中家长有效问卷45份，问卷有效率为90%，学生有效问卷56份，问卷有效率为93.3%。

1.1.1 学生的基本情况

学生的性别具体情况见图1，调查的学生的年龄主要为10—13岁。

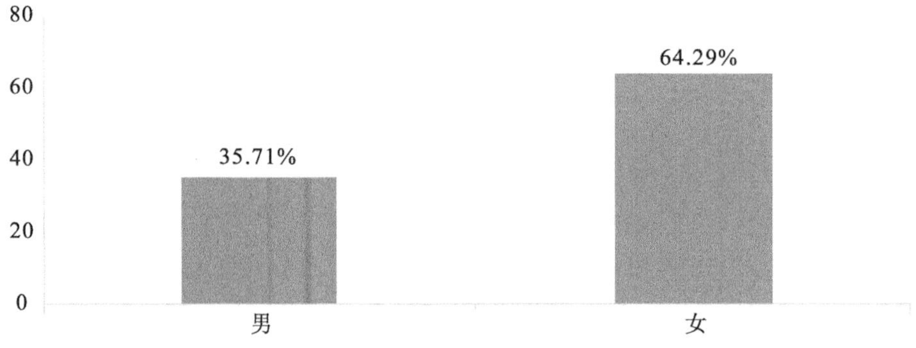

图1 学生的性别

1.1.2 家长的年龄情况

调查的学生家长年龄主要为30—40岁，具体情况如下图2。

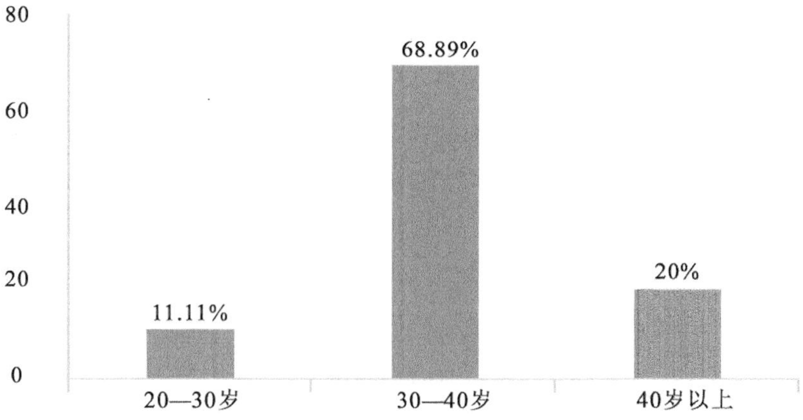

图 2　家长的年龄

1.1.3 家长文化水平情况

在对家长文化水平的调查中发现（见图 3），53.33%的家长为初中水平，小学或识字的家长占 24.44%，高职学历的家长占 15.56%，不识字的家长占 4.44%，本科及以上学历的家长占 2.22%，专科学历家长没有。

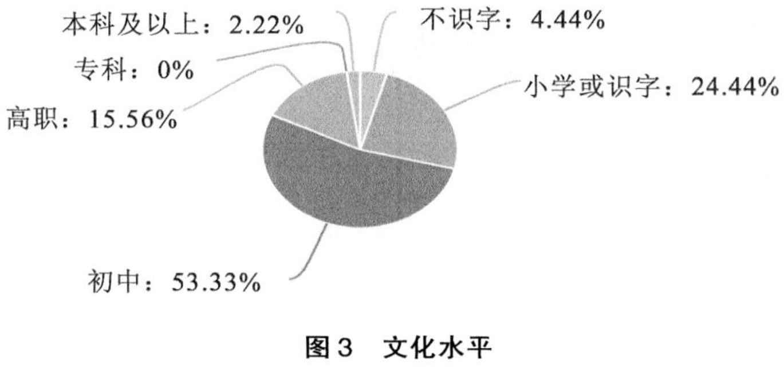

图 3　文化水平

1.2 研究工具

本研究在已有研究的基础上进行问卷编制，从家长对儿童进行性教育的态度，家长对学校开展性教育课程的态度，学生角度学校、家长是否对其进行性教育以及学生对一些性知识的认识等方面进行调查。

2. 研究结果及分析

2.1.1 学生接触性教育知识情况

在对学生是否接触过性教育知识情况的调查中发现（见图 4），一半的学生是接触过性教育的主题知识的，1/3 的学生没有接触过性教育主题的知识，

19.64%的学生表示不清楚。

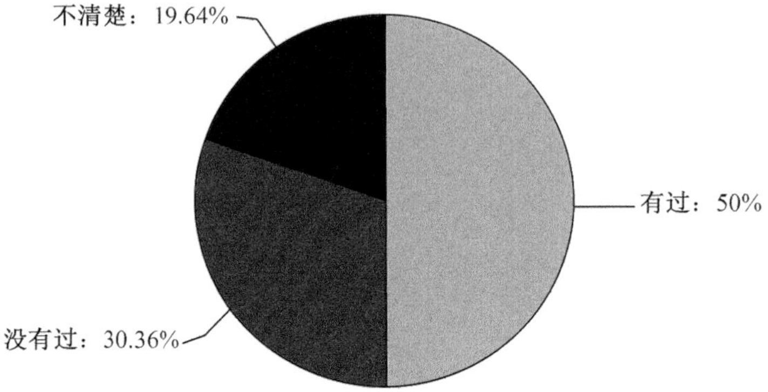

图4　学生接触性教育知识情况

2.1.2 学生角度学校、家长对学生进行过性教育情况

本研究从学生角度对学校是否对其开展过生理健康知识的调查中发现（见图5），大部分学生表示学校没有或不清楚对自己进行过生理健康教育（41.07%的学生表示学校没有开展过生理健康课，23.23%的学生不清楚学校是否开过生理健康课）。

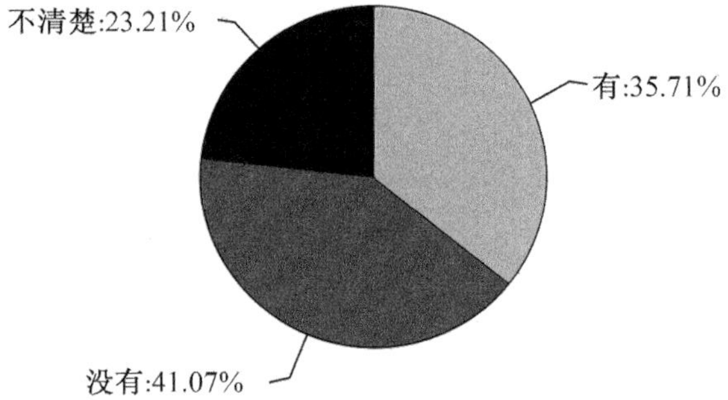

图5　学生角度学校是否开设生理健康课

在对学生家庭是否对学生进行性教育的情况的调查中我们发现（见图6），大部分学生没有接受过家庭性教育。

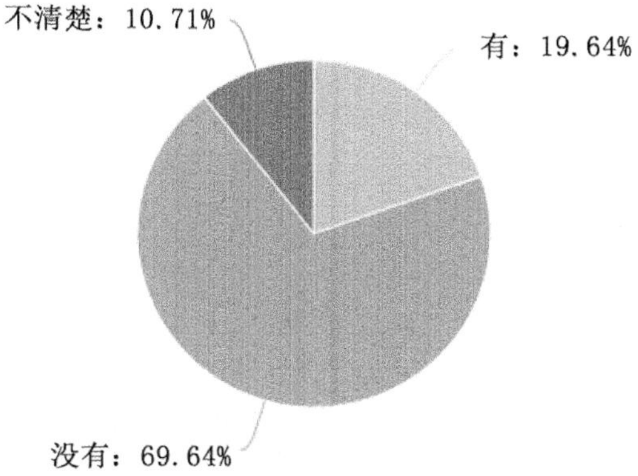

图6　学生角度家庭开展性教育情况

综合2.1的全部内容，我们可以发现50%的学生已经接触过性教育主题知识，然而又41.07%和69.64%的学生表示学校和家庭没有为自己开设过生理健康课或性教育。在没有家长与学校的教导下，学生已经接触到性的有关知识，这和互联网的高度发展以及不良文化的传播有着密切的联系。因此，在这个日新月异的今天，家长对儿童进行性教育并不早，并且对儿童进行性教育是非常有必要的。

2.2.1 学生了解生命起源情况

在对学生进行生命起源的调查中我们了解到（具体见图7），几乎全部的调查对象都知道或知道一点自己是从哪里来的（73.21%的学生知道自己的生命起源，17.86%的学生知道一点自己的生命起源）。

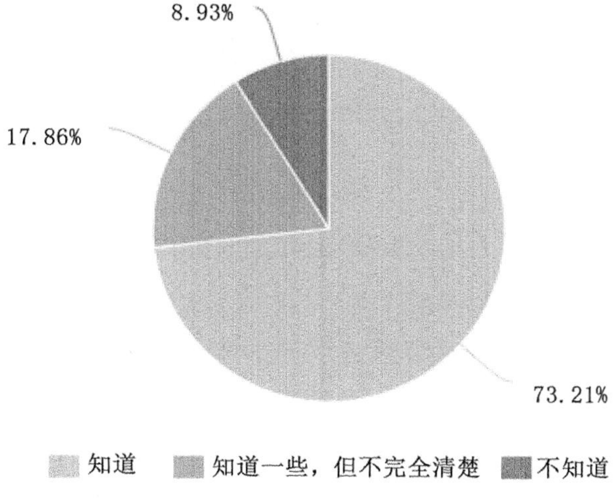

图7　学生了解生命起源情况

2.2.2 学生了解性别平等情况

在对学生了解性别平等含义的调查中（图8），有48.21%的学生表示不知道性别平等的含义，28.57%的学生知道一些性别平等的含义，仅有23.21%的学生知道性别平等的含义。

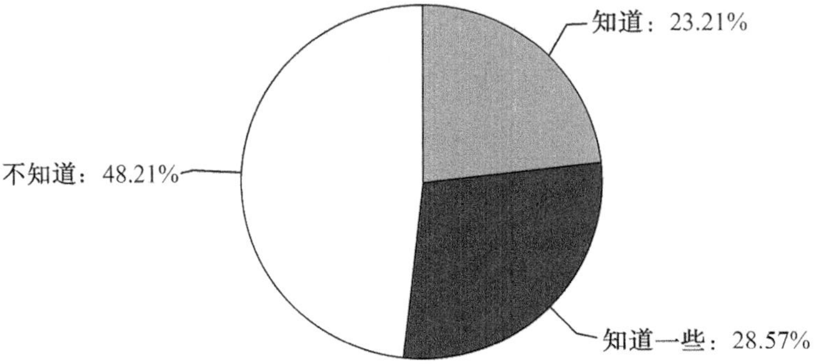

图8 学生了解性别平等情况

2.2.3 学生与异性相处时因性别而不舒服情况

在调查学生与异性相处时因性别而不舒服情况时，调查结果发现42.86%的学生表示与异性相处时没有因为性别而感到不舒服，有不舒服情况的学生与有一点不舒服情况的学生分别有16.07%和41.07%，共占据一半多一点。

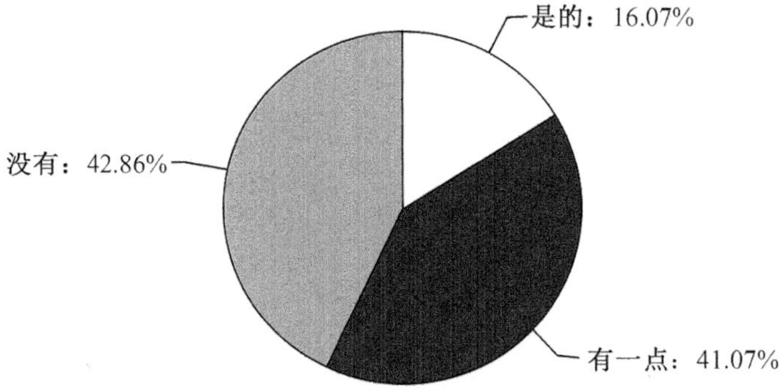

图9 学生与异性相处时因性别而不舒服情况

2.2.4 学生认为对异性产生好感是否正常情况

在对学生认为对异性产生好感是否正常情况调查时发现，62.5%的学生不清楚是否正常，26.79%的学生认为是正常的，仅有10.71%的学生认为不正常。

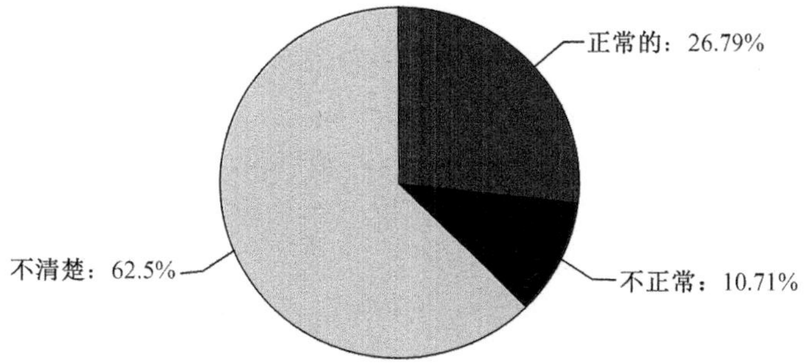

图 10　学生认为对异性产生好感是否正常情况

2. 2. 5 学生对异性产生好奇情况

在学生对异性产生好奇情况调查中，有 53. 57%的学生表示对异性有好奇，46. 43%的学生对异性不好奇。

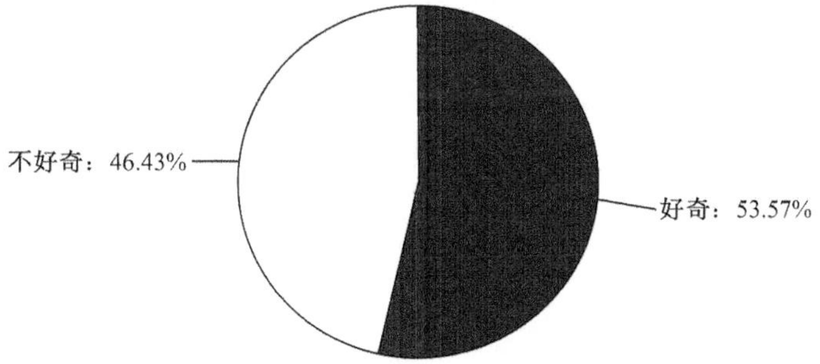

图 11　学生对异性产生好奇情况

2. 2. 6 学生因生理变化而烦恼情况

学生因生理变化而烦恼情况调查中，学生表示烦恼和有一点烦恼的共有 50%，不清楚的学生有 32. 14%，仅有 17. 86%的学生不烦恼。

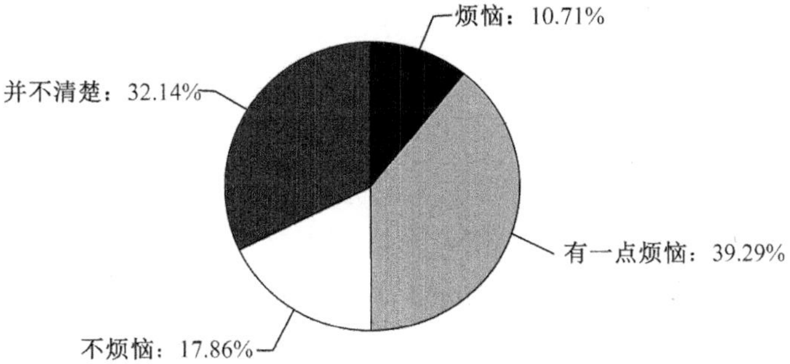

图 12　学生因生理变化而烦恼情况

综合2.2可以看出，现在多数同学对生命起源已经比较了解，说明家长对儿童的生命由来已不像以前那样保守，相较以前采用欺骗、隐瞒的方式解释儿童的出生，现在多数家长采用据实已告。

性别平等学生的了解情况一定程度上反映出目前家长对男女平等、性别认同方面的忽视，且学生对此方面的了解程度及认同程度也处于较低状态，建议家长加强对儿童性别平等的教育。

学生在与异性的相处中，目前一半多的学生已经受到性别的影响在与异性相处中感到不舒服，一半左右的学生对异性好奇，一半的学生受到生理变化的影响，而对异性产生好感是正常的，仅有少数人认识到。可以看出，目前高年级的学生已开始受到青春期的影响，对异性好奇、不好意思与异性相处等表现都是正常现象，而学生对青春期的正确认识处于较低水平。因此，建议家长和老师正确引导学生，正确认识男女之间的交往与相处、接纳自己的变化、辩证看待事情的性质等方面，家长和老师加强对学生的关注与沟通，和学生做朋友，以平等的心态相处。

2.3.1 学生了解预防性骚扰方法的途径

学生了解预防性骚扰方法的途径情况调查中（详情见图13），可以看出学生了解的途径多样，但多数以家长、老师为主，其次以同学朋友和看书，仅有12.5%的学生没人指导了解预防性骚扰的方法。

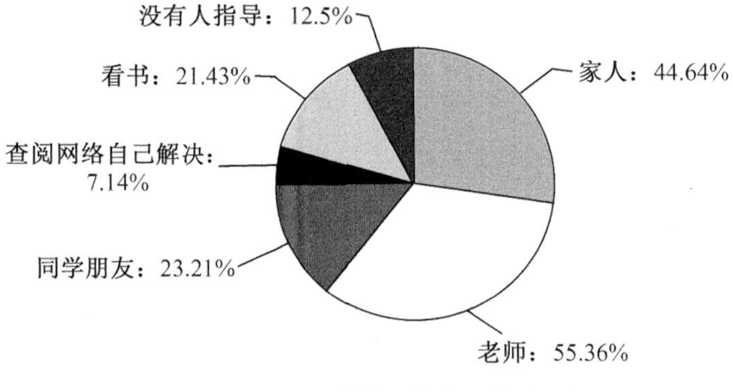

图13 学生了解预防性骚扰方法的途径情况

2.3.2 学生遇到性骚扰时自我保护的方法

对学生遇到性骚扰时自我保护的方法调查时（详情见图14），我们发现绝大多数的学生知道或知道一些自我保护的方法，19.64%和3.57%的学生不知道和完全不知自我保护的方法。

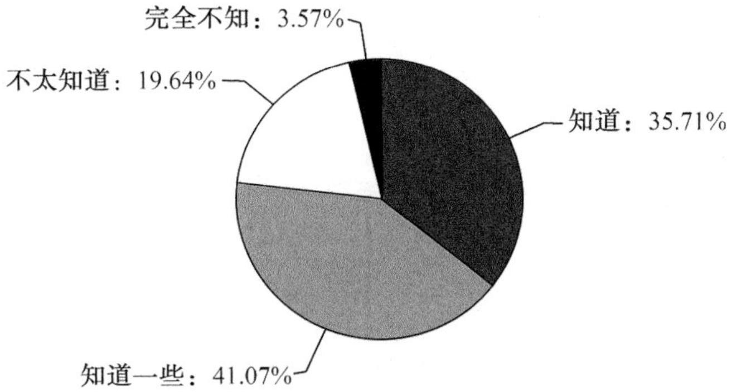

图 14　学生遇到性骚扰时自我保护的方法

结合 2.3.1 和 2.3.2 调查情况，目前学生多数对性骚扰和自我保护的方法有一定的认识与了解，家长和老师对学生的安全问题比较重视。对此，希望家长和老师继续加强对学生安全问题的重视，全面系统地对学生普及预防性骚扰和自我保护的方法。

2.4.1 学生对性的认识情况

在学生对性的认识情况调查中（详情见图 15），一半多学生对性有了解，仅仅有 1.79%的学生对性完全不清楚。

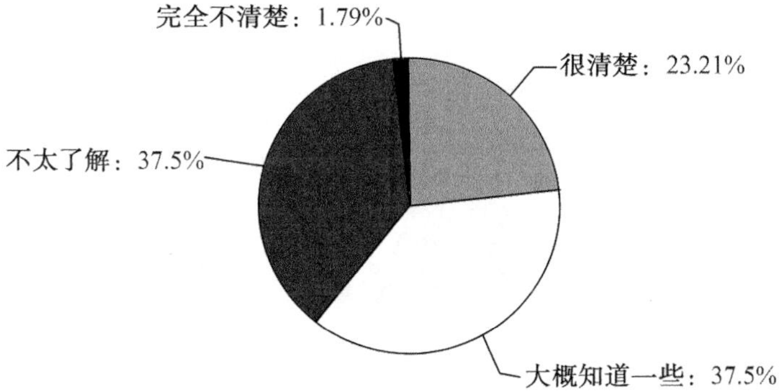

图 15　学生对性的认识情况

通过对学生对性的认识情况调查，可以看出现在的学生多数对性有了一定的认识，说明在这个高度发达的今天，性已经不再是之前难以启齿的话题，学生拥有更多了解性知识的途径。因此，我们建议家长和老师应该重视对学生的性教育，不要认为儿童到一定年龄后自然会懂性知识，孰不知这种做法加大了学生接受不良性知识的危险，家长和老师应以真诚、开放的态度向学生普及性知识。

2.5.1 学生认为是否应该接受性教育情况

在学生认为是否应该接受性教育调查情况中可以看出（详情见图16），绝大多数的学生认为应该接受性教育，仅有8.93%的学生认为不应该接受性教育。

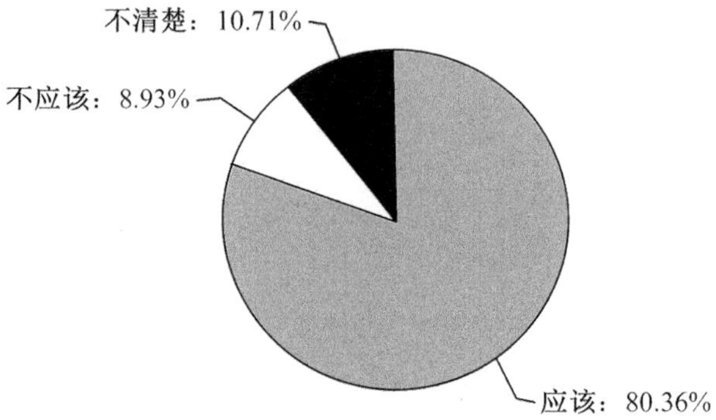

图16 学生认为是否应该接受性教育情况

2.5.2 学生心仪的学习性教育知识方式

学生心仪的学习性教育知识方式的调查中（详情见图17），可以看出将近一半的学生更倾向于传统的老师课堂教授的方式，33.93%的学生喜欢以游戏的方式学习，21.43%的同学喜欢小组讨论的方式。

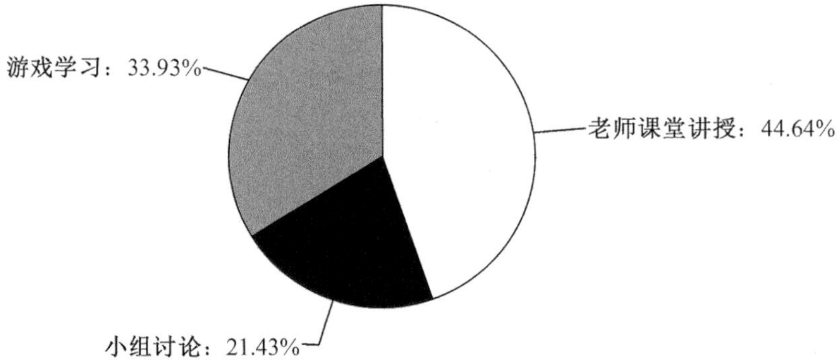

图17 学生心仪的学习性教育知识方式

2.5.3 学生更希望从家庭还是学校获得性教育知识的情况

通过学生更希望从家庭还是学校获得性教育知识的情况调查中（详情见图18），我们发现相较于家长，学生更接受学校通过老师来传授性教育知识。

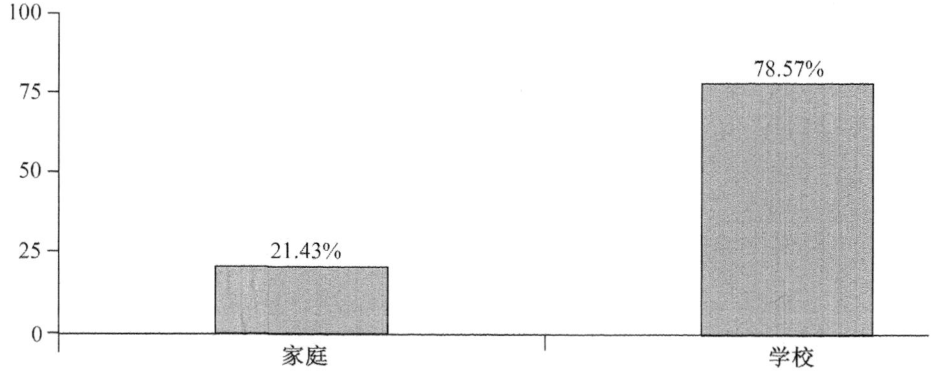

图 18　学生更希望从家庭还是学校获得性教育知识的情况

综合 2.5 我们可以了解到学生对接受性教育知识大多持接受态度，更愿意接受学校承担传授性教育知识的角色，在学习方式方面比较接受传统的教学模式。因此，我们建议学校与家长合作，共同承担向学生普及性教育知识的责任，为我们下一代营造健康的生活环境，引导其树立良好的性知识观。

2.6.1 家长是否会告知孩子如何诞生问题调查

本研究通过对家长是否告诉孩子是如何诞生的问题调查来探究家庭生理健康教育情况（见图 19），大多数家长认为应该告诉孩子自己是如何诞生的（15.56%的家长同意告知孩子如何诞生的，26.67%的家长有一点同意告知孩子是如何诞生的，44.44%的家长非常同意告知孩子是如何诞生的），有少数家长不认同将孩子是如何诞生的告知孩子这一观点（11.11%的家长不同意告知孩子是如何诞生的，2.22%的家长非常不同意告知孩子是如何诞生的）。由此可以看出大多数农村家长对于孩子的生理健康教育课是认同的，这对于本研究的开展以及后续生理健康教育的开展都是有利的。

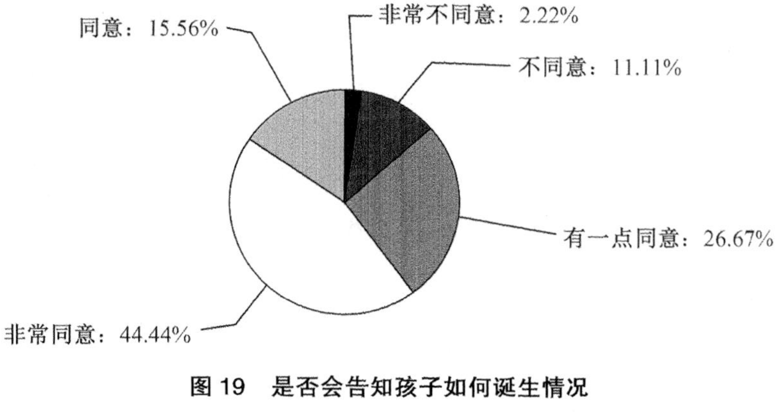

图 19　是否会告知孩子如何诞生情况

2.6.2 是否会告知孩子关于男生和女生身体的差别调查

通过对家长是否会告知孩子关于男生和女生身体的差别调查发现（见图20），绝大多数家长同意告知孩子关于男生和女生身体的差别（其中6.67%的家长非常同意告知孩子关于男生和女生身体的差别，55.56%的家长同意告知孩子关于男生和女生身体的差别，20%的家长有一点同意告知孩子关于男生和女生身体的差别）；只有少数家长非常不同意告知孩子关于男生和女生身体的差别，占调查总人数的4.44%，有13.33%的家长不同意告知孩子关于男生和女生身体的差别。总体来看，大多数家长还是认同告知孩子关于男生和女生身体的差别这一观点的。

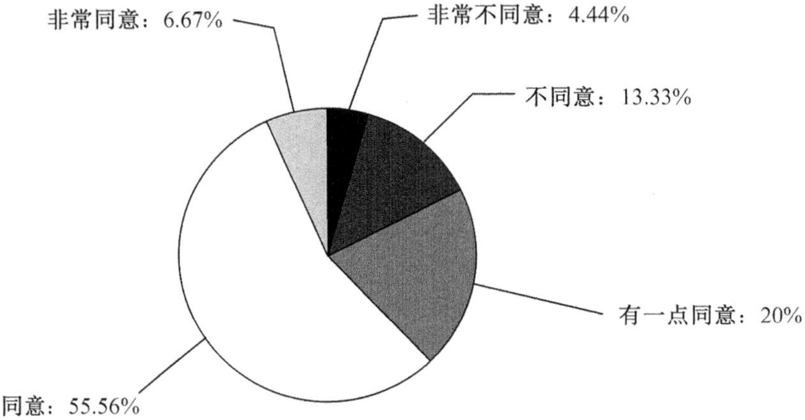

图20　是否会告知孩子关于男生和女生身体的差别情况

2.7 家长是否会和孩子讨论青春期的生理变化及常识调查

通过对是否会和孩子讨论青春期的生理变化及常识调查发现（见图21），绝大多数家长会和孩子孩子讨论青春期的生理变化及常识（8.89%的家长非常同意和孩子讨论青春期的生理变化及常识问题，48.89%的家长同意和孩子讨论青春期的生理变化及常识问题，28.89%的家长有一点同意和孩子讨论青春期的生理变化及常识问题），少数家长对于孩子讨论青春期的生理变化及常识问题持反对意见（4.44%的家长非常不同意和孩子讨论青春期的生理变化及常识，8.8%的家长不同意和孩子讨论青春期的生理变化及常识）。由此同样可以看出，多数农村家长对于和孩子讨论青春期的生理变化及常识持赞成态度。

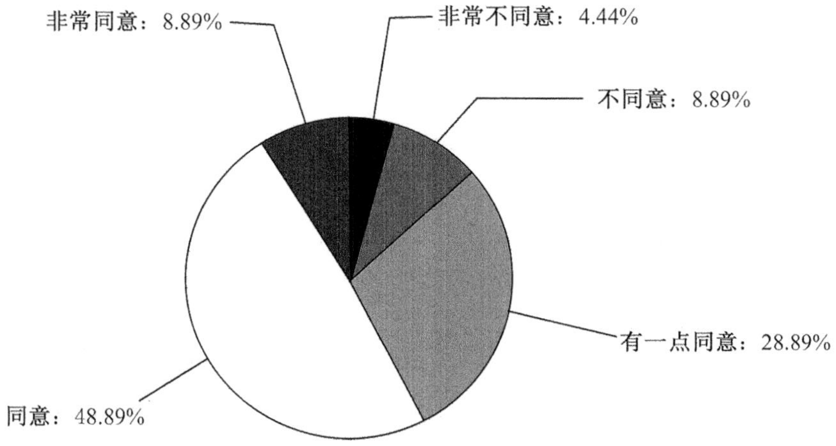

图 21 是否会和孩子讨论青春期的生理变化及常识情况

2. 8 家长是否会教导孩子尊重自己及他人身体的隐私权调查

如图 22 所见，57. 78%的家长同意教导孩子尊重自己及他人身体的隐私权，31. 11%的家长非常同意教导孩子尊重自己及他人身体的隐私权，4. 44%的家长有一点同意教导孩子尊重自己及他人身体的隐私权，4. 44%的家长不同意教导孩子尊重自己及他人身体的隐私权，2. 22%的家长非常不同意教导孩子尊重自己及他人身体的隐私权。由此可见，高达 90%的家长都认同教导孩子尊重自己及他人身体的隐私权的观点。

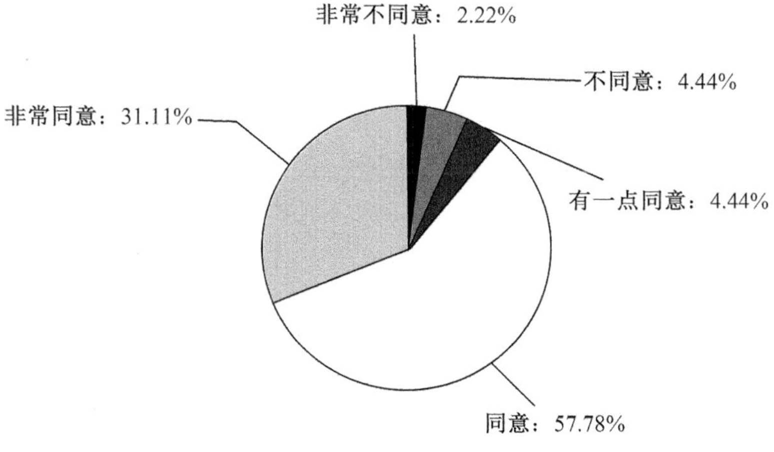

图 22 是否会教导孩子尊重自己及他人身体的隐私权情况

2.9 是否会教导孩子如何预防性骚扰和性侵害的知识

在对家长是否会教导孩子如何预防性骚扰和性侵害知识的情况时，调查结果发现其中24.44%的家长非常同意教导孩子如何预防性骚扰和防性侵知识，66.67%的家长同意教导孩子如何预防性骚扰和性侵害知识，4.44%的家长有一点同意教导孩子如何预防性骚扰和性侵害知识，2.22%的家长不同意教导孩子如何预防性骚扰和性侵害知识，2.22%的家长非常不同意教导孩子如何预防性骚扰和性侵害知识。由此看来，高达95%的家长同意教导孩子如何预防性骚扰和性侵害知识，只有不到5%的家长不同意教导孩子预防性骚扰和性侵害。

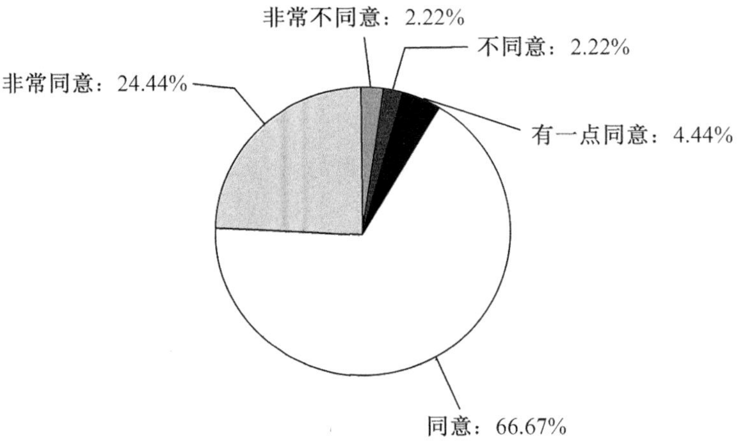

图23　是否会教导孩子如何预防性骚扰和性侵害的知识

2.10 是否会告诉孩子“男女朋友”和“普通朋友”的差别

在对家长是否会告诉孩子“男女朋友”和“普通朋友”的差别的情况时，调查结果发现有15.56%的家长非常同意告诉孩子“男女朋友”和“普通朋友”的差别，60%的家长同意告诉孩子“男女朋友”和“普通朋友”的差别，17.78%的家长有一点同意告诉孩子“男女朋友”和“普通朋友”的差别，有4.44%的家长不同意告诉孩子“男女朋友”和“普通朋友”的差别，有2.22%的家长非常不同意告诉孩子“男女朋友”和“普通朋友”的差别。

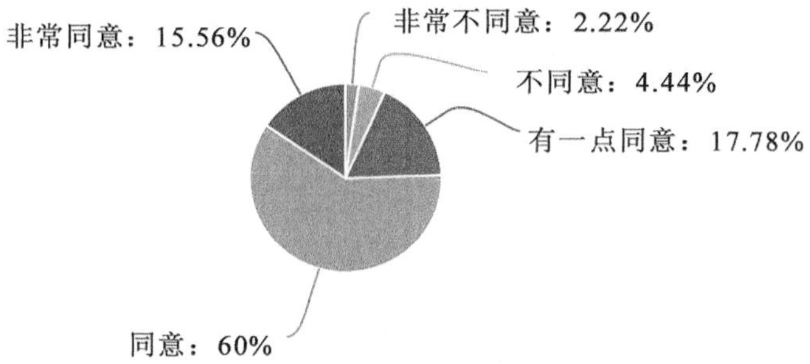

图 24　是否会告诉孩子“男女朋友”和“普通朋友”的差别情况

2. 11 家长是否有必要对孩子进行性教育调查

如图 25 所示，75. 5%的家长认为非常有必要对孩子进行性教育，15. 56%的家长认为孩子长大会自己懂的，8. 89%的家长对孩子是否应该进行性教育持无所谓的态度。综合来看，农村家长对青少年的生理健康教育是重视的，这对生理健康教育的开展是十分有利的。

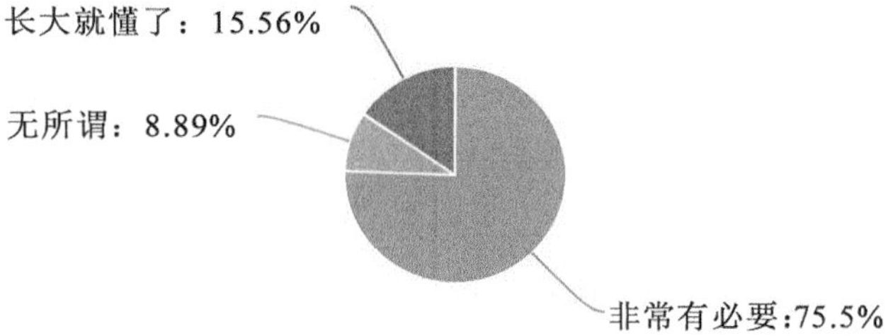

图 25　是否有必要对孩子进行性教育情况

2. 12. 1 家长对开展小学生性教育课程的态度调查

通过对家长对开展小学性教育课程的态度调查可以发现（图 26），有 71. 11%的家长认为很有必要开展小学性教育课程，其中有 20%家长认为小学性教育课程可有可无，8. 89%的家长认为没有必要开展小学性教育课程。综合来看，开展小学性教育课程还是很有必要的。

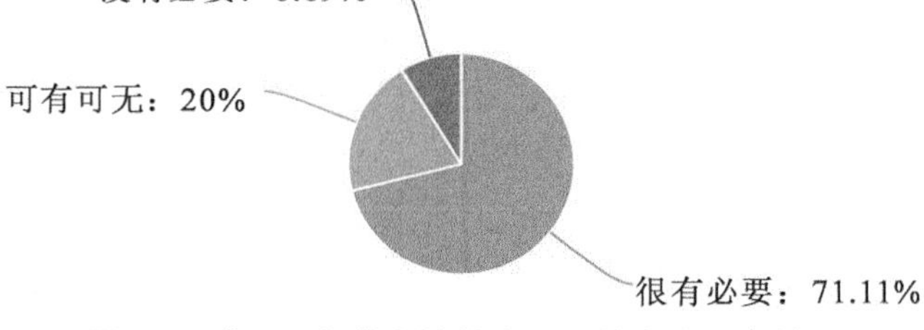

图 26　对开展小学生性教育课程的态度调查情况

2.12.2 家长希望学校或其他渠道进行性教育的方式调查

通过对家长希望学校或其他渠道进行性教育的方式调查中发现（见图27），家长希望的方式是多种多样的，其中家长对引用身边的例子进行教育的方式最为认可，朋友式交谈的方式较为受欢迎，看图说教、玩耍中灌输性知识以及其他方式也是可以接受的。由此可以看出，家长们对开展性教育课程的方式有较大的宽容性，这也要求未来的性课程教育者要持续探索新的方式，以更佳的方式发展性教育。

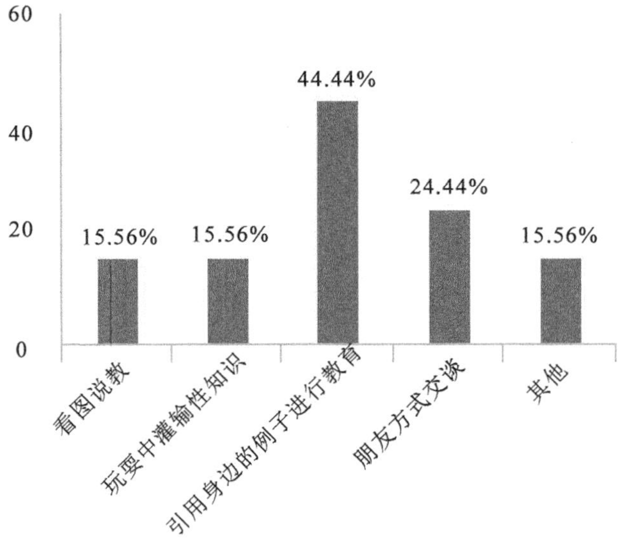

图27 家长希望学校或其他渠道进行性教育的方式调查情况

（一）根据学生对性教育知识的了解情况，发现50%的学生已经接触过性教育主题知识，然而又有41.07%和69.64%的学生表示学校和家庭没有为自己开设过生理健康课或性教育。在没有家长与学校的教导下，学生已经接触到性的有关知识，这和互联网的高度发展以及不良文化的传播有着密切的联系。因此，在这个日新月异的今天，家长对儿童进行性教育并不早，并且对儿童进行性教育是非常有必要的。

（二）现在多数同学对生命起源已经比较了解，说明家长对儿童的生命由来已不像以前那样保守，相较以前采用欺骗、隐瞒的方式解释儿童的出生，现在多数家长更多的采用据实已告。

（三）对性别平等学生的了解情况一定程度上反映出目前家长对男女平等、性别认同的方面的忽视，且学生对此方面的了解程度及认同程度也处于较低状态，建议家长加强对儿童性别平等的教育。

学生在与异性的相处中，目前一半多的学生已经受到性别的影响在与异性相处中感到不舒服，一半左右的学生对异性好奇，一半的学生受到生理变化的影响，而对异性产生好感是正常的仅有少数人认识到。可以看出，目前高年级的学生已开始受到青春期的影响，对异性好奇、不好意思与异性相处等表现都是正常现象，而学生对青春期的正确认识处于较低水平。因此，建议家长和老师正确引导学生，正确认识男女之间的交往与相处、接纳自己的变化、辩证看待事情的性质等方面，家长和老师加强对学生的关注与沟通，和学生做朋友，以平等的心态相处。

（四）我们可以了解到学生对接受性教育知识大多持接受态度，更愿意接受学校承担传授性教育知识的角色，在学习方式上比较接受传统的教学模式。因此，我们建议学校与家长合作，共同承担向学生普及性教育知识的责任，为我们下一代营造健康的生活环境，引导其树立良好的性知识观。

六、结论与建议

1. 学生转变性知识学习态度

“谈性色变”的传统文化，影响的不仅仅只是学生家长而已。通过调查发现许多青少年也会存在对性知识的偏见，认为性知识不能公开谈论、不能主动学习。所以，青少年自身同样需要敞开心扉，主动学习性知识。

2. 家长转变性教育观念

由于传统文化的影响，多数家长对于有关性的知识比较难于说出口，但父母是孩子的第一任老师，因此，家长需要转变自己的观念，让性变得说出口，为孩子营造一个开明开放的家庭环境。

3. 学校开设性教育课程

我国一般在初中开设生理健康课，而课设课程的时间不符合学生对性知识需求的时间。因此，教育部门应结合实际开展学生了解性教育知识调查，在各个小学开设性教育课程，同时为各个小学培训性教育老师，向学生普及基本的性知识。

4. 家校合作更好致力于学生发展

家长和学校应联合起来，双向合作，共同发挥向学生传递性知识的责任，以多种方式传递性知识，弥补单一方式带来的不足。同时做好学生的心理工作，正确认识自己、事情，培养学生健康、积极、乐观的心态，为学生的发展奠定牢固的基础。

社区视角下外卖平台监管问题及其对策

团队负责人：刘彧　　　　指导教师：王俊燕
团队成员：袁思方　马晶晶　胡方颖

一、项目目的

外卖行业由较早时期的餐厅打包，历经电话订购、网站订购、微信订餐等多种形式的演变递进，通过外卖新技术——外卖平台APP，迎来了发展高峰期。随着手机软件的推广使得外卖行业有了更大发展空间，外卖类APP“饿了么”发布的中国外卖大数据显示2020年中国市场用户规模将达到6亿。在消费者能够足不出户便可在家坐享美食，工作繁忙也不影响正点吃饭的同时，外卖行业的诸多问题开始渐渐显露。大街小巷外卖送餐员穿梭的身影引发的交通问题和小区业主安全与外卖配送需要的矛盾、外卖平台“美丽外衣”掩盖下的不为人知的商品食品安全以及外卖平台与商家或者商家与消费者甚至外卖配送员与消费者的矛盾冲突不断地吸引着人们的注意。同时，外卖行业在发展过程中逐渐形成了一些不利于社会和谐的因素，例如环境污染和交通问题频发等。针对外卖行业存在的诸多问题，作为现阶段外卖行业发展的核心——外卖平台责无旁贷。平台作为外卖行业所存在问题的主体，问题的解决者以及解决问题后的最大受益者，平台亟待正视现实，重视问题，制定合理的改进方案，推动外卖行业的良性发展。

在理论层面，本项目将聚焦于链接消费者与商家的外卖平台，将其为切入点；同时，运用社区工作视角，以宏观的眼光将外卖平台、外卖配送员、商家以及消费者相联系，以发现问题与矛盾点。

在实践层面，项目成员将会针对调研过程中发现的种种问题，从社会工作专业视角提出相应的对策，保证最大化地发挥外卖平台作为链接商家与消费者的枢纽所具备的功能，对有所欠缺的方面进行完善，使外卖行业发展过程中存在问题与矛盾有所缓解，从而为消费者乃至为全社会带来最大化的方便与快捷。

二、项目内容

1. 消费者对于外卖行业发展现状的满意度以及问题调查

通过运用电子问卷和无结构式访谈线上线下相结合的方式对不同年龄段不同职业的消费者对于外卖行业所持有的态度进行抽样调查，在对调查结果进行整理总结基础上，从消费者的角度发现外卖行业存在的问题。

2. 普通群众（非主要外卖受众群体）对于日常生活中外卖配送过程中存在问题的调查

普通群众即为外卖非受众群体，也就是非外卖消费者，他们也许能够理智并且客观地站在社会整体的角度发现外卖配送过程中出现的问题。这些问题是消费者在享受外卖服务过程中无法看到的。因此通过非受众群体的眼睛，我们能够发现更多的问题。这些问题并不存在于外卖配送流程之内，然而却真实地因为配送过程中的不当操作而产生了负面影响。

3. 商家与平台间存在的关系调查

众所周知，商家通过入驻外卖平台从而与消费者只凭借互联网与一部手机就可以相联系，在提高了消费者进餐效率的同时商家也因此能够提高效益，而平台在这个过程中也可以从中获利。这样看来，外卖行业使得消费者、商家以及平台三方互惠共赢。所以，在这样看似美好的关系下，一些问题就被刻意或无意地掩盖了。而我们将会通过调查，深层次地挖掘商家与平台间的利益关系，从而为调研结果提供事实支持。

4. 外卖配送员与平台的关系调查

穿梭于大街小巷的外卖配送员身着不同的平台统一的工作服，他们受雇于不同的平台。那么在平台与外卖配送员之间的雇佣关系到底是怎样的。双方的雇佣关系是否存在真实有效的协议来保证外卖配送员以及平台的合法权益。平台作为雇佣方是否真正落实到了雇佣方应该履行的义务。双方之间存在的一系列问题也是我们主要的调查内容。

三、调查方法

1. 文献研究法

通过查阅与外卖行业发展的相关资料与文献，梳理外卖行业的发展模式，并了解现阶段在理论层面对于外卖行业的研究聚焦于哪些理论，为本项目以及调研提供理论支持。

2. 实地调研法

项目部分成员通过对山东省青岛市市北区水清沟街道以及小村庄等人流量大且饭馆、饮品店等地区实地调研。通过实地调研，观察外卖配送过程，总结得出事实依据。

3. 问卷调查法

通过制作电子问卷，以社交软件为主要传播方式分发给身边的亲朋好友，以收集相关资料。

4. 无结构式访谈法

采访前先根据不同的采访对象制定不同的访谈大纲，分别与两位外卖行业负责人、两名外卖配送员和多名不同商家的店员进行访谈。根据访谈内容得出相应的结论。

四、项目结果及其分析

根据项目调查内容，团队成员通过电子问卷的形式一共对四十六位消费者对外卖平台的满意度与意见进行基本的调查；通过无结构式访谈采访了五位消费者、两位普通群众、三位外卖配送员以及六名店铺服务员或老板，通过访谈我们得到如下结果并加以分析：

（一）对消费者的调查结果汇总

1. 问卷调查的结果分析

（1）外卖平台使用人群分布基本以青少年为主，但是中老年人也将近占据了三分之一，基本上外卖平台已经得到了一定的普及。

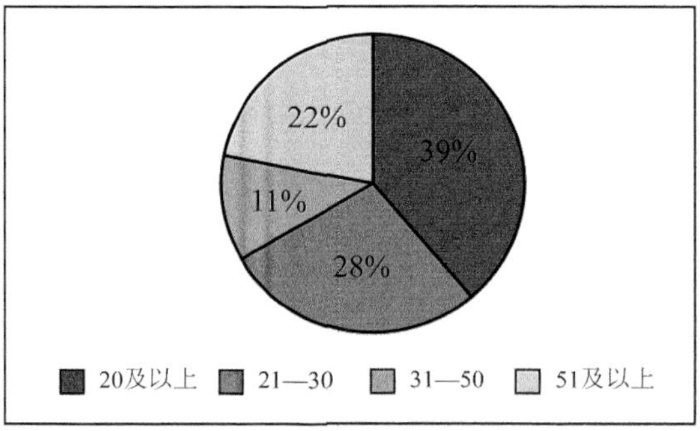

图1 使用人群年龄分布

（2）常用的餐饮外卖 app 以饿了么和美团为主，其他的外卖平台应用比例共计仅30%左右，用户趋向明显，平台之间差距过大、竞争激烈，某些外卖平台使用率不足5%，用户导向信用度高、知名度高的外卖平台已成趋势。

（3）外卖优势基本围绕于几个关键词，“可供选择多样化”“便利”“快捷”，这也是大部分人群选择外卖的主要优势，但是其中质量与安全问题却并没有被大部分人提及。

（4）继上一题中提到过的外卖质量与安全，三分之二的人认为外卖食品的安全问题需要加强，总体来说，外卖平台的食物安全问题在人们认识里处于一种较为安全的情况。

（5）相较于配送速度和服务态度，人们在外卖点单至送达这整个过程中最为关注的点还是产品质量，也就是食物口感以及味道方面的要求较高，所以说在货物能否及时送达，能否保证送达时间内食物的口感等完全，或者说是商家在准备的过程中能否保证外卖食品与店内销售食品质量一致。

（6）人们对于外卖出现不良情况的处理态度满意度较为满意，可以看出大部分商家、平台等对于不良情况的处理和反馈都比较重视。

2. 无结构式访谈的结果分析

通过对多位常用外卖平台订餐的消费者的访问，主要获得以下结论：

（1）食品安全无法得到有效保证（商家）

随着消费者群体的不断扩大，消费者收入的不断增长，人们对于就餐的要求不断提高。针对消费者对于就餐效率的提高，外卖平台由此衍生；现在，人们对于就餐体验的要求越来越高，不仅仅局限于就餐流程的快慢，更追求食物的质量与口感，所以这对于食品安全提出了越来越高的要求。

针对食品安全问题，调研成员首先实地走访青岛市市北区小村庄商圈的多家店铺，实地观察在某外卖平台上口碑较好的几家店铺的真实的食品制作环境和就餐环境。由于越来越多的商家追求食品质量，所以大部分商家的食品制作流程都是半透明甚至全透明公开，所以这极大地方便了调研成员观察。在调研成员实地调研共六家店铺中，大部分的商家都非常自觉地按照统一的食品安全标准来，仅有个别商家由于主要订单来源于外卖，实体店内的客源很少，就不自觉地不注重店内卫生环境，炎热的夏天食材随意堆放在蚊虫乱飞的环境，店内昏暗拥挤，就餐环境也非常压迫。

实地调研成员们仅仅能观察到的大部分仅为表象，所以调研成员利用外卖APP订餐，在几次订餐经历中，某次订餐中出现了食品安全问题。调研成员共点了两份炒菜和一份米饭，在用餐快要完毕时在一份菜品中发现了绿色的菜虫，虽然菜虫对人体没有什么危害，但是出现虫子会对消费者造成极差的用餐体验，也侧面说明了商家在食品制作过程中出现了疏漏。

（2）配送速度（外卖配送员）

人们对于用餐的效率要求之高使得外卖行业得以发展，与此同时对于外卖配送员的职业素质也提出了较高的要求。配送速度降低不仅会影响消费者的用餐效率，更会影响食物的口感，从而影响消费者的用餐体验。调研成员点的几份单外卖配送员都在要求时间内送达，偶尔会有一到两个单外卖配送员超时，对于一般不太忙的人，都会先让外卖配送员确认收货，尽量不让他赔偿，因为一旦赔偿外卖配送员这一单基本上就赚不到钱了；但是对于时间要求很高的人，这样的行为是不被消费者接受了，消费者的不同订单根据不同距离支付给配送员一定的配送费就要求了配送的效率，有些外卖配送员根据配送费的大小以及距离远近来决定先后送达的顺序导致明明更早下单的消费者无法及时用餐。所以，在如今生活节奏较高的情况下，消费者对于外卖的配送速度有着较高的要求。

（3）售后服务（平台+商家）

针对订购菜品所出现问题，承接（1）中成员在调研过程中发现的食品安全问题，成员首先联系商家，商家态度较好，退还了一份菜品的钱，但是成员希望可以退还两份菜品的钱，商家让成员走平台售后流程联系外卖平台客服，但是外卖平台以“商家已退还一份菜金，该订单已失效”为理由无法处理，让成员与商家协商，商家最终退还了两份菜金，提出了派人来取走订单的饭菜，但是当商家的人来取走饭菜时，发现饭菜已经吃掉大半时，态度非常恶劣并摔门而去，这令成员非常诧异与无奈。总而言之，商家取走出现虫子的饭菜的行为是为了拿回后厨对负责的人员进行提醒是值得提倡的，但是商家这种吃出虫子还态度恶劣的现象实在是令人无法理解。总而言之，目前售后服务的情况就是商家推平台，平台推商家，商家提供补偿还要求消费者不要在软件上打差评，这种自欺欺人的行为，是不应该容忍的，通过正规的售后服务来换取外卖平台上的零差评，这不能是商家应有的理念，而外卖平台也不能够通过售后服务存在的漏洞帮助商家逃脱消费者的诘问。以这次售后服务体验来说，商家+平台的售后服务模式依然存在着不小的局限性，还需要不断完善。

（二）对普通群众（非主要外卖受众群体）的调查结果汇总

1. 配送人员不遵守交通规则

（1）配送车辆在人行道上行驶，为来往行人埋下了安全隐患

（2）等待信号灯过程中将车辆停在斑马线上，为来往行人造成不便

（3）配送员在进入商家取餐时将车随意停放在机动车停车位或者人行道

2. 配送人员随意出入小区

现在的大部分新建小区都是封闭小区，只有部分老旧小区是全开放小区。出于对人身安全的考量，越来越多的小区逐渐向半封闭甚至全封闭小区靠拢，这对于外卖配送员的配送造成了一定的影响，但是越来越多的外卖配送员还是想办法进入小区，部分调查群众认为，外卖配送员随意进入且不穿统一制服会让小区业主缺乏安全感，如果小区物业不对此严加筛查，可能会有不法分子钻空子趁机而入。

3. 外卖包装产生较多塑料等难降解的垃圾

众所周知，外卖包装食物主要是运用塑料袋、塑料盒以及一次性餐具，这些垃圾由于自身性质极难讲解，目前的技术水平还没有很好的方法来解决这些垃圾问题。而任由这些垃圾自生自灭，则是使如今岌岌可危的生态环境雪上加霜。在调研成员的调研过程中，成员们发现，有一小部分商家选择用纸桶来装热度很高的事物，类似于粥、汤，这样不仅环保，而且避免了塑料制品与过热的食物接触产生危害人体的物质。但是问题是，用纸桶成本太高，一定程度上增加了商家的成本，商家只能通过外卖餐具高收费来降低成本，但是这样使得消费者无法接受。例如，一般的塑料餐具只需要一人份多加两块钱的餐具费，但是像在粥铺消费的话，商家仅用一个纸桶装粥，其他食物仍然用塑料盒装，一人份的餐具费用就要增至六到八块。这对于消费者来说比较难以接受。

（三）商家与平台关系

1. 商家入驻某外卖平台的条件：

（1）有实体店铺

（2）门头照片以及店内照片（包括门店 logo）

（3）业主身份证照

（4）商家的营业执照

（5）商家的餐饮许可证

2. 入驻某外卖平台的流程：

（1）需要填写店铺名称、地址、门店照等基本信息

（2）上传店主身份证、行业资质和餐饮许可证即可完成入驻

3. 平台对商家：

（1）扩大商家客户范围以及数量：加入外卖平台能够把店铺覆盖的客户范围从一公里扩大到五公里甚至更广泛，增大客户量，一定程度上保障了商家的客流量和订单收入。

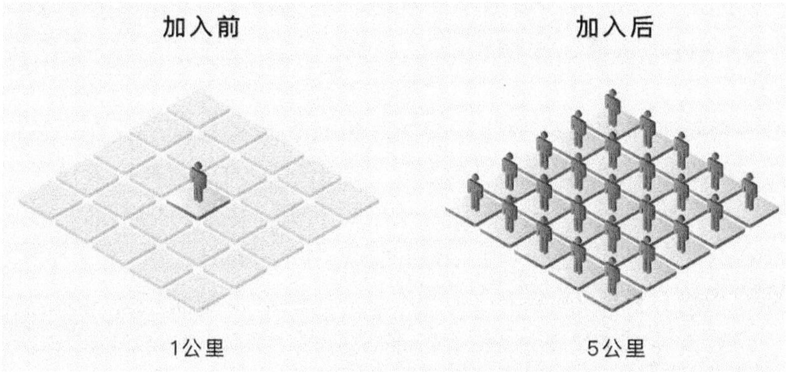

（2）零成本增加销量：传统意义上，实体店面扩大销量就需要增加成本。例如，扩大店铺面积需要更加高昂的租金；提升服务效率需要提高人力成本等等，而加入外卖平台则使实体店面也能够零成本赚销量。

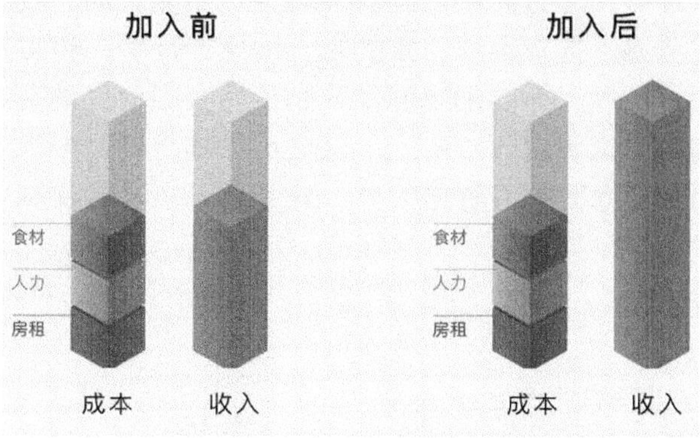

另外，商家作为生产者固然承担着不可推卸的主要责任。但是，外卖平台作为链接消费者和商家的主要桥梁，需要对商家的基本情况有实地考察与了解，根据实地调研情况决定是否允许商家入驻外卖平台。曾在社会上引起热议的“臭脚米线”就是因为外卖平台在审核商家时出现了漏洞，才使那些赚黑心钱的商家有可乘之机。“臭脚米线”这一新闻一经曝出，引起社会广泛关注，谁能想到在外卖平台上披着光鲜亮丽外衣的多家店铺竟然都是出自同一家没有任何营业执照以及卫生许可证等手续的黑心小作坊，吃进嘴里的米线竟然出自小作坊里一位大妈受伤的脚下呢。除此之外，作坊里的环境十分脏乱差，甚至可以与猪圈相较。试问，外卖平台是如何能够将这样违背道德违背良心同时罔顾规章制度的黑心小作坊加入平台同时改头换面的呢？或许在光鲜亮丽之下，隐藏着的不仅是肮脏不堪的生产环境，更有着作坊与外卖平台相关工作人员不清不楚的利益纠葛，才使得以“臭脚米线”为首的黑心小作坊有可乘之机。

外卖平台对于这个商家的真实情况是否有实地考察调研我们不得而知，但是在商家与外卖平台之间利益交错之间，真正肮脏的东西被掩盖住了，并且为消费者的身体健康埋下了安全隐患。这样的事实，是成员们不愿意看见的，所以我们需要正视现实，发现问题，改正问题。

4. 商家对平台：

（1）商家如若想要入驻外卖平台需要按照一定标准向外卖平台收取费用（不同配送模式、不同城市的收费标准不同）；

（2）商家通过外卖平台收到的每一份订单获得利润需要商家、外卖配送员以及外卖配送员三方按照一定比例分摊；

（3）部分外卖平台会向商家收取额外费用（例如年费）。

鉴于外卖平台可以通过商家入驻获取较为可观的利润，我们对于外卖平台是否在巨大利益诱惑下选择无视商家的真实的生产环境，将那些上不得台面的小作坊美化成拥有实体店面的正规商家放到消费者眼前供消费者选择产生了疑问。在按照标准向商家收费同意商家入驻之前，是否严格审核商家身份与餐饮许可证真伪，明确商家是否有资格入驻，这是对消费者的保障，也是对平台自身发展的负责。

（四）外卖配送员与商家关系

1. 大多数为间接雇佣关系

首先从惯用思维入手通常会认为外卖配送员与商家之间拥有一层最为简单也最为直接的雇佣关系，但其实商家与骑手之间并没有直接的雇佣关系，而是中间有一层厚厚的壁垒将商家与配送员的直接利益相隔，属于一种较为陌生的间接关系。商家通过商家版 App 入驻各外卖平台，而外卖平台来为商家提供配送员（商家也可自行配送，如 KFC，MC 等），而配送员则可通过各大网络发布的配送员招聘信息即可应聘，或者通过外卖平台上的配送员聘用途径，只要登记个人信息，花费极少时间就可以上岗配送，流程通过网络或移动终端的信息快捷化达到了应聘、挑选等等信息过程简化。

2. 无培训过程

商家仅是通过入驻外卖平台，从商家—外卖平台这一条线来进行自己的产品宣传、制作，上述也提到外卖平台对配送员的条件也十分简单，自然并不会对配送员进行任何的培训，仅是在配送员签订网上协议时，将所有的注意事项告知应聘者，采取的是网上应聘模式。

3. 售后反馈

售后反馈，又称用餐回馈，也是我们熟知的大多数外卖 app 中对于餐饮产品、配送员送达时间、态度的一种评定。通过这种方式来及时反馈用户对于商家以及配送员的接纳程度。这也是商家与配送员的最直接联系，商家会与配送员直接接触，双方的利益在整个取货、配送过程达到一致。

五、结论与建议

（一）商家

（1）提高商家入驻外卖平台的门槛

· 外卖平台严格审核商家提供的相关材料与信息的真伪性，防止不法分子通过虚假信息与虚假证明蒙混过关。

· 外卖平台在同意商家入驻外卖平台前需要相关地区负责人员前往商家实地考察，对商家基本信息和真实环境有所了解再决定是否同意商家入驻。

（2）增强对入驻平台内的商家的日常监管

· 外卖平台可以与工商局联合执法，定期对入驻平台的商家进行突击实地检查。

· 外卖平台可以根据国家相关规定制定健全的监管体系与制度标准，让平台内的商家有标准可依，并针对检查不合格的商家采取严厉的惩罚措施。

· 外卖平台可以加大对商家日常消费者评价检查的力度，对出现差评的商家一定要追根究底，找出问题。

· 鼓励消费者积极举报存在食品安全隐患的商家并予以奖励。

（二）外卖配送员

·外卖平台应按要求制定外卖配送员工作标准、统一服装标准，组织平台相关人员认真贯彻执行监管制度，并在日常工作中加大检查力度。

·建立送餐车辆内、外部保洁制度。由于外卖送餐员工作涉及面广，应对外卖配送车辆定期进行清洁、消毒，并定期组织外卖配送员体检。

·健全外卖配送员招聘制度，确保快递送派员身体健康，能够进行正常的配送活动。

·加强外卖送餐员交通安全教育，遵守交通规则，做到不违章行驾。

·统一配送车辆，提高配送行业信用度。

·规范外卖配送员服务用语，做到态度和蔼温和。

·引入送餐签收手续，经收货人确认、签字后，配送员方可离开。

·应多次以电话回访等方式进行客户反馈，了解配送员服务态度等要求事项，对于配送员的行为是否达到标准给予奖惩。

六、参考文献

[1] 褚梦婷．浅论网络食品交易第三方的侵权责任——以网络外卖平台为视角［J］．法制与社会．2017（27）

[2] 李哲璇，高新怡，种雨前．餐饮外卖潜伏的法律问题研究［J］．现代交际．2016（21）

[3] 石晨．O2O 模式下餐饮外卖第三方平台规制探究［J］．太原城市职业技术学院学报．2017（05）

[4] 柯锌烨．网上订餐食品安全监管制度研究［J］．中国市场．2016（01）

[5] 郑海宇，李林．餐饮外卖行业的安全隐患及对策［J］．物流工程与管理．2016（12）

[6] 田丽娜．在线外卖食品安全问题的研究［J］．湖北函授大学学报．2015（11）

[7] 张琼芳．互联网餐饮外卖行业现状及发展策略研究［J］．科技创业月刊．2017（19）

七、附录

（一）电子问卷

餐饮外卖平台监管

1.年龄

- ○ 20及以下
- ○ 21~30
- ○ 31~50
- ○ 51及以上

2.性别

- ○ 男
- ○ 女

3.常用的餐饮外卖APP【多选题】

- □ 美团
- □ 百度
- □ 饿了么
- □ 口碑
- □ 其他 ______

4.您认为其优势在于

______

5.对于外卖的餐饮安全描述

- ○ 好
- ○ 一般
- ○ 不好 ______

6.您认为餐饮外卖选择过程中最应该关注什么

- ○ 配送速度
- ○ 服务态度
- ○ 产品质量
- ○ 商家承诺

7.对于外卖出现不良情况的处理态度满意度

1 —— 10

①②③④⑤⑥⑦⑧⑨⑩

8当前外卖餐饮出现的问题【多选题】

- □ 配送员态度不好
- □ 食品安全问题
- □ 对于不良问题的解决不合理（退款不及时、认错态度不良等）
- □ 其他 ______

提交

举报

☆问卷星提供技术支持

举报

（二）采访提纲

1. 消费者采访大纲：

（1）了解被采访对象常用的外卖订餐软件以及其优越之处

（2）了解被采访对象通过外卖平台订餐的频率以及曾经的订餐经历中的消费体验如何

（3）了解被采访对象在曾经的订餐过程中有没有出现食品不安全的问题（如果有，怎么解决，商家与平台的态度如何）

（4）针对外卖配送员没有按时送达餐品，被采访对象的态度如何

（5）站在消费者的角度，谈一下对外卖行业发展的期许或者建议

2. 普通群众采访大纲：

（1）了解被采访对象不适用外卖订餐软件的缘由

（2）与被采访对象交流日常能够发现的由于外卖订餐配送一系列流程出现的社会问题

（3）了解被采访对象是否由于这些问题从而产生困扰（如果有，请具体讲述）

（4）了解被采访对象针对出现的问题的看法

（5）站在客观的角度，谈一下对于外卖行业发展的期许与建议

3. 商家采访大纲：

（1）了解商家目前的经营状况（最好以数字形式）

（2）了解商家是什么时候入驻外卖平台的（是否是同时入驻多个平台）

（3）商家入驻外卖平台需要什么标准（有没有标准以外多余收费的情况，申请入驻时是否有专人前来实地考察等）

（4）了解商家在入驻外卖平台后营业额的变化情况

（5）商家对于食品安全的重视程度如何

（6）如果消费者订的餐品出现质量问题商家的态度如何

（7）作为商家对于外卖行业发展的期许与建议

4. 外卖配送员采访大纲：

（1）了解外卖配送员从事这项工作的具体时长

（2）了解外卖配送员的入职标准以及工薪待遇

（3）了解外卖配送员平常在配送过程中是否有为了提高配送效率而超速行驶或者乱闯红绿灯的现象（如果有具体询问外卖配送员超时配送的后果以

及处罚措施，如果没有的话询问外卖配送员如何在配送过程中平衡“效率”与“安全”）

（4）了解外卖配送员针对特殊天气（雨天、雾天）如果接单配送如何在恶劣的天气环境下保证按时配送以及自身的安全

（5）外卖配送员结合日常配送情况，对外卖行业的发展有什么样的期许或者建议

对农村集市商贩生活现状的研究及社会工作介入的分析

团队负责人：程越越　　　　　　　　　　　　　　指导教师：吴立忠
团队成员：时梦晗

一、项目目的

通过深入访谈和观察，了解农村集市商贩的生活现状；通过对农村集市商贩的研究，思考农村集市与农村社区治理之间的关系，为社会工作者开展农村社会工作提供一定的思路。

具体目标如下：

1. 通过文献研究，梳理我国有关农村集市的研究现状及农村社会工作介入农村集市商贩的研究现状，从中发现新的问题，为后续研究提供支持。

2. 通过调查研究，了解农村集市商贩生活现状，收集资料，撰写调查报告。

3. 根据调查报告，分析社会工作介入农村集市商贩的途径和意义，为农村集市发展提供专业化服务。

二、项目内容

近年来，农村问题一直受到党和国家的高度重视。作为农村公共服务及基层社区治理的一部分，农村集市的发展也日益受到政府的重视。2010 年中央文明办、国家工商总局等五部门联合发布《关于在农村广泛开展创建文明集市活动的通知》。

在农村集市中，有一个群体发挥了重要的作用，那就是作为农村集市供给侧的农村集市商贩。本项目选择了临沂市、威海市两处农村集市为研究地点，以两处的农村集市商贩为研究对象，通过访谈和观察的研究方法探索农村集市商贩生活故事、面临的困境及需求来研究农村集市的发展现状，从而为社会工作介入农村集市商贩提供一些思路，促进农村集市和基层社区治理更好发展。

具体内容如下：

（一）前期团队成员完成了项目的准备活动，包括成员分工、文献梳理、申报书的撰写、访谈提纲的设计、小礼品的购买、团队旗帜的制作等。

（二）中期团队成员奔赴研究地点（临沂市兰陵县南桥镇石埠村和威海市文登区米山镇米山集）开展调查活动。就以下问题访谈 10 位农村集市商贩：年龄、文化水平、集市摆摊的原因、摆摊年限、收入满意度、其他工作、网络购物及农村超市发展的影响、对于农村集市重要性的认识、在集市上遇到的困难、对于村委会的期待等等。访谈过程中，众商贩纷纷表示通过物品贩卖让个人家庭不断富了起来，感谢党的好政策。与此同时，他们也道出了一些问题与苦水，主要包括：第一，集市规模近年来变得越来越小。村里小超市的发展对卖蔬菜、食用油这类食品的集市商贩造成了一定的困扰，超市里各种各样的食品，加之价格便宜，购物环境舒适等，导致了集市上买这些商品的顾客越来越少，相应贩卖摊位也逐渐萎缩；第二，集市欠缺管理，摊位不正当竞争明显。很多村民直接把自己门口的空地承包给特定的商贩，而不让其他商贩自由摆摊，令很多商贩不知所措。一些村民无证贩卖，自发摆摊，令集市商贩头疼；第三，网络购物迅猛发展对于卖衣服之类的集市商贩冲击很大，生意越来越难做；第四，在线支付让一些年老的商贩很苦恼。团队成员进行了访谈记录，并且给予受访者小礼品以表感谢，最后合影留念。

（三）后期团队成员根据在集市上收集到的 10 份访谈记录，进行资料的整理分析，撰写调查报告，提出结论与建议，总结项目完成情况。

三、项目方法

1. 文献研究

收集有关研究文献资料进行借鉴和细致的梳理分析。

2. 调查研究

（1）无结构式访谈法：通过对农村集市商贩进行访谈，收集资料，以达到研究目的。（访谈农村集市商贩 10 人）

（2）非参与式观察：通过对农村集市商贩的非参与式观察，收集相关资料。

四、项目结果

共完成访谈记录10份，访谈录音5份，形成项目报告一份。

（一）访谈记录

表1 临沂市兰陵县南桥镇石埠集 访谈记录整合

		访谈记录一	访谈记录二	访谈记录三	访谈记录四	访谈记录五
（一）个人基本情况	1. 年龄	50	35	67	32	67
	2. 文化水平	小学	中专	文盲	初中	初中
	3. 售卖物品类型	铁具	衣服	食用油	蔬菜	帽子、鞋垫
	4. 摆摊缘由	年纪大了，只能摆摊	文化水平不够，为了谋生，为了孩子上学	家族世代卖油	为了生活	为了生活
	5. 摆摊年限	30年	15年	30年	4年	十几年
	6. 摆摊集市数量	好几处	5处（五天五个集）	两处，近十年一处	五个，五天五个集	五天四个集
	7. 摊位情况（是否固定，摊位位置是怎么选择的，收取摊位费吗）	固定，自选摊位，有的摊位收费，南桥集摊位费一年800	固定摊位，月租几十元，自选摊位	固定摊位，自选摊位，不收费	不固定，有的摊位收费	固定，自选，不收费
	8. 其他工作	种地	种地	种地	无，出门在外不方便	种地

续表

		访谈记录一	访谈记录二	访谈记录三	访谈记录四	访谈记录五
（二）面临的问题与需求情况	9. 收入满意度	马马虎虎	马马虎虎，基本生活够用	马马虎虎	挺好的	够用
	10. 遇到的困难	顾客争吵	摊位太小，总是被别人占，遇到不讲理的顾客	油越来越难卖	菜价忽高忽低，菜会烂会冻	顾客讲价
	11. 未来摆摊计划	继续摆摊	继续摆摊	不摆了，年纪大了	继续摆摊	继续摆摊
	12. 网络购物及农村超市发展带来的影响	无，网购和超市的发展对于铁具影响较小	有影响，特别是网购，衣服卖得越来越慢	影响很大，超市那么多，越来越多的人吃便宜的调和油	超市的发展影响大，现在超市都卖蔬菜	有影响，不会用手机收钱
	13. 希望村委会做什么	无	摊位加长，有管理（防止村民乱收摊位费，乱承包摊位，对于买菜的老头老太太给予管理）	修路，因为路太烂，周围很多村子的村民过来赶集不方便，都去其他集市赶集了	加强管理，集市不要个体化	修路，把村子的南北路修了，就可以加大摆摊面积

续表

		访谈记录一	访谈记录二	访谈记录三	访谈记录四	访谈记录五
(三)对农村集市的认识	14. 集市出现的新变化	现在的集市不如从前	没有以前好了，卖东西的人越来越多，趋于饱和	油卖不动了，因为自己压榨的豆油成本高，现在超市卖的调和油便宜	出现了个体化承包，摊位不好找	生意不如以前好，但是社会越来越好
	15. 对于集市重要性的认识	重要，方便老人	重要，老年人不适合网络购物，腿脚不方便	很重要，有石埠集方便	重要	很重要，方便村民
	16. 对于未来集市发展的展望	无	应该会比以前更好，环境越来越好	越来越不好，因为村里的路修不好，交通不方便，周围村子的人都去了靠马路近的其他集市	如果集市变得越来越个体化就会越来越落后	越来越好

表 2　威海市文登区米山镇米山集 访谈记录整合

		访谈记录一	访谈记录二	访谈记录三	访谈记录四	访谈记录五
（一）个人基本情况	1. 年龄	63	70	62	50	59
	2. 文化水平	初中	小学	初中	小学	初中
	3. 售卖物品类型	卖杀虫剂	卖马扎、篓子等手工自制品	卖散装糕点	卖自制豆腐	配钥匙
	4. 摆摊缘由	无法从事其他工作	从 17 岁开始学手艺制作马扎等手工制品	为了生活	为了生活	身体原因，无法做重活
	5. 摆摊年限	16 年	53 年	30 年	1 年	10 年
	6. 摆摊集市数量	天天摆摊赶集	五个集（五天五个集）	五个集（五天五个集）	两个集	三个集
	7. 摊位情况（是否固定，摊位位置是怎么选择的，收取摊位费吗）	固定，自选摊位号，摊位费每米 20 元	固定，花钱选位置	固定，自然形成摊位，不收费	不固定，有的摊位收费	固定，自选摊位号，收费
	8. 其他工作	无	种庄稼地、为村里工作	做小工	种庄稼地	无

续表

		访谈记录一	访谈记录二	访谈记录三	访谈记录四	访谈记录五
（二）面临的问题与需求情况	9. 收入满意度	维持生活	马马虎虎，基本生活够用	较满意，生活方面富余	马马虎虎，维持基本生活	不满意
	10. 遇到的困难	东西不容易卖、收假钱、偷盗行为	遇到无赖和不讲理的顾客，利润少	小买卖卖不动货、挣不到钱心里难过上火、散装食品的储存条件高容易变质、赶集太辛苦	豆腐卖不动	资金不足、顾客配钥匙不给钱
	11. 未来摆摊计划	继续摆摊	继续摆摊	不想继续摆摊	继续摆摊	继续摆摊
	12. 希望村委会做什么	维持集市秩序	无	村子发展企业，自己在企业有一番事业	多补助摊位费，减轻商贩负担，给予资金支持和福利待遇	多补贴，扶持商贩

续表

		访谈记录一	访谈记录二	访谈记录三	访谈记录四	访谈记录五
（三）对农村集市的认识	13. 集市出现的新变化	现在的集市不如从前	顾客素质越来越高，但是对马扎、篓子的需求小，钱不容易挣	集市繁华了，但是顾客对食品要求变高，买卖不容易做	无	顾客少了，治安情况改善
	14. 对于集市重要性的认识	重要，方便老人	重要，方便村民	很重要	重要	很重要，方便村民
	15. 对于未来集市发展的展望	无	应该会比以前更好，顾客讲理，没有无赖	生意越来越不容易做	无	农村老年化程度变高，赶集的人变少，集市未来会越来越不繁华

（二）调查报告主要内容

通过整合石埠集和米山集的访谈资料，我们做出了如下总结：

1. 农村集市商贩的文化水平普遍较低；

2. 为了能够赚取更多的收入，商贩们会在多个地方赶集；

3. 摊位固定，不过有新人受欺负的可能，新人摆摊可能会受到村民的不公平对待。如表1所述，卖菜小伙摆摊四年，无固定摊位；表2所述，摆摊一年的小伙表示摊位不固定。

4. 农村集市商贩基本上都是一边务农，一边赶集摆摊；

5. 对于收入，农村集市商贩普遍较满意；

6. 关于遇到的困难，主要围绕三方面：

（1）遇到不讲理的顾客；

（2）摊位的问题：摊位太小、摊位不固定；

（3）东西不好卖，受到农村超市和网络购物的影响以及卖东西的人太多，趋于饱和；东西容易变质；

7. 网络购物和超市的发展对于集市商贩们的影响不一。

首先，对于售卖不同物品的集市商贩影响不一样。

对于售卖生活必需品的集市商贩冲击较大（如表 1 所述，卖油的、卖衣服的、卖菜的集市商贩受到的冲击较大；而卖铁具的集市商贩受到的冲击较小）。

其次，移动支付手段对于年龄不同的集市商贩有不用的影响，对于年长的集市商贩，移动支付给他们带来了困难；而对于年轻的集市商贩来说，移动支付方便了他们做生意。

8. 对于村委会的期待，石埠集和米山集的农村商贩存在较大差异：

A. 由于石埠村的整体发展较落后，道路建设和集市摊位管理还存在不足，因此集市商贩对于村委会的期待主要包括以下两点：

第一，关于修路，在五位受访者中，有两位提到了修路，一位是建议修石埠村外面的路，这样方便周围村子的村民来赶集，另一位是建议要修石埠村里的路，这样可以扩大摆摊面积；

第二，关于摊位，在五位受访者中，有两位提到了摊位，主要是建议村委会治理乱占摊位的现象。

B. 由于米山村的整体发展较好，集市发展规模较大，为了加强集市管理，集市上普遍存在着收取摊位费的现象，因此集市商贩们对于村委会的期待主要是：多补助摊位费，扶持商贩，减轻商贩负担。

9. 对于农村集市出现的新变化，集市商贩们普遍认为生意大不如前，但是集市治安更好了。

10. 对于农村集市重要性的认识，集市商贩们一致认为集市的存在很重要，可以方便村民（特别是老年人）的生活。

11. 对于农村集市未来的展望，集市商贩们持不同意见。有的认为农村集市会越来越好，因为社会治安等越来越好，顾客的素质提高了；有的认为如果路不修，村委会不加强管理，加之农村老龄化程度越来越高，赶集的人越来越少，集市将会越来越没落，甚至消失。

五、项目分析

（一）劣势

1. 研究方法运用不当

访谈过程中，访谈提纲局限了受访者的表达，并没有真正做到让受访者说话，更多的是按照访谈提纲的问题进行对话，没有做到真正的无结构式深度访谈。

2. 研究目的存在局限

更多的是描述性分析，没有进行相关问题更深入的解释性分析。

3. 研究对象选择不当

实地调查前没有制定受访者的选择标准（售卖物品的类型、性别、年龄等），导致在集市上选择受访者时受主观想法影响太大，没能做到客观选择（例如因为集市商贩的长相选择或不选择他作为受访者；重复访谈了售卖衣服鞋帽的两位集市商贩）。这就导致在分析项目结果时难度较大。再者研究对象数量过多，没能进行深入访谈。

4. 团队构成成员太少

仅有两位团队成员导致项目进行过程中任务繁重。

5. 访谈资料信度问题

对于同一个问题，不同的受访者有不同的回答甚至是相反的回答（例如关于在集市上摆摊是否要交摊位费，有的受访者说要交，有的说不交），但是由于访谈过程匆忙，没有探究原因（也有可能是团队成员问题表达不清），导致后期资料分析遇到了麻烦。

（二）优势

1. 主体性视角的运用

本项目将农村集市商贩作为研究对象，区别于已有文献主要是从政府和消费者视角对农村集市进行研究（例如吴晓峰所写的《基于消费者行为下的农村集市营销策略的研究》、卢尚涛所写的硕士论文《现代农村集市中政府作用的研究》）。通过对农村集市商贩的深入访谈，充分发挥农村集市商贩的主体性，通过他们的生活故事来研究农村集市发展现状及存在的问题。

2. 社会工作专业理念的运用

国内学者对农村集市的研究大部分可以分为社会、经济和政治等三个视角，缺乏从社会工作视角下对农村集市的研究。在基层社区治理不断升温的背景下，农村社会工作如火如荼地发展下，本项目基于社会工作专业理念，从满足人（特别是弱势群体）的需要出发，以解决农村集市商贩面临的问题为目的，开展实地调查活动。不仅仅局限于对于农村集市商贩生活现状的描述性研究，更是为今后为农村集市商贩开展社会工作介入提供思路建议，为后续更深入的调查做铺垫。

3. 研究方法的优势

本研究运用访谈法和观察法相结合的方法进行实地调查研究，直接接触研究对象获得了第一手资料。区别于国内研究者所采取运用有关理论进行研究、通过地方县志和已有资料数据进行研究、通过实地调研并结合有关理论进行阐释等从宏观方面分析农村集市与农村社会、经济、政治的关系的方法，通过调查农村集市商贩这一群体，从微观层面思考农村集市的发展现状及其与农村社区治理的关系。并且在访谈过程中，我们发现了许多之前并没有想到的问题，拓宽了我们的研究思路。

六、结论与建议

（一）结论

1. 农村集市商贩遇到了很多实际的问题亟待解决，主要是摊位管理问题、道路问题、农村超市的冲击问题、摊位收费问题、供大于求的供给饱和等问题。

2. 作为农村重要的公共空间，农村集市方便了村民生活，关系着农村居民（特别是在农村人口中占绝大多数的老年人）的基本生活需求的满足。为了更好地加强农村社区治理，需要更好地加强农村集市的治理。农村集市商贩作为农村集市的供给侧，村委会给予他们相关的扶持，从而推动他们更好地为村民服务。

（二）建议

针对调查分析结果，调研团队从社会工作视角制定了相应解决对策与措施：

1. 针对社会工作者的建议

第一，社工做商贩维权的代言人，向相关管理部门（村委会）反映摊位管理等问题，倡导加强集市管理，维持集市秩序，例如制定集市村规民约，对于集市上的不良行为（如乱占摊位，恶意收取摊位费）予以惩罚；

第二，社工作为商贩及村民维权的代言人，应该敦促相关部门加快农村道路的维修，以良好的基础设施保障农村集市的发展；

第三，社工加强对文明集市的宣传活动，通过张贴海报、广播等形式引导村民及集市商贩文明赶集，减少恶意讲价、使用假币等不文明现象的发生；

第四，通过在村里开展小组工作，召集村民学习网络在线支付、辨认假钱等技能，更好地应对集市的现代化发展；

第五，社会工作者帮助农村打油坊这类的家庭小作坊强化发展，通过连接社会资源，创新品牌，扩大此小作坊产业突破集市，走向更大的市场。

2. 针对村委会的建议

（1）制定集市规则

村委会应该加强对于农村集市的管理，制定相应的集市规则并且加以宣传，对于违反规则的人予以罚款等惩罚。例如不允许村民私自将家门口的摊位承包给特定的集市商贩；不允许村民私自收取摊位费；不允许私自加长摊位或乱占摊位。

（2）优化基础设施建设

加快农村道路建设、卫生管理等工作，为农村集市的发展提供必要的基础设施。

（3）扶持集市商贩

为了更好地发挥农村集市的作用，村委会应该给予农村集市商贩一定的政策扶持，例如补助摊位费。

附件一

访谈提纲

您好，我是山东青年政治学院 2015 级社会工作专业的一名学生，现在在做关于农村集市商贩的调查。希望能占用您五分钟时间，接受我们的采访。访谈结束，我们将有小礼品相送。本次访谈采用匿名形式，不会透露您的任何信息。谢谢您的配合。

（一）个人基本情况

1. 您的年龄、文化水平
2. 您售卖物品的类型
3. 您是因为什么原因在集市摆摊
4. 您在集市摆摊多久
5. 您在几个集市摆摊
6. 您的摊位情况（是否固定、摊位位置是怎么选择、收取摊位费吗）
7. 您是以赶集谋生还是会结合其他谋生手段，其他谋生手段是什么

（二）面临的问题与需求情况

8. 您是否满意集市带来的收入
9. 您在摆摊过程中遇到什么困难
10. 您未来的摆摊计划是什么
11. 您认为网络购物对农村集市发展带来什么影响
12. 您希望村委会为您做什么

（三）对农村集市的认识

13. 您认为集市出现哪些新的变化

14. 您认为农村集市重要吗

15. 对于未来集市的发展，您有什么期待

文化自信视域下大运河文化传承困境及路径的探索性研究——以聊城段为例

团队负责人：杨霄　　　　　　　　　　　　　　　　指导教师：王晓恬
团队成员：卢雪　周腾　刘宇琪　孙银婕

一、项目目的

文化自信视域下对大运河文化传承困境及路径进行探索性研究，提出针对性建议和可操作性的方案，助力项目实施地大运河文化传承工作，并加以推广，旨在促进山东省传统文化的保护、传承和发展，推进大国“文化自信”。

1. 理论意义

从文化自信的视域探讨大运河文化传承困境，能够增强对这一问题研究的薄弱环节，为研究提供新的分析视角，为深入探讨相关问题提供资料借鉴和理论基础。

2. 实践意义

（1）研究过程的实践意义

研究过程中使用社会研究方法的相关理论知识，理论指导实践，实践与理论相结合，更好地学习专业知识；研究过程中通过与调查对象进行交流，提升人际交往能力与沟通能力。

（2）研究成果的实践意义

了解大运河文化传承困境，激发大运河（聊城段）居民对大运河文化的兴趣，增强大运河（聊城段）居民对大运河文化的文化自信，吸引更多人参与到大运河文化的传承和保护上，同时尝试为项目实施地社会工作机构拓宽服务领域。

1. 任务性目标

（1）以文化自信为视角，引导贯穿整个研究过程；

（2）运用专业技术方法，调查文化自信视域下大运河文化传承困境，数据置信度达到0.90；

（3）大运河文化传承路径的探索性研究，弘扬大运河文化，培养被访者的文化自觉，带动提高项目实施地居民的文化自信。

2. 过程性目标

（1）项目推进过程中，成员运用专业优势调研社会生活，培养成员理论联系实际的能力；

（2）项目推进过程中，成员各方配合协调，提高成员的团队意识和协作能力；

（3）项目实施操作中，激发被访者对家乡文化的思考，刺激被访者对大运河文化的认识；

（4）项目提出方案中，依据实际情况，结合社会工作专业，尝试性拓宽项目实施地社会工作机构的服务领域。

二、项目内容

大运河文化是中国传统文化的重要元素之一，党的第十九大报告中提出，要加强文物保护利用和文化遗产保护传承，山东省委书记刘家义指出要深入挖掘大运河历史文化资源，统筹保护好、传承好、利用好大运河文化。了解大运河文化传承的困境对于当前的大运河文化传承工作具有现实意义，本项目从以下四个方面进行探索性研究。

1. 前期准备

团队成员先对运河文化传承现状做简要了解，为后续的调研与分析奠定基础。

2. 实地调查

本项目对项目实施地居民、政府相关部门工作人员两大主体开展社会调查，调查内容主要为以下四个传承角度：

（1）物态文化：物质生产活动在大运河存留的财富总和，可触知的大运河文化物质实体；

（2）制度文化：因为运河经济实践约定俗成的可持续性社会行为规范，例如当代运河还在通航；

（3）行为文化：大运河是在人际交往，以礼俗、民俗、风俗等形态表现出来的文化区域模型；

（4）心态文化：大运河文化的价值观念、审美情趣、思维方式等精神文化、社会意识等概念，是大运河文化灵魂。

3. 分析研究

分析两大主体对四个传承角度的认知态度、传承状况等把握大运河文化传承的困境，结合社会工作专业从当地居民、政府相关部门、当地社会工作机构三方互动层面进行大运河文化传承路径探索性研究。

4. 实施推广

提出针对性建议和形成模式方案，链接相关部门并加以推广。

三、项目方法

1. 技术明线

（1）统计资料分析：搜集相关单位、博物馆的官方统计及地方志记载等资料；对物态文化、制度文化、行为文化、心态文化四个传承角度进行概念化，制定操作化指标，设计《文化自信视域下大运河文化传承困境及路径的探索性研究问卷》；借助网络技术发放、实地发放问卷总共不少于 50 份，利用计算机系统（SPSS 统计分析软件）进行数据的统计分析。

（2）半结构式访谈：采取整群抽样的方式选取访谈对象，设计《文化自信视域下大运河文化传承困境及路径的探索性研究访谈提纲》；运用访谈技巧进行实际操作。

（3）文献法：通过查阅项目实施地档案馆内相关资料进行文献研究。

2. 技术暗线

（1）社会科学研究伦理：在社会调查中是否向被调查者公开调查者身份，表明调查意愿；对被调查者的最小伤害原则。

（2）社会工作专业素养：运用社会工作专业技术，与被调查者建立和谐融洽的关系；以专业思维思考调查过程中遇到的各种处境以及对调研项目的反思。

四、项目结果

本次分析的数据以团队所发和回收的聊城市大运河文化传承现状调查问卷为基础，问卷中包含 14 个变量：现居地、职业、所在地大运河文化传承情况、大运河聊城段沿岸人文景观和历史遗迹地理位置的了解情况、不了解部分大运河聊城段沿岸人文景观和历史遗迹地理位置的原因、最近一次在大运河聊城段乘船的时间、现如今大运河聊城段的价值作用的主要体现、欣赏过几种民俗表演、未欣赏民俗表演的原因、对将大运河聊城段保存起来的态度、是否会参加一些以大运河聊城段为纽带的文化传承活动、认为现如今大运河聊城段面临的文化传承的主要问题、弘扬运河文化的途径、对大运河聊城段文化的保护和传承的建议。通过对变量进行频数分析和描述分析，并分析各变量的特点，以此了解聊城市大运河文化传承的现状。问卷通过问卷星发放，收回问卷 73 份，有效问卷 73 份。

（一）样本数据的总体特征

通过对样本的职业、所在地文化传承情况进行频数分析，从而了解样本中居职业、所在地大运河文化传承情况的基本分布。

1. 职业的频数分析进行频数分析后输出表1

表1 职业频数分布表

		次数	百分比	有效的百分比	累积百分比
有效	1	7	9.6	9.6	9.6
	2	3	4.1	4.1	13.7
	3	2	2.7	2.7	16.4
	4	5	6.8	6.8	23.3
	5	44	60.3	60.3	83.6
	6	2	2.7	2.7	86.3
	7	1	1.4	1.4	87.7
	8	2	2.7	2.7	90.4
	9	3	4.1	4.1	94.5
	10	4	5.5	5.5	100.0
	统计	73	100.0	100.0	

其中1代表“公职人员（含公务员和除教师外的事业单位人员）”，2代表教师，3代表企业管理人员，4代表工人（含农民工），5代表学生，6代表工薪职业，7代表个体营业者，8代表自由职业，9代表农民，10代表其他。

由表1可知，有7名公职人员，占比9.6%；3名教师，占比4.1%,；2名企业管理人员，占比2.7%；5名工人，占比6.8%；44名学生，占比60.3%；2名工薪职业，占比2.7%；1名个体营业者，占比1.4%；2名自由职业，占比2.7%；3名农民，占比4.1%；4名其他职业，占比5.5%；样本中，学生占比最高，达一样本一半以上，其他职业分布较均匀。

2. 所在地大运河文化传承情况的频数分析

进行频数分析后输出表2。

表2　所在地大运河文化传承情况频数分布表

		次数	百分比	有效的百分比	累积百分比
有效	非常成功	11	15.1	15.1	15.1
	较为成功	14	19.2	19.2	34.2
	有待提升	38	52.1	52.1	86.3
	非常糟糕	10	13.7	13.7	100.0
	统计	73	100.0	100.0	

由表2可知，认为所在地大运河文化传承情况非常成功的有11名，占比15.1%；认为较为成功的有14名，占比19.2%；认为有待提升的有38名，占比52.1%；认为非常糟糕的有10名，占比13.7%；由此可知，65.8的居民对于所在地的大运河文化传承情况不太满意。

（二）聊城市大运河文化传承相关情况

将通过四个方面即，物态文化、制度文化、行为文化和心态文化来进行分析。

1. 物态文化

（1）对大运河聊城段沿岸人文景观和历史遗迹中的地理位置的了解程度，进行频数分析后输出表3。

表3　地理位置了解个数频数分布表

		次数	百分比	有效的百分比	累积百分比
有效	0—3个	37	50.7	50.7	50.7
	4—6个	26	35.6	35.6	86.3
	7—9个	6	8.2	8.2	94.5
	10—12个	4	5.5	5.5	100.0
	统计	73	100.0	100.0	

由表1—3可知，对大运河聊城段沿岸人文景观和历史遗迹中的地理位置，了解0—3个的有37名，占比50.7%；了解4—6个的有26名，占比35.5%；了解7—9个的有6名，占比8.2%；了解10—12个的有4名，占比5.5%；了

解的个数越多，相应的人数也在减少，且半数人对大运河聊城段沿岸人文景观和历史遗迹的了解较少。

（2）对大运河聊城段沿岸人文景观和历史遗迹的地理位置部分不清楚的原因做频分析后输出表4。

表4 不清楚部分地理位置的最重要的原因频数分析表

		次数	百分比	有效的百分比	累积百分比
有效	根本没听说过	17	23.3	23.3	23.3
	就在身边，没注意	22	30.1	30.1	53.4
	偶尔参观，没在意	22	30.1	30.1	83.6
	只听说过，没有疑问	12	16.4	16.4	100.0
	统计	73	100.0	100.0	

由表4可知，选择部分地理位置不清楚的最重要的原因为根本没听说过的有17名，占比23.3%，说明当前聊城市对于大运河文化的宣传力度还不够，还有待加强；选择原因为就在身边，没注意的有22名，占比30.1%；选择偶尔参观，没在意的有22名，占比30.1%；选择只听说过，没有疑问的有12名，占比16.4%；这说明当前居民对于大运河文化还不够重视，有待提升。

2. 制度文化

（1）对最近一次在大运河聊城段乘船的时间进行频数分析后输出表5。

表5 最近一次在大运河聊城段乘船时间频数分布表

		次数	百分比	有效的百分比	累积百分比
有效	从未乘船经历	55	75.3	75.3	75.3
	0—3年	8	11.0	11.0	86.3
	3—6年	5	6.8	6.8	93.2
	6年以上	5	6.8	6.8	100.0
	统计	73	100.0	100.0	

由表5可知，从未乘船经历的有55名，占比75.3%，可见聊城市大运河文化宣传力度欠缺。

（2）对现如今大运河聊城段的价值作用主要体现进行多重响应分析后输出表6。

表 6　价值作用体现次数

		回应		观察值百分比
		N	百分比	
大运河聊城段的价值作用主要体现[a]	交通运输	21	11.4%	28.8%
	南水北调的基础	30	16.3%	41.1%
	带动沿岸经济的发展	28	15.2%	38.4%
	促进南北的交流	24	13.0%	32.9%
	重要的旅游资源	34	18.5%	46.6%
	一种文化的载体	39	21.2%	53.4%
	其他	8	4.3%	11.0%
统计		184	100.0%	252.1%
a. 在值 1 处表格化的二分法群组。				

由表 6 可知，近一半人认为现如今大运河聊城段的价值作用的主要体现为一种文化的载体，认为是重要的旅游资源和南水北调的基础的占比例较大，总体来说，价值作用体现的各个方式占比比较均匀，说明当前大运河聊城段的还是拥有多方面的价值作用。

3. 行为文化

（1）对欣赏过民俗表演的种类进行多重响应分析后输出表 7。

表 7　欣赏过民俗表演的种类/次数

		回应		观察值百分比
		N	百分比	
欣赏过民俗表演的种类[a]	临清架鼓	39	35.5%	53.4%
	运河秧歌	38	34.5%	52.1%
	五鬼闹判	8	7.3%	11.0%
	社火	25	22.7%	34.2%
统计		110	100.0%	150.7%
a. 在值 1 处表格化的二分法群组。				

由表 7 可知，超过半数的人欣赏过临清架鼓和运河秧歌，欣赏过社火的人也相对较多，但是欣赏过五鬼闹判的人很少。

（2）对未欣赏民俗表演的原因进行频数分析后输出表8

表8 未欣赏民俗表演的原因频数分布图

		次数	百分比	有效的百分比	累积百分比
有效	也许欣赏过，不知道名称	27	37.0	37.0	37.0
	没有任何欣赏的兴趣	10	13.7	13.7	50.7
	周边没有以上民俗表演	22	30.1	30.1	80.8
	从未听说过以上民俗表演	14	19.2	19.2	100.0
	统计	73	100.0	100.0	

由表8可知，由27名认为没欣赏表8中的表演的原因是认为自己也许欣赏过，但不知道名称，有14名是因为从未听说过以上民俗表演，两种原因的选择近半数；这表明聊城市大运河传统民俗文化的宣传力度不到位；有22名是因为周边没有以上民俗表演，说明当前聊城市大运河传统民俗文化还应大力宣传普及。

4. 心态文化

（1）对大运河聊城段是否有必要被保存进行频数分析后输出表9。

表9 大运河聊城段被保存的观点频数分布表

		次数	百分比	有效的百分比	累积百分比
有效	强烈要求	38	52.1	52.1	52.1
	顺其自然，适当就好	34	46.6	46.6	98.6
	没有任何价值	1	1.4	1.4	100.0
	统计	73	100.0	100.0	

由表9可知，半数以上强烈要求大运河聊城段被保存起来，近半数人认为顺其自然，适当就好，表明当居民对于大运河聊城段被保存起来是支持的态度。

表 10　是否参加活动频数分布表

		次数	百分比	有效的百分比	累积百分比
有效	会	40	54.8	54.8	54.8
	不会	7	9.6	9.6	64.4
	视情况而定	26	35.6	35.6	100.0
	统计	73	100.0	100.0	

（2）对是否参加大运河聊城段为纽带的文化传承活动进行频数分析输出表10。

由表10可知选择会参加活动的有40名，占比54.8%，表明当前大部分对于参加大运河为纽带的文化传承活动持积极参与的态度；选择视情况而定的有26名，占比35.8%，说明部分居民会根据自身情况等多方面因素来选择是否参加活动。

（三）问题和建议

1. 对大运河聊城段当前面临的文化传承的主要问题进行多重响应分析输出表11。

表 11　面临的文化传承的问题 次数

		回应		观察值百分比
		N	百分比	
面临的文化传承的问题[a]	主管部门缺乏积极主动	55	22.2%	75.3%
	相关群众区域文化自信薄弱	43	17.3%	58.9%
	国家资金投入有限	32	12.9%	43.8%
	社会经济功能衰减	33	13.3%	45.2%
	文化遗产的流失严重	49	19.8%	67.1%
	传承方式单一	36	14.5%	49.3%
统计		248	100.0%	339.7%
a. 在值 1 处表格化的二分法群组。				

由表11可知，认为大运河传承的主要问题是主管部门缺乏积极主动有55

名，是占比最大的一部分，可见当前大运河文化传承主管部门的工作还需继续加强完善；其他部分占比相近且比例较大，意味着还有当前大运河文化传承还有很多地方需要完善。

2. 对弘扬运河文化的途径进行多重响应分析输出表 12。

表 12　弘扬运河文化的途径 次数

		回应		观察值百分比
		N	百分比	
$弘扬运河文化的途径[a]	发展历史特色旅游业	52	23.6%	71.2%
	通过话剧、歌舞等宣传形式来宣传运河的历史文化	38	17.3%	52.1%
	推动发展运河周边产业文化链	50	22.7%	68.5%
	开发运河美食产业	39	17.7%	53.4%
	保护与弘扬周边的民间工艺	41	18.6%	56.2%
统计		220	100.0%	301.4%
a. 在值 1 处表格化的二分法群组。				

由表 12 可知，超过 70%的人选择了发展历史特色旅游业，其他部分占比相近且比例也很大，说明弘扬运河文化可以通过多种途径来进行。

五、项目分析

通过对本调查的 73 份问卷进行数据分析，了解当前聊城市大运河文化传承现状。通过数据了解到聊城市居民对于大运河文化的了解较少，很多人没有欣赏或参与过大运河相关的传统文化活动，这表明当前聊城市的大运河文化的宣传还不到位。当地居民对于大运河文化传承的态度大多是积极主动的，大多愿意参与有关的活动，并且希望大运河文化可以被发展保存，这表明居民对于大运河文化发展的支持。居民支持并肯定大运河的多种价值和作用，希望通过多种途径来弘扬运河文化。但是也通过数据了解到，当前的聊城市大运河文化传承还存在很多问题，例如在主管部门缺乏积极主动性，文化遗产严重流失等等。包括很多居民身边没有有关的活动，并且相关人文景观和历史遗迹宣传和保护不到位，致使很多人无法注意到这些历史遗产。所以当前聊城市大运河文化传承还存在很多方面的问题，需要通过各方面来解决。

六、结论与建议

本报告采用暑期专业实践调研所得的材料，以聊城市居民为参照对象，以聊城市居民问卷与中国运河文化博物馆、临清市博物馆的工作人员访谈提纲互相对比，从物态文化、制度文化、行为文化、心态文化等方面，描述和分析了聊城市运河文化传承现状。

项目结果表明聊城市运河文化传承存在“居民对于所在地的大运河文化传承情况不太满意”“大运河聊城段沿岸人文景观和历史遗迹的了解较少”“当前居民对于大运河文化还不够重视”“聊城市大运河文化宣传力度欠缺”等一系列困境。团队成员就研究结果进行分析，总结发现聊城市运河文化传承最根本性问题在于居民缺乏主动参与保护运河文化传承的内驱力，另外当地政府对运河文化的传承方式单一，使得当地居民无法感受到运河文化的持续性价值。

大运河文化是中国传统文化的重要元素之一，党的第十九大报告中提出，要加强文物保护利用和文化遗产保护传承，山东省委书记刘家义指出要深入挖掘大运河历史文化资源，统筹保护好、传承好、利用好大运河文化。由此可见，国家政府层面期望大运河文化能够得到很好的传承和发展。团队成员更加坚信了解大运河文化传承的困境对于当前的大运河文化传承工作具有深远的现实意义，以及其必要性和重要性，作为社会工作专业的学生，团队成员特结合相关文件，就社会工作专业角度从政府、社会工作机构、当地居民这三个主体提出运河文化创城路径的探索性建议。

（一）对政府方面的建议

1. 大力宣传运河文化现实价值，给予更多财政支持。

政府应给予运河文化传承更多工作上的支持，通过多种宣传途径，促使百姓认识并认可运河文化的现实价值，同时给予更多的财政支持，以此吸引除相关工作人员外更多的有志之士加入运河文化传承。

2. 实施科学人文管理，加强文化传承建设。

政府要积极引导，协助运河文化传承相关部门形成和完善运河文化所包含的民风民俗、建筑等保护体制，并逐步建立起科学的且成文的运河文化传承人培养方案，由学校、社区等机构落实，以此借用青年力量促进运河文化传承。

（二）对社会工作机构方面的建议

1. 拓宽服务领域，助力运河文化传承。

当地社会工作机构可以对政府、居民的运河文化传承需求进行分析，因地制宜，有计划有目标地借助专业能力开展相关服务，进而丰富运河文化传承的方式方法，改变政府原有的枯燥索然无味的宣传形式。

2. 打造特色品牌，形成全国运河计划。

当地社会工作机构可依托运河名城等古城古乡，进行特色探索，率先打造运河特色服务品牌，形成“运河古城记忆馆”，采取多种网络宣传形式，在一定程度上增强机构自身影响力和运河文化影响力，进而辐射其他运河沿岸省份地区，形成全国运河计划。

（三）对当地居民的建议

1. 增强家乡文化自信心，关注运河新发展。

当地居民应该对家乡的文化更为接纳，以积极乐观的心态去面对运河文化，以主人公的身份关注运河的全新发展，通过多渠道、采用多举措对运河文化传承工作中的每一点变化及时进言献策，表露自己的心声，避免政府决策失误导致居民进一步事不关己、高高挂起。

2. 积极参与运河保护工作，共创运河沿岸新风采。

积极参与各级部门举办的运河活动，在活动中感受运河文化的魅力，对政府部门的调研积极对待，为政府决策提供有建设性意见。

人口老龄化背景下养老服务产业PPP模式路径探析——以山东省为例

团队负责人：高震　　　　　　　　　　　　　　　　　　　指导教师：韩瑶
团队成员：葛仟慧　靖传岳　陈钊　刘向威　姜尊帅

一、研究绪论

（一）项目概述与研究目的

1. 项目概述：

随着我国社会老龄化趋势日益加剧，由政府单一提供养老服务的陈旧模式，已无法满足日益增长的养老需求，同时难以保障现代化的养老服务质量，近些年来，养老服务的多元主体供给已经成为一种趋势。以居家为基础、社区为依托、机构为支撑的养老服务体系已经初步建立，但总体上看，城镇机构养老供给不足、养老服务市场发育不健全、各类养老机构鱼龙混杂、建设投融资缺失等问题还十分突出。

公私合营的PPP供给模式在解决此类问题上发挥着重要作用，在培育不同主体供给准公共产品服务、引进社会资本参与养老产业、推动养老服务市场化高效运营等方面作用显著，成为国内外推动养老服务产业良性发展的重要路径。针对PPP供给模式在养老服务供给中的分析本团队将采用SWOT分析模型，通过实地调研数据的整理归纳，以此分别梳理PPP模式下养老产业发展强项劣势、机遇前景、潜在威胁等方面。SWOT分析模式其所涉及的结果为个体认同和理解，因此该方法主观性较强，依据其特点普遍用于对各种群体进行相应的分析，并将分析进行比较梳理，以此量身定制PPP模式下养老产业的发展策略。

2. 研究目的：

作为具有公益性质的准公共产品的养老服务产业，引入 PPP 供给模式可以有效缓解政府投资压力，提升公共养老服务质量和机构的运营管理效率。本项目基于 SWOT 分析模型对养老机构项目 PPP 模式的现实应用进行理论分析，目的是针对当下养老机构项目的 PPP 运作模式提出合理建议，分析 PPP 模式在养老项目中的优劣势，规避养老服务产业内部管理风险，优化养老机构 PPP 项目的投融资机制，这在将丰富和完善养老机构项目 PPP 模式方面发挥重大的理论价值。

本次创新性研究项目注重现实价值，团队将于公共管理视角下审视 PPP 模式在养老服务产业中的应用，争取对山东省内养老项目进行认真分析和总结以提供借鉴参考。此外本次项目研究旨在增加团队成员对公共价值管理的认识和研究水平、提升公共治理的学术开创性、培养团队成员协同合作精神、培育队员社会生活实践动手能力。同时，相关研究结果可以为养老机构 PPP 项目实践应用提供参考，对加快我省养老机构发展的进程具有重要的现实意义。

（二）选题背景与研究意义

2.1. 选题背景

后工业化时代我国社会老龄化趋势日益加剧，作为人口基数庞大的山东省，其老龄人口数量呈现增速快、规模大局面，养老问题日趋严峻，成为当前亟待解决的重大社会民生问题，而山东省内养老产业供需矛盾因此日趋凸显。根据联合国人口统计署的标准，当一个国家或地区 60 岁以上老龄人口超过其人口总数比重的 10%时，或者当 65 岁以上老龄人口的占比达到人口总数的 7%时，即标志着这个国家或地区已经进入了人口老龄化社会。

根据民政部国家人口数据研究院发布的《2016 年老龄人口与养老服务发展统计报告》显示，截至 2016 年末，我国 60 周岁及以上人口已突破 2.42 亿人大关，占全国总人口数（不含港澳台地区）的 17.1%，65 周岁及以上人口也已突破 1.53 亿人，占总人口总数的 11.5%。根据目前统计数据和公式演算估计，到 2025 年，我国将拥有 3.5 亿的老年人口，到 2037 年老年人口总数可突破 4 亿大关，到 2050 年，全国 60 岁及以上的老年人口总量将占 30%，65 岁以上老年人占总人口的比重将超过 23.4%，势必进入超高型老龄化社会。据山东统计年鉴信息网显示，截至 2016 年全国 60 岁及以上老年人口 2306 万人，占总人口的 16.7%。这意味着山东省的老龄人口超过全省总人口的 1/6 之多，养老供给所需位列全国首位，山东公共养老服务供给压力亦为艰巨。根据中国老年服务评估委员会预测，2020 年山东省老龄人口将达到 2.55 亿之多，占全省总人口数量的 17.8%左右。

同时基于 20 世纪所颁布计划生育的基本政策，山东省目前人口年龄结构已呈现 421 模式，独生子女的特殊现象在山东省尤为凸显，未来传统的养老模式无论是在时间、精力上，还是在财力上对于年轻子女一代都是难以承受的，因此代际家庭的养老功能将渐趋弱化，同时机构养老模式将得到迅速发展。由于家庭养老方式的局限性，很多老年人将逐渐认识到机构养老的优势：省心方便，不会给儿女添麻烦；有专职护理照顾，基本医疗保障；同龄老人较多，生活不觉得孤独等等。特别是高龄老人、失能失智老人的生活照料，对于大多数子女来说，普遍是感到无能为力的，因此将这类老人送入养老机构代为赡养，对子女来说既是迫不得已的选择，也是最好的选择。

当前我国老龄人口的比重仍不断攀升，预计未来 30 年我国人口结构将发生彻底转变，目前我国人口状况愈发呈现出超高龄化的发展趋势。在目前的社会主义初级阶段，公共养老产业全面开放滞缓同社会主义市场经济严重失调，导致我国较为落后的养老供给体系仍难以满足人民群众的巨大养老服务需求。过去的经济发展人口红利逐步演变成为老龄社会的养老压力，必然老龄化趋势成为我国社会必然要经历的发展阶段，怎样解决好当前的养老服务难题，给作为发展中国家的中国和“未富先老”的中国人带来了巨大焦虑和沉重的经济负担。为了应对人口老龄化的社会问题，我国政府早在 2005 年就出台了机构养老规划发展的相关政策，然而我国机构养老产业的发展却仍旧存在一系列的突出问题，例如财政拨款不足导致的供给服务缺失，政府与国有企业运营管理效率低下、服务质量差导致的社会满意度低、项目的投资回报率极低等问题，以上问题均制约着我国养老机构的健康快速发展，同时也在解决养老事业问题方面对地方政府提出了挑战。我国“十三五”规划建议指出，要建立和完善居家养老、社区养老、机构养老、医养结合等多重力量共同参与的养老服务体系。

为了推动养老机构的良性高效发展，国务院和地方政府均出台了一系列鼓励政策，大力鼓励社会资本参与养老机构的建设和运营。2014 年 6 月 21 日，国务院办公厅（国办发［2014］12 号文件）提出要在公共服务领域深入推进 PPP 模式，鼓励和引导私人资本参与公共服务的管理运营，其中养老机构是重点推进领域之一。山东省 PPP 养老服务项目受到山东省域政府强力的政策扶持，2015 年山东省民政厅发布《关于全面开放山东养老服务市场、加快山东养老质量优化的若干意见》，《意见》提出将加快山东养老服务产业的供给侧结构性改革，逐步引导社会力量参与公共服务领域，使其在养老资源配置方面充分发挥决定性作用；降低了养老市场准入标准和外资进入门槛，借助多元融资渠道构建我省养老项目建设；同时《意见》明确提出要利用 PPP、BOT、TOT、服务外包、经营委托、股权转让等形式建设我省养老项目，加强行业规范与监督，明晰各参与主体产权界定，引导和鼓励金融机构创新金融信托产品投入到 PPP 设施配置中来。国发［2015］31 号和民发［2016］17 号文以及《国家发改委办公厅关于印发〈养老产业专项金融资助指引〉的通知》等文件系统做出了相关细则规定，鼓励通过如下金融政策与财政政策措施——融资补贴、筹资补助、风险补偿、产业引导、税收优惠等方式满足我国养老服务产业的信贷需求。

各级政府相关政策的支持下，养老机构 PPP 项目在各地陆续实践落地。在我国老龄化程度日益严重和机构养老供求矛盾不断增长的社会大背景下，作为主要的服务供给方之一的养老机构，在养老服务体系中承担的供给份额与发挥的服务功能日益增长。于此看出，人口老龄化背景下山东省内公共养老产业市场前景极具潜力，但养老服务产业作为准公共产品及服务，其发展初期已呈现供需失衡的端倪，单靠政府投资和提供养老服务已无法满足不断增长的养老需求。对以上养老困境，PPP 产业模式引入加快养老服务的供给主体多元化，以此解决养老服务产业的服务失衡局面，推动政府公共养老模式向市场化养老模式转变。

2.2. 研究意义

社会发展价值：本项目研究切合当今老龄化社会养老迫切需求，PPP 模式运营作为新生经济模式备受社会各界广泛关注，本项目团队旨在加快山东省养老服务产业的高效发展，探究作为准公共产品及服务的养老产业市场化运营管理的可行性与改进机理，机构性质的养老服务产业在山东省具有极大开发性市场前景，团队将依据济南等养老的调查实况进行该项目分析总结，并提出合理对策和治理途径，为山东省养老产业增速发展出谋划策，这无疑将会有益于解决山东劳动力下行压力背景下养老产业供需失衡问题，并对发展敬老和谐社会、推动养老产业增长具有价值意义。

社会实践意义：PPP 模式下养老服务的路径研究是公共管理下的重要研究课题，而本团队成员均出自公共事业管理专业，探究当下机构养老和居家养老的禀赋条件是极具专业性和针对性的，团队成员通过制定问卷相关数据分析表和调查报告，这将极大锻炼团队成员的社会实践能力，同时这也培养了团队成员理论同实际情况相结合以解决现实问题的能力。

学术理论贡献：针对机构养老的调研实践属于当代基层治理困境下的标准案例，因此在该项目团队的研究与调研，将基于公共管理的视角进行辩证的剖析论证，具有一定的学术价值，为其他研究提供学术思考和资料积累，本项目研究符合本科生学术研究范畴，有利于培养在公共管理专业视角下审视社会民生问题、有利于提升现实问题学术理论高度，有利于培养学术研究素质，为之后研究生阶段学术研究做好积淀。

现实指导作用：本研究旨在探究养老服务业发展方案与其面临的实际问题，理顺 PPP 模式下政府、社会和个人主体权利、职责的关系，探寻合理化的养老服务产业运营机制和操作模式，为 PPP 模式下养老服务行业快速发展和改善贡献力量，为政府在政策的制定、评估和改进等方面提供参考意见，进而协助各级政府在 PPP 项目建设中把握实际理论依据运营操作。

经济发展效益：团队成员期望发挥自身微薄力量，新旧动能转换的关键时期，推动山东省养老产业转型升级，实现科学发展的新跨越，本项目实质是重视产业结构变革，深入开展对 PPP 模式的研究与发掘，构筑经济科学发展策略。老龄化和养老机构缺失已成为我国面临的重大难题，加快养老服务行业全要素生产率的提升，构建能够有效解决当前政府公办养老的方案体系，推动 PPP 模式在我国养老机构建设领域的健康发展，本课题将通过 SWOT 模型分析阐明 PPP 项目的优势，弥补劣势，规避潜在威胁，抓住当前机遇，统筹涉及和研究 PPP 方案，提升养老产业的经济发展效益。

（三）探究方法与研究路径

3.1 研究方法

1. 调查研究：本项目团队采取问卷调查与无结构访谈相结合的调研形式开展本次活动，根据管理科学的相关理论知识，我团队对问卷调研活动设计了以下的组织流程：问卷初设计—试调查—问卷修改—正式问卷调查—问卷收回。本次活动的问卷调查时间跨度共计约 3 个月，问卷调查对象主要为抽样调研的济南城区与郊区的老龄人口（抽样方法：地区配额随机抽样与便利抽样相结合）问卷的发出和收回：问卷发出 300 份，得到有效样本 287 份。项目后期成员借助了数据分析的软件 STATA 和 SPSS 进行了分析整理。

2. 实地观察：对于实地研究的对象，团队选取山东省内 PPP 合作模式比较典型的 3 家养老服务企业，课题成员依次深入科达智慧健康集团—海棠湾温泉养生苑—姚山峪生态养老服务中心进行探访，分别对有关机构养老服务的指标进行观察与记录。本次实践观察团队依据韩瑶老师指导设计实地研究的组织流程：问题提纲设计—试访谈—提纲修改—正式访谈—记录整理，进行了约为期 3 周的实地研究，实地研究通过本课题组研究成员分组完成，本次研究获得了丰富的实时资料，为后期数据分析做好铺垫。

3. 文献梳理：团队成员在进行过简单的培训与分工后，对现有相关养老服务理论进行整理和汇总（主要针对 PPP 理论基础和现有政策解读）。通过中国知网等学术平台搜集大量关于 PPP 合作模式建造养老机构的文献资料，对其进行分类整理和综合分析。同时本报告的笔者在选题和写作过程也是通过有计划、有目标地搜集与课题研究相关的文献资料、理论专著、期刊资料和互联网案例素材，重点研究国内外众多公私合营的养老机构的发展历史与运营状况，本项目的研究正是建立借鉴和分析以往的科研成果的基础之上，获得了有价值的学术成果，以此较全面地对以往研究进行了综述，为后续的我团队 SWOT 分析打下基础。

4. 对比分析：对 PPP 模式下养老服务供给问题的研究涉及准公共产品及服务的市场适用性问题，因而需要运用比较法对政府和公共组织提供养老服务与私人企业提供养老服务的应用质量与服务价格进行效益对比，找出两者之间差异及差异产生的原因；其次本次研究亦对不同 PPP 模式下养老服务应用进行对比，对分别从科达智慧健康集团—海棠湾温泉养生苑—姚山峪生态养老服务中心收集来的资料进行对比分析，找出目前机构养老 PPP 模式应用的所存在的优势与不足。

3.2 研究思路

本项目研究主要借助公共管理学、产业经济学、社会保障学、社会学等交叉学科理论为指导，按以下思路开展研究：文献回顾和案例研究→实地观察、问卷咨询、无结构访谈结合的调研方式→调研数据的整理、分析和归纳→依据 SWOT 模型分析现行 PPP 应用模式→进行相关制度的衔接和联动机制设计→提出实质性的政策建议。

在本项目的研究过程中，在课题报告编撰中将养老产业该准公共产品进行全方位的实际概述与理论分析，剥离出养老服务体系下多元利益主体，以展开对养老产业进行微观化和针对性的研究，从实际调研中发掘山东省内目前养老机构的具体运营模式的构建、现状、存在不足与原因，同时项目团队运用宏微观研究视角，在充分结合人口老龄化、准公共产品、政府失灵理论等理论基础上运用其他相关学科知识和 SWOT 研究方法对 PPP 模式养老项目的竞争优势、发展不足、发展机遇以及潜在威胁展开详细现状分析与理论研究。

虽然 PPP 模式在其他基础设施等领域的应用中已经取得了显著成就，但是其在我国养老机构项目中的应用及学术研究还处于初级阶段，仍然面临着诸多问题。基于化解我国人口老龄化带来的社会风险与加快我省养老产业快速发展的初衷，本报告吸纳了可供我国养老产业借鉴的国外经验，理论探索公私合作体系下有激励性的外部经营环境的构建，针对山东当前养老产业发展路线和养老项目 PPP 模式应用提出具有建设性、可行性和专业性的建议。

（四）创新解读与概念阐述

4.1 创新解读

本项目的特色是立足于养老产业运行的实际情况，可对其进行政策评估，具有很强的现实性和政策性。本项目的创新体现：理论视角创新，本项目研究采用以公共管理学为主体，产业经济学、社会保障学、社会学为辅助的交叉性学术研究体系，探讨评估PPP模式下机构养老的现实用性，同时充分地借助我院养老服务研究所的学术优势。在理论方法上，本研究将是首次系统使用适合新兴PPP模式介入养老产业的SWOT分析方法。同时本项目还综合应用数据图表、集中曲线等方法对山东省养老服务产业进行现状分析和绩效评价。

选题的创新：目前我国对于PPP模式应用于社会养老服务领域的学术研究并不是很多，本项目研究重点对其PPP应用的运营模式和地方政府与市场的联动机制以及SWOT分析下扬长避短的建议对策等进行研究。改变了以往普遍以单一主体设计为内容目标的选题。本文采用财政部《关于推广运用政府和社会资本合作模式有关问题的通知》给出的PPP定义作为基础，结合养老服务在我国的发展过程及山东省养老产业现状问题进行分析，力求为PPP模式建设运用养老机构提供理论判据与政策建议。

研究思路创新：相比其他课题人文社科的学术性研究，本项目借助实地调研走访的方式了解了养老产业的真实建设情况，综合分析了不同制度联动机制，借助实际调研情判断以地方政府、投资机构、运营机构三者内在经济关系为依据，审视不同制度联动机制下养老产业的建设优劣，更注重系统性和不同制度的互动。突破了先项研究、后简单加总的传统研究方法和思维模式。国外学者对于PPP应用于养老产业运营发展的案例研究较少，而本项目对山东省若干机构养老的PPP应用项目进行介绍，进一步探讨适合山东省实际情况的PPP养老项目的运营方案等，并深入分析山东现行的养老PPP项目运营中存在的缺陷与不足，最后提出了PPP模式适用于山东省内养老产业发展特点的运营思路及对策建议。

4.2 概念阐述

SWOT分析法，亦称态势分析法，是西方管理学与经济学中最常用的组织管理评价体系和系统分析的方法。具体来讲，SWOT分析模型就是通过密切分析影响研究对象发展内部和外部因素，找出各种足以改变研究对象发展方向的关键性优势、劣势和外部的机会和威胁等，借助系统性理论分析和调查案例分析研究对象的优势（strength）、劣势（weakness）及外部的机会（opportunity）和威胁（threat）。主要影响因子按照矩阵式顺序进行排列，并基于社会行为学的趋利避害原则，将影响因子相互匹配结合起来加以系统性剖析，从而得出产生特定结果的原因与结论，而将特定规律系统化分析凝结成一般性原则。当代SWOT分析方法竞标项目、产业结构重组等方面都有较大应用。其特点是便于对组织的整体状况进行决策分析，有利于对组织的发展和规划提出相应建议与策略。

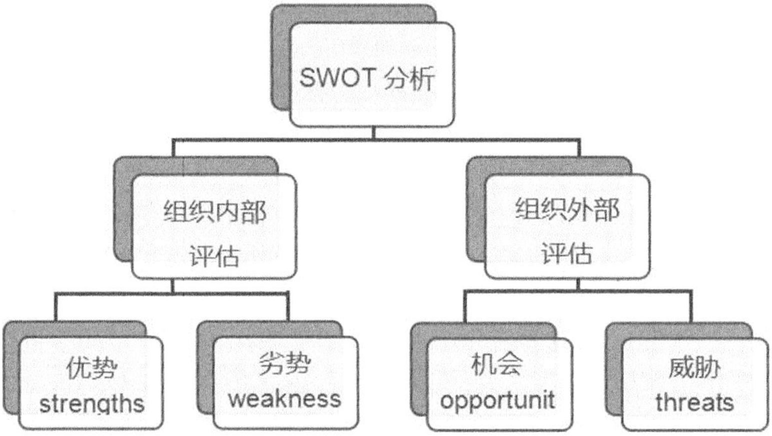

图1 SWOT分析模型

SWOT分析是1973年由芝加哥大学哈里斯工商学院的企业战略决策教授安德鲁斯在《公司的战略概念》一书中提出来的。安德鲁斯教授认为SWOT分析是基于组织内外部竞争假设和自身发展条件下的态势分析，其实质是对组织的内部环境和外部环境进行系统比较和全面考察，分析自身的独特优势（strength）、显性劣势（weakness）和外部机会（opportunity）、潜在威胁（threat），综合各种因素提出相应的战略计划，从而更大规模地发挥优势、弥补或纠正劣势、把握与寻找机会、预知与规避风险，如上图所示。作为SWOT分析法常用在企业管理决策中、在公司资源有限的情况下，掌握内部发展情况与外部产业竞争环境，构建特定条件下公司战略决策的系统化分析体系。

PPP模式：PPP是Public Private Partnership的简写，学术界和工商界对此有很多译法，如公私合营、官私联营、公私合作、政府与社会资本合作制等。20世纪60年代，法国政府为提升水务工程领域的服务效率，将私人机构特许经营制度引入该项目。在20世纪90年代，法国政府有开始运用PPP模式建设城市地铁。此后，许多国家和地区政府相继借助PPP模式为城市公共产品和服务招商引资。关于PPP的定义，有如下几种主要的说法：

表 1 PPP 的几种定义

定义来源	PPP 的定义
联合国培训研究院	PPP 的第一层含义是为满足公共产品需要而建立的公共和私人倡导者之间的各种合作关系，第二层含义是为满足公共产品需要，公共部门和私人部门建立伙伴关系进行大型公共项目的实施
欧盟委员会	PPP 是指公共部门和私人部门之间的一种合作关系，目的是为了提供传统上由公共部门提供的公共项目和服务，泛指公共部门与私营机构合作提供公共服务或公用设施的各种模式
加拿大 PPP 国家委员会	PPP 是公共部门和私人部门之间的一种合作经营关系
美国 PPP 国家委员会	PPP 是介于外包和私有化之间并结合了两者特点的一种公共产品提供方式
世界银行、亚洲开发银行和美洲开发银行联合出版的 PPP 指南	PPP 根据公私双方签署的长期合同，提供公共资产和服务，由私营部门承担管理责任和主要风险，并根据绩效情况得到相应酬劳
关于 2013 年中央和地方预算执行情况与 2014 年中央和地方预算草案的报告》	PPP 即政府与社会资本的合作模式，指政府与社会资本为提供公共产品或服务而建立的“全过程”合作关系，特征是利益共享和风险分担，通过激励约束机制，使公私双方发挥各自优势，从而提高公共产品或服务的质量以及供给效率

本项目报告基于经济类名词术语概念规范化与本土化使用原则，采用我国发改委对 PPP 模式的定义，即 PPP 模式是指政府方及其他公共事业单位采用特许经营、委托营建、股权合作以及购买服务等多种方式，同社会私营资本方形成的长期合作关系。PPP 模式的目的是借助市场力量提升我国公共产品和服务的供给能力及供给效率。

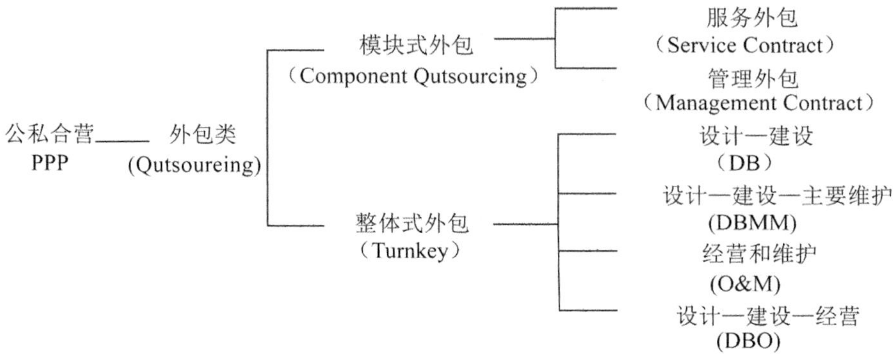

图 2　PPP 模式分类

2014 年国家财政部发布的《关于推广运用政府和社会资本合作模式有关问题的通知》对 PPP 项目的运作方式进行了分类，将 PPP 运营模式分成了委托运营（O & M，Operations & Maintenance）、管理合同（MC，Management Contract）、租赁—运营—移交（LOT，Lease-Operate-Transfer）、建设—运营—移交（BOT，Build- Operate-Transfer）、建设—拥有—运营（BOO，Build-Own-Operate）、购买—建设—运营（BBO，Buy-Build-Operate）、移交—运营—移交（TOT，Transfer - Operate - Transfer）改建—运营—移交（ROT ，Rehabilitate-Operate-Transfer）、区域特许经营（Concession），以及这些方式的组合等若干形式。具体 PPP 项目运作的方式取决于项目的类型、股权配置、扩建改建需求、融资形式、收费机制、投资收益水平、风险承担比例等方面的因素。

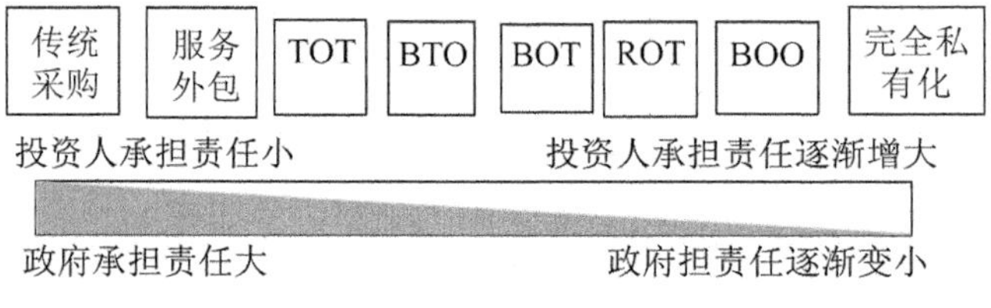

图 3　PPP 运作模式中的责任分担

PPP 的本质特征是合作，伙伴关系是其合作本质的最重要体现，在 PPP 运营模式中，地方政府的合作伙伴不仅包括市场企业，还包括非营利的社会机构，它有效整合政府和社会资本各自的优势，充分发挥民营部门在资金、技术和管理等方面的先天优势。借助 PPP 运营模式处理社会公共项目，既能够满足私营部门在一定约束和监督的环境下扩大社会影响与实现盈利需求，又能协助政府公共部门以最小的成本向社会提供最多最有效的公共产品和服务，PPP 模式运营方式能够实现比单方行动更为有利的结果，发挥政府和社会资本的效益最大化。

PPP 的基本特征是融资。PPP 模式是一种非常有效的融资模式，一般情况下是政府出纳合作项目和建设土地、社会私人部门出纳其资本、设计、建设、运营等工程要素，在公共项目或准公共项目的运营中采取股权配置或政府购买的方式进行产品资源的合理配置。在融资时，同时可将把私人部门在管理以及技术等多方面的优势融合进来，从这个层面上看，PPP 可以被视为一种卓有成效的科学组合方案。PPP 模式站在更高的管理视角，不以实现自身利益最大化为目标，而是实现整体风险最小和社会综合效益最大化。

PPP 项目融资模式是首先由一位或多位项目发起人联合政府作为成立一家合法公司，公司从事特定的项目、产业或事业，公司独立设计建设、经营管理而成立，在公司现金流短缺而未来预留流动较大的前提下融资筹资的活动，并以该项目公司为独立偿还主体，而项目发起人及政府不承担连带责任。目前我国 PPP 项目融资主要修建公路铁路、医院学校、养老机构等民生基础设施，PPP 项目融资模式特点是规模大、周期长、收益偏低，同时还具有地方政府信用背书的特点。其筹融资渠道多元化，主要为政策性银行、商业银行、政府基金或补贴、保险公司、养老基金和投资基金等的债券协议和股权交易等方式。

财政部针对 PPP 项目的操作实施做出了具体规定，整个流程分为项目识别、项目准备、项目采购、项目执行和项目移交五个阶段，五阶段以此进行，由项目设计方拟定若干项目运营建设方案，项目投资方决策选取符合效益的方案，由养老项目机构具体进行执行实施，具体实施流程图如下：

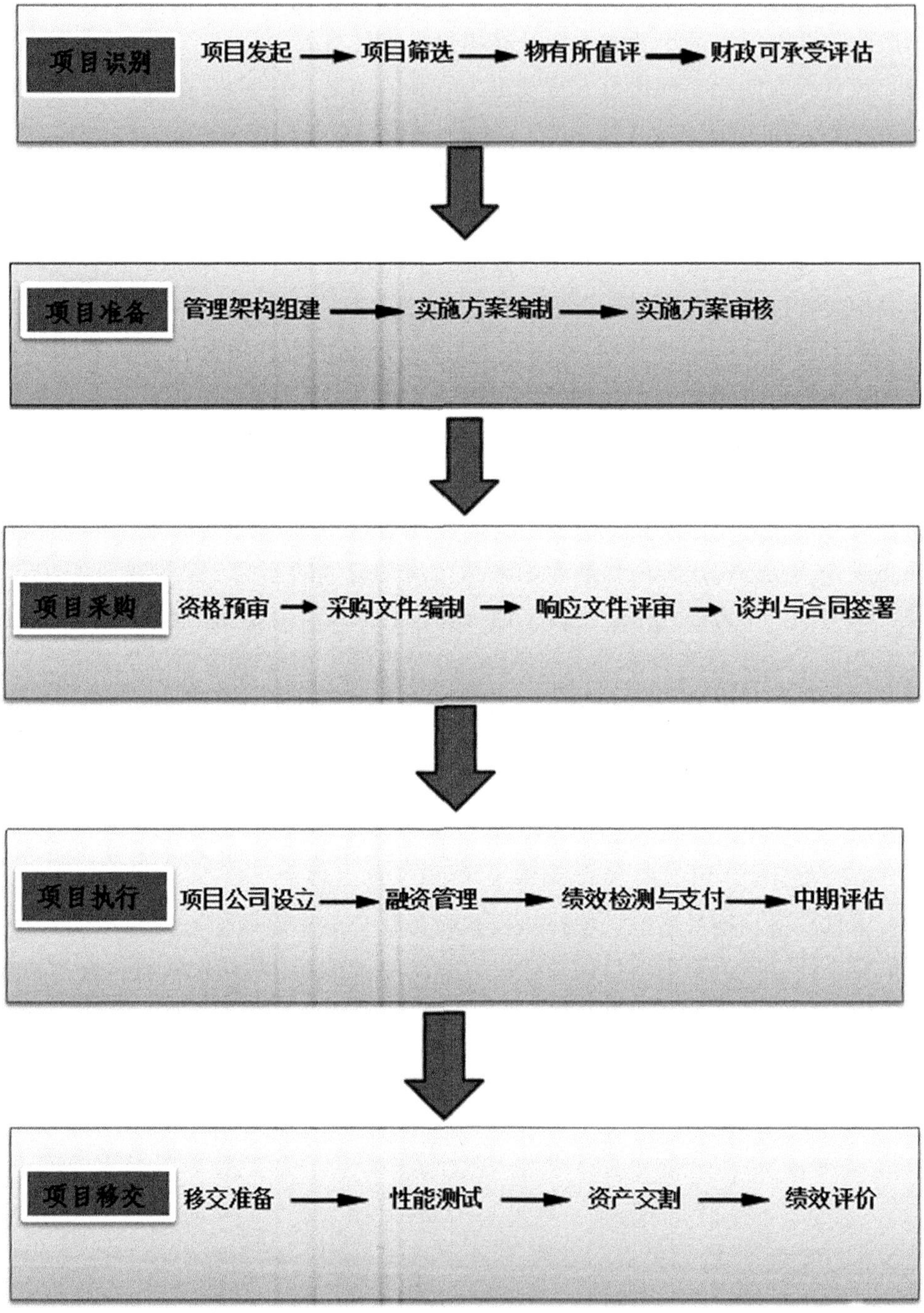

图 4　养老项目机构具体实施流程

政府失灵：学术界称其为公共组织失效（Public organization failure），指在政府为弥补市场缺陷、解决市场失灵，根据政府意愿对经济运行进行干预和控制的过程中，但受到其官僚的“经济人”特征局限性和其他客观因素的制约，使得政府的干预行为产生新弊端，降低了市场经济的运行效率，阻碍了价格机制发挥调节作用，进而无法使社会资源配置效率实现帕累托改进。

关于政府失效理论，保罗·萨缪尔森教授认为：“当政府决策或其他公共组织的经济干预政策难以实现经济效率稳定增长或社会公众普遍可接受的价值分配时，政府失灵的问题则应运而生。”查尔斯·沃尔夫基于非市场缺陷和理性经济人假设的视角分析了政府失灵，他认为官僚制度具有公权力滥用进行寻租行为的“原罪”，基于利益导向的政府管理特点所决定的政府干预社会活动和经济运营的高成本、低收益以及配置效率降低和价值分配的失调，因此形成政府失灵现象是难以避免的。

政府失灵主要在市场经济调控和公共治理体系的四个层面得以体现：政府经济信息不对称引发公共经济决策误判、官僚制度的公权力滥用行为与寻租贪腐、政府机构编制和公共财政预算的扩张、纯粹的公共物品及服务供给的低效与低质。学术界对于养老服务产业对属于准公共产品还是公共产品及服务的界定没有统一的认定，本报告立足大多数学者对养老服务的界定，即认定养老服务产业为准公共产品，因此重点思考政府失灵在纯粹的公共养老服务产品及准公共养老服务供给上的表现。传统政府制下行政事业内部缺乏竞争激励机制和追求经济效益的动机，公共物品和准公共物品及服务供给的受益者并非具体个人而是公众，正是基于公共利益保障的监控机制严重缺失，社会公共利益往往会因政府机构的低效率垄断与供给信息不对称等情况而受到侵占，继而导致政府与公共机构在低效率的公共产品垄断供给仍会获利盆满钵满，而被垄断的各类公共产品及服务的消费者就因无其他供给渠道只能在政府的“卖方市场”进行“交易活动”。

（五）养老服务产业基本概括

养老服务，即指通过改善嵌入老年人身心、家庭、社区等组成要素，并能够促进老年人维持健康状态和参与社会生活的机能的照护行动和社会活动的总称。近年来，我国养老产业的规模迅速扩大和服务质量快速提升，公共养老事业与民营养老产业并驾齐驱，在抵减人口老龄化的不利影响中均卓有成效，目前以居家为基础、社区为依托、机构为支撑的养老服务体系在我国初步建立。但总体上看，我国公共养老服务和产品供给量极为缺失、公共养老服务市场依旧处在发育滞缓和服务低端的初级阶段、区域养老服务供给的质量和数量差异较大等问题还十分突出。

根据《民政部办公厅关于加快完善公共养老产业建设体系（2011—2017年）的规划》（民政发〔2010〕31号）表明："我国现阶段已初步建成居家养老、社区养老和机构养老相协调的养老服务体系，但在养老服务供给的质量和数量上仍亟待提升。"同时，在第十三届全国人民代表大会中李克强总理的政府报告中明确指出要建设"以居家养老为基础、社区养老为依托、机构养老为支撑"的符合中国养老现状、满足城乡居民基本养老需求的现代养老服务体系。

居家养老指老年人居住在自己的血缘子女以及其他亲属的家中，并由其承担赡养义务；机构养老指老年人由养老机构集中供养，养老机构为老年人提供医疗保健、康复训练、文娱活动、生活护理等具体事务，但子女探望一般相对不太方便；而社区养老则是由固定的养老服务团体或其他公共团体，在较低的社会养老院为老人提供养老服务及护理服务，一般费用较低或免费，且老人回家方便。

目前在我国，居家养老、机构养老和社区养老分布占比为87%，11%和2%，居家养老是仍然占据绝对主流。受传统文化观念与服务质量的心理顾虑等因素影响，我国老年人对机构养老存有比较大的抵触心理。但近些年来，传统的居家养老面临巨大的时代挑战，由于人口老龄化现象日趋加重与计划生育政策造成的少子化现象同时挤兑了社会养老的发展空间，造成了普遍化的老年供养需求持续增加而家庭供养能力却持续减少的社会矛盾，我国青壮年对其父母供养压力持续增大，造成了现代的家庭养老供需关系日益与传统居家赡养的社会观念脱节，因此虽然目前居家养老方式仍是我国养老体系的主要养老方式，未来将居家养老的比例将会日趋缩小，而机构养老规模亦将不断扩大。

养老机构可定义为针对养老群体提供专门供养及配套服务的机构，养老机构自身拥有专业化的护理人员，能够为老人提供包括饮食起居、健康护理、卫生保健、群体文娱等多样式活动。在我国养老机构包括公共养老院、公共敬老院。民营养老机构、养老公寓、养老健康中心、社会福利院等众多机构和组织。PPP养老项目是近年来兴起的高端养老设施，采用公私合营的建设体系，效率有保障，质量也很令人满意，而且入住价格便宜实惠，非常适合城市低收入老人，所以近年来一兴起便受到了热捧。此外PPP养老前景广阔，但目前处在初级阶段，仍建设较少，预计未来在人口老龄化形势持续加剧的情况下，PPP养老项目将成为雨后春笋，发展将极为热盛。

（六）我国养老产业的发展现状

我国机构养老供需矛盾较为严重。从需求角度来看，截至目前我国老龄人口总数已达到2.1亿，较20世纪90年代初期总量增长0.78亿，且增长趋势呈现指数型上升，成为人口老龄化最严重的发展中国家。根据国家发改委《关于加快养老产业体系现代化发展的规划意见（2012—2017）》的推算，截至2025年，我国65岁以上老龄人口比例将达到31.7%，总数规模可达4亿以上。其次，随着我国老龄人群受教育比例日益提高，传统安土重迁的思想逐渐淡化，我国养老机构入住意愿稳步提升，基于以上原因考虑，我国机构养老需求量将呈现井喷式增长。

基于大量学术资料与商业报告的收集查阅和对比研究，团队发现养老机构的入住意愿率呈现空间跨度失衡和城乡区域差距，但是时间的推移整体的入住意愿均呈现有增长态势。根据王贵君的《城乡机构养老入住意愿及其影响因素的探析研究》，在被调查的中西省份与东部沿海乡村地区，意愿入住养老机构的比例均不足10%，其中东部农村地区入住率抽样调研发现，入住意愿率为8.25%，西部城镇地区养老机构入住率为9.5%，远低于全国平均水平的35.8%。《研究》同时发现，相比上个年度机构养老入住意愿各地区城乡环比上涨均超过1/5。在人口密集的广东、山东、福建三省的数据对比，其入住比例远高于中位值，在全国范围值为35.8%的前提下，该三省的入住意愿率均超过40%。以第七次人口普查的数据统计为基础，可估算如下：我国65岁以上的老龄人口已达到1.85亿人，若以8%的入住意愿率来计算，可知我国当前所需养老机构总数可达27万所，长期床位需求值超过944万张。

依据当前人口结构形势预判，人口老龄化速度每年将以2.74%的递增提升，预计本世纪中叶，我国老龄人口规模将史无前例超过4.8亿人，其数量大致相当于目前的美国人口，我国60岁以上的人口占总人口的13.26%，也就是1.776亿人，以8%的意愿率计算，以第六次人口普查的数据为基数，可知我国养老机构床位需求值为941万张。事实上我国老龄化速度每年将以3.2%的速度递增，这就意味着21世纪中叶，我国老龄人口是2010年的2.68倍，即使不考虑入住意愿率的变化，未来30年我国老年人需要的养老机构提供的床位也将超过2500万张。即使排除人口综合寿命增长与入住意愿的提升，基期预计所需养老机构床位可达1.11亿张。

从供给侧角度审视，目前我国养老机构投资规模大、回报周期短、投资回报率低，因此养老服务供给相比庞大的需求数量来说已经严重透支，根据第七届养老与大健康产业发展高层论坛数据，我国机构养老项目不足150万个，养老机构的床位供给仅530万张，虽然较其他国家养老机构数量盘量巨大，但是和我国巨大的养老需求赤字相比，供需矛盾失衡仍极为严重。由此可见，我国养老市场远远还未饱和，人口基数特别庞大的山东省，养老机构等基础建设项目人口需求仍是发展欠缺的。

随着我国人口和家庭结构的变化，人们的养老观念也在开始转变，机构养老的模式逐步开始得到中老年人的认可。在政府的养老政策推动下，我国养老机构取得了较快发展，为解决基数众多的老年人的养老难题做出了显著贡献。据国家统计局相关资料显示，进入21世纪以来，我国养老机构床位数每年以超过7.4%的速度增长；截至2015年底，全国养老机构共计达12.41万个，床位640万张，收养人员510万人。总体来看，我国养老机构的发展主要表现在以下几个方面。

一、投资主体多元化、产权形式多样化。为解决我国人口老龄化带来的养老服务供需失衡问题及相关社会问题，我国政府鼓励社会资本参与到养老服务行业建设中，并出台了一系列优惠政策以吸引私人资本投资建设，降低了养老服务业的外资准入门槛。近些年来，我国民营养老机构抓住老龄化的产业背景迎来了发展的新高潮，目前民营养老机构已成为推动我国养老事业发展的重要支撑力量。此外，国家正积极探索养老机构建设的新机制，在国务院印发的《关于加快构建我国公共养老服务体系、提升养老服务质量的规划意见（2013—2018）》中，明确指出要“发挥市场在资源配置的基础性作用，针对相关产业既要打破地方政府与国有企业的行业垄断，又要开放产业市场、吸引民间资本积极参与。”《意见》针对养老服务产业提出了具体要求：“进一步开放社会养老服务市场，鼓励采取公建民营、民办公助、政府购买、补助贴息等多种运营模式，引导和支持社会力量兴办各种养老服务设施。”

二、服务对象公众化、普及化。20世纪90年代以前，国家民政部联合人社部、发改委共同发起创办的公办养老机构主要是针对“三无”“五保”等没有稳定收入来源和基本生活保障的特殊老年群体。随着国民经济快速发展与社会保障体系的建设完善，我国公共养老机构的服务对象由弱势老年单一群体转向全社会的老人。养老机构根据老年人的身体状况和年龄阶段，有针对性地提供养老服务。随着养老服务对象的公众化、普及化的发展，不同群体的养老服务需求也各有差异，表现出不同的层次。第一层次为基本生存需求，其主要目标群体是城乡的“五保”老人和农村“低保”老人等弱势群体老人，其主要服务需求是得到基本的生活保障和医疗护理；第二个层次是普遍化需求，该需求为社会大众的平均养老需求，越来越多的中产阶层老人倾向于选择机构养老的方式，其目的是得到专业化养老服务；第三个层次是享受性需求，主要为较为富裕的老年群体，其目的是得到生活护理、医疗保健、精神慰藉、文娱享受等一些高端服务。

三、养老机构的服务内容精细化、全面化。随着我国经济社会的发展和老年人需求层次不断提高，公办与私营养老机构提供的服务内容均日益丰富、服务品质亦有所提升。首先，养老机构的软硬件设施建设持续增加。高科技应用设备与互联网应用服务的建设依据老年人的活动特点建设和使用，养老服务机构内部管理与外部规划方面更加人性化，这完全能够满足老年人的日常生活需求。其次，养老机构所发起的文娱活动也逐渐丰富。养老机构的工作人员的服务质量和专业水平相比过去大有提高，提供的服务内容更加丰富、全面，不仅提供日常的供养护理服务，还提供康复、卫生、商业、娱乐、体育、教育等综合服务，更好地满足老群的养老需求。

（七）国外养老产业的发展现状

近些年来，国外老龄化和少子化愈发成为普遍趋势，尤其是众多发达国家，和中国人口结构相似的是20世纪日本，虽然中国人口老龄化发展晚于日本。但是从中国与日本老龄化发展结构曲线来看，日本是最早采用PPP模式建设其公共基础设施的国家。早在1990年日本政府全面开放电力、公路、自来水等公共领域的经营市场，但由于公共产品供给具有投资巨大、利润薄弱等特点，英国政府采取补贴政策、政府购买等方式以吸引私人资本投资兴建，后来这种公共产品合作经营模式为各国政府所借鉴，发展成为当今世界趋于成熟的PPP模式。PPP模式的实质在授予私营部门特许经营权和收益权基础的上，地方政府按照合作协议通过“政府购买”的形式获取其所供给的公共产品或服务。

作为人口结构典型的分析案例，日本实际上已经面临超级老龄社会。据日本官方数据统计，2017年日本60岁以上老龄人口达到0.27亿人，预计2025年日本约有成年人口仅为0.64亿人，这就意味着日本平均两个成年人就要承担起一个老人的全部供养压力，所以目前日本建成了世界最发达的养老设施，以保障老龄化时代的养老服务供给，因此中国亦可借鉴，这同样需要社会全盘的考量。除此之外，日本也是同样缺乏专业的养老护理人员，预计在2020年日本职业化养老护工缺口将达到123.4万人，目前日本养老产业的护工大多数在40岁以上，护工的供给数量的缺失使日本将目光投向了海外，据估计仅在日从事养老服务的中国人就达到5万人之多。在养老金融领域颇有建树的，其养老服务的保险行业同样十分紧俏，但目前日本老人并不热衷于养老保险，显然日本进入老龄化时代，但日本老人似乎对健康问题十分自信。

基于以上情况，日本政府和民间资本实质上从21世纪初就开始建设多元化的养老机构。第一类是福冈的小规模多功能养老机构，这类养老机构采用居家养老和短期入住双重功能，该类型能够通常定期上门服务，实现标准化配置供给服务。第二类是神户的千鸟山庄，老人被安排于固定的养老地点，老人的活动空间较为集中，方便养老服务单位统筹安排，收费较少。第三类酒店式养老机构，其主要是高收费型的，介护保险在这里就用不上了，针对收入比较高的老人，不需要特别做介护的。由此可见国外机构养老模式多元化和市场化已经发展成熟、颇具规模了。

二、PPP在养老服务业的政策解读与应用现状

（一）老龄化趋势与养老产业前景

根据艾媒咨询报告，伴随我国公民人均的综合期望寿命不断提升与老龄人口基数持续扩大，预计截至2020年，全国60岁以上老年人口将增加至占总人口比重的21.8%。面对如此紧迫的养老需求和广阔的市场前景，众多社会资本和公共资本纷纷参与到社会养老事业建设中，PPP项目是目前政府产业政策重点扶持的对象，PPP养老项目建设成为社会资本参与养老事业的首选方案，最典型的便是万科集团。2016年万科集团便已进军深圳养老市场，启动了养老机构地产建设改造与医养设备的全面更新，作为深圳首家民营企业注资养老产业的万科集团，布局机构养老PPP试点项目，预计2018年9月开始逐步盈利。

事实上，我国老龄化速度每年将以3.2%的增速持续攀升（如下图所示）。根据中国老龄工作与养老服务产业研究院作出的老年人口预测曲线图，预计到2045年中国60岁以上老龄人口占比将超过1/3。中国人口老龄化和少子化增速远大于很多高收入国家和发展中国家，养老服务业作为中国新兴产业，并未实现全面普及和推广，山东省计生委人口质量与发展研究所张旭主任曾表示，目前中国面临120万专业养老护工的缺口，而接受过专业培训、长期从事老年服务的职业护工数量极为稀缺，目前仅50万人左右。发展PPP养老服务产业的初衷之一便是解决我国养老服务需求需求旺盛、供给不足的难题，这属于中国的社会民生工程。因此我国各级政府鼓励社会企业参与到公共养老服务供给领域建设，PPP养老模式便是我国公共养老事业中的运营与建设的重要路径之一。

由于我国公共养老事业和养老保障事业是在改革开放兴起和发展的，经历了从无到有、从寡到众的发展历程。养老服务产业的推广主要集中在大中型城

市，而目前人口老龄化背景下三四线城市的老年人口比重远大于大城市，加快 PPP 养老项目在三四线城市建设既是市场配置资源的规律，也是加快满足中小城市养老供需缺口的时代趋势。

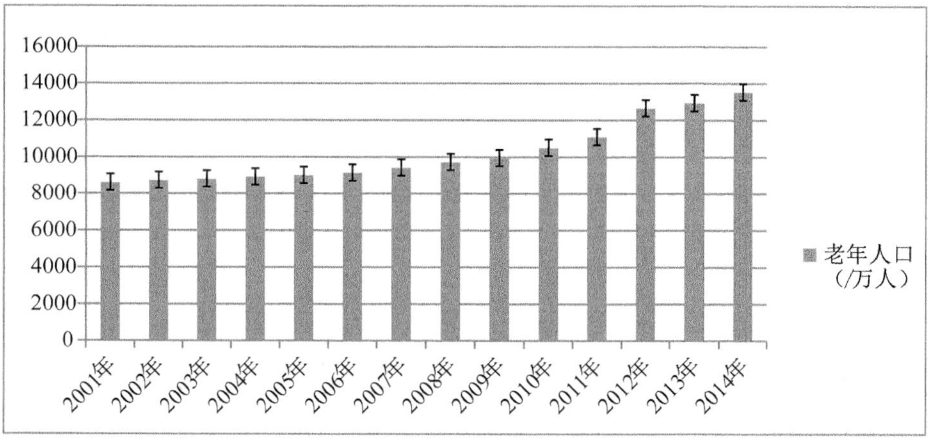

图 5　我国老年人口增长趋势图

山东省 PPP 养老服务项目受到山东省域政府强力的政策扶持，2016 年山东省民政厅联合多部门共同发布《全面开放山东养老服务市场、提升养老服务质量的若干意见》，《意见》提出将持续降低公共养老市场准入和面向外国资本参与，山东省养老事业全面开放，逐步推动社会企业参与山东公共养老服务事业的进度，并明确提出利用 PPP、BOT、政府购买、委托经营等多种形式建设或发展山东省公共养老机构。此外针对山东省 PPP 养老产业还将全面地予以充分的产业补助政策，将一如既往在养老服务基础配置上加大资金投入以及税费减免政策，引导和鼓励金融机构适当创新养老产业的金融信托产品，保障充足后续资金投入到 PPP 养老项目设施购建中来。国发［2015］31 号和民发［2016］17 号文以及《国家发改委办公厅关于印发〈推动我国养老产业债券发行和股票融资指引方案〉的通知》等文件系统全面地做出了相关细则规定。政府将通过财政补息、补助投资、风险补偿、小额贷款等方式支持养老服务业的信贷需求。

此外，山东省各级政府将进一步加强养老服务项目的质量监管，提高 PPP 模式用于养老服务的规范化和现代化水平，加快养老服务人才的培养选拔，持续完善山东养老服务事业的规划体系和决策水平，增进养老护理人员的专业技能和知识水平，健全党委领导、政府监督、市场运营及社会参与的养老事业发展秩序，形成齐抓共管、全面监督的运营格局，完善养老机构设立的许可办法，健全养老服务的市场准入推出和监管制度，加强对养老服务的监管治理和行业规范。山东省各级政府一致认为，将PPP模式引入养老机构建设要根据养老市场供需现状来运营，遵循养老市场规律，既不能急功近利搞养老事业的形式主义，也不能停滞不前做表面文章，必须深化养老机构的制度化改革，有所作为、有所当担，建设能够充分满足不同层次的养老服务需求的PPP项目，保障养老公共体系持续良性发展。

（二）十九大的养老产业解读分析

2017年10月18日中国共产党第十九次全国代表大会在北京胜利开幕。习近平总书记针对我国养老产业的发展形势在大会报告中提出，要积极应对人口老龄化，继承和发扬我国养老、孝老、敬老的优良传统，深化落实医养结合的政策导向，加快我国老龄事业和产业发展，优化养老产业转型升级，进一步建设和完善社会主义现代化的养老服务体系。从养老产业角度梳理十九大报告内容如下：

1. 养老服务供需失衡问题是当前社会发展的结构性矛盾。党的十九大报告明确指出新时代我国社会主要矛盾是人民日益增长的美好生活需要和不平衡不充分的发展之间的矛盾。目前我国老年人群日益增长的对美好养老服务的需求，是我国人民日益增长的美好生活需要的重要组成部分，推动养老服务产业发展是构筑美好养老服务的重要手段，加快建设均衡的、完善的、现代化的综合性养老服务体系是解决我国社会主要矛盾的重要路径之一。

2. 鼓励和引导新型养老事业发展，推动养老事业的供给侧结构性改革。养老公共服务事业的供给侧结构性改革首要是保障养老服务质量和数量供给充分，向国际标准看齐发展我国养老事业，全面提升我国养老产业的有效供给层级。按照市场规律调控养老服务供给侧增减的过程。目前我国养老需求不同往日，面临极大的养老服务需求压力，发展智慧养老产业、推动医养结合模式、加快养老产业转型升级就需要结构性调配和政策性引导，因此针对传统机构养老模式下的高投入建设、低效率产出状态在养老服务现状，其供给侧改革亦刻不容缓。

3. 实施健康中国战略，借助大健康产业发展医养结合事业。习近平总书记多次强调：人民生活质量的提升是我们党奋斗前行的初心。目前中国的老龄化阶段已呈现未富先老的局面，这造成了老龄人供养问题尤为显著的同时，老龄人口的患病医疗问题更成为亟待解决的社会难题。实施“健康中国”战略、加快推进“医养结合”政策的落实是解决老龄人口的患病医疗问题的有效路径。目前“医养结合”主要面向患病、失能老人提供“医养结合、以养为主”

的专业供养服务，既是我国独创的新型的公共养老模式，是我国社会保障系统中重大的民生工程。在健康中国战略下，医养结合将是养老服务业发展最大的机遇。

4. 推动老龄事业顺畅发展，构筑公共养老新局面。十九大报告中明确提出：要全面把握我国人口老龄化趋势，积极培育构建养老、孝老、敬老社会氛围，推动政府部门、社会组织、市场企业共同参与发展我国养老事业，建立健全符合我国老龄现状的基本社会养老保障体系，持续推进医养结合政策的落实，不断深化我国公共养老机构的转型改革，加快开放和完善养老服务的产业市场，鼓励和引导社会资本参与到养老服务、医疗卫生等公共事业，保障我国老龄事业和产业顺畅发展。事业和产业共同发展，将成为我国养老服务业的发展方向。

5. 完善养老服务金融市场，推进养老服务良性发展。习总书记在报告中指出，要完善和促进养老服务金融机制创新，在养老服务供给侧结构性改革的同时，进一步开放养老服务的后续资本市场，深化养老建设领域投融资体制改革，保障养老供给机构适应我国老年群体的需求结构。养老服务产业下 PPP 模式的应用，主导因素是多元格局主体下的集融资建设。可以说养老服务产业下 PPP 模式的应用既是推动养老消费产业发展的重要举措，又是金融市场介入公共服务领域重大表征。

6. 发展生态养老，构筑老年绿色生活。习近平总书记在十九大报告中，用了大量篇幅讲生态文明建设、讲社会和谐发展，总书记再三强调：要坚持人与自然和谐发展。而当今众多机构养老产业注重发展生态养老项目，以和谐社会、敬老美德为基础前提，以人和自然和谐共生为发展准则，依托独特的自然生态环境和良好的人文社会系统，建设人文和谐、绿色生态的新型现代化养老方式。

7. 坚持全面均衡发展理念，做好城乡养老事业统筹协调。在十九大报告中，习总书记一再强调：要加快缩小城乡养老服务质量和服务数量的差距，保障农村养老事业得到充分发展。养老项目是我国公共实体经济的重要组成部分，其所持有房屋、土地，以经营服务为主，完全符合国家经济调控的政策导向。党的十九大报告中我们注意到，养老服务产业应保持地域均衡发展，注重城乡共同发展，在深入学习贯彻习近平新时代中国特色社会主义经济思想体系的背景下，各省市政府部门针对养老服务产业筹备建设与转型升级，始终保持高度热情、高度重视、高度团结的新局面。利用好政策和孝老文化的双重因素，我国养老产业将大有可为。

8. 全面开放养老服务市场，外资将成为养老的重要力量。关于养老产业的全面开放，对内培养民营资本在养老服务中的竞争忧患意识和质量服务意识，对外将吸进外资建设服务中国养老产业，加快国内养老产业发展步伐。总书记在十九大报告中特别指出，加快发展现代服务业，瞄准国际行业标准，提高服务质量水平。作为最大发展中国家，我国养老服务产业仍较发达国家存在差距，完善我国养老产业的运营建设任重而道远。

（三）山东省养老产业的发展现状

山东省在解放及新中国成立后的人数原本是最多的，其东部沿海广阔的平原，水源充足、交通便利、社会状况较为安稳，适宜农业生产，是中国人口最为密集的地区之一，20 世纪 50 年代初期土地革命、互助组、初级社等均不同程度地提升社会生产力。因此在这个时期山东各地市普遍迎来人口爆发期，目前省内 60 岁以上的老年人基本上就是在这一时期出生的。根据山东省老龄办数据显示，截至 2016 年 12 月山东省 60 岁以上的老年人口已超过 2556.97 万，占山东省人口总数的 20.68%。而在 65 岁以上高龄老人总数已达到 1307.98 万人，占比达到 14.17%，超过国际老龄化社会标准的两倍。近 10 年以来，山东省始终保持全国老年人口第一大省地位的，其自身人口老龄化的速度也在持续加快。济南是山东人口老龄化趋势最典型的城市，截至 2016 年底，具有济南市户籍的 60 岁及以上老年人为 128.8 万人，约占全市总人口的 22.30%，占比均高于全国、全省比例（同时期数据：全国老年人口 2.3 亿，占总人口的 16.7%；全省达 2100 多万，占全省总人口的 20.68%）。预计 2020 年，济南市老年人口数将达到 175 万人，占全市总人口的 25%。全市高龄、失能失智和独居空巢老人比重也将大幅增加，将成为全国率先进入老龄化社会的城市之一。因此不难看出，在未来相当长一段时期内，山东人口老龄化所面临的压力只增不减。人口老龄化的迅速发展，不仅使每个家庭的年轻劳动力在赡养老人方面面临着巨大压力，如果放眼全省去算大账，山东省每年还将养老服务、医疗保障、文化教育等公共服务领域投入巨大财政支出。

山东省养老服务业发展概况

随着人口老龄化形势日益凸显，山东省各级政府及民政、人社、发改委等相关部门近些年开始着手对老龄化或所带来的各领域社会问题的进行分析研判。针对养老服务产业发展中出现的短板，山东省委省政府要求各级地方政府和相关部门逐级落实、逐级汇报、逐级审查，从最需要的地方改起，全面提升养老服务质量水平。

2014 年省人大对《山东省老年人权益保障条例》进行全新修订，在养老产业政策、农村养老保障、老年权益保护等多个方面构建老年人群权益的保障体系。省政府制定出台《养老服务业转型升级实施方案》等一系列政策文件。民政、卫计、国土、财政等省厅部门，围绕养老服务业发展的各项关键要素，相继出台养老设施规划、土地保障、资金补助、税费减免等十余项各类配套政策，共同为培育壮大养老服务业创造了良好的发展环境。2013 年以来省级财政拨付超过 10 亿元资金，集中用于扶持养老服务业发展，在土地指标方面每年也予以了 5000 多亩的倾斜，得到了国家民政部的高度评价。

然而，山东省养老服务产业整体发展水平有待提高，且发展趋于不平衡态势。“三多三少”的特点十分显著，即普通的民间养老服务项目多，有资质、有质量、有品牌的养老服务项目很少；为城市地区建设运营的养老服务项目较多，为致力于农村地区养老服务的项目较少；服务身体健康、家庭富裕老年人的民营养老机构偏多，供养身体残障、家庭贫穷的公共养老机构偏少。

截至 2015 年底，全省拥有各类养老服务机构 3049 家，其中公办 2097 家，农村互助养老院等各类养老设施 5745 家。全省各级各类养老机构可用于提供养老服务的床位共计 52 万张，相当于省内每一千名老人可享受的床位是 29 张，这一数据超出全国平均值 3 张。分区域来看，截至 2017 年 11 月 3 日，我国养老 PPP 项目在山东省、贵州省、河南省数量较多，分别 有 46、43. 31 个，三省约占总数量的 37. 3%。

此外，山东省公共养老机构大多由事业单位非专业人员运营管理，市场化运作程度低，与此不同的民办养老服务机构则由管理经验丰富的职业经理人运营管理，相比民营养老机构，公办养老服务机构缺乏严格而专业的管理体制，继而导致养老服务供给效率低下、市场竞争力低下的问题。受用着的老年群体用脚投票，自然导致大量养老服务机构床位库存过剩却无人问津，一方面导致结构性失调，导致养老资源的大量浪费，另一方面导致养老机构经营入不敷出、无法维持正常的服务供给。在政府职责与权限方面，地方政府在财政补贴、土地政策倾斜等各类专项优惠政策依旧没有真正落实，公办养老机构和 PPP 养老机构往往因此面临资金中断的风险，此外对民办养老机构和 PPP 养老的社会企业参与方亦是缺乏严格监管机制，空置建设拿地、补助资金转移、养老建设不达标等现象还时有发生。

虽然山东省老年人口多、老龄化程度比较深，但是如果深入分析全省目前的人口数量，以及人口的结构发展，我们可以发现抚养比这一数值并不高。根据预测，自今年起未来十年，全省的人口总抚养比不足一半。在这一期间，山东省的劳动力供给仍然充足，是最后 10 年的人口红利期，这为全省发展养老服务业提供了宝贵的 10 余年发展机遇期。为充分把握这一战略机遇，山东省委、省政府在充分调研的基础上，将养老服务业列为实践五大发展理念、推动产业升级的重点服务产业。2016 年 2 月，围绕解决山东省养老服务业当前发展中面临的瓶颈制约，省政府办公厅通过印发实施方案的形式，确立了未来五年发展养老服务业的任务目标，提出深化公办机构改革迈开市场化步伐，实现多产业融合集聚发展产业化，用活用好社会力量提速产业升级。同时，从科学规划设计、土地指标配备、财政资金补贴、降低融资成本等方面进一步完善扶持政策，在系统总结山东已有养老政策的基础上，着力打造养老服务业的深化版、创新版和升级版。

（四）山东 PPP 养老服务的供给主体与供给模式阐释

根据养老机构所有权与经营权归属主体的界定，可将我国养老机构划分为四种基本类型：公办公营养老机构、公办民营养老机构，公助民办养老机构、民办民营养老机构、公私参股养老机构、外资养老机构。2016 年初，国家发改委颁布了《关于进一步开放我国养老市场，推动公共养老体系改革的若干规范条例》，《条例》明确指出要稳步推进我国养老产业市场运营，面向国内外社会资本持续开放养老服务市场，鼓励私人资本主导型的 PPP 养老项目运营建设，积极推动多主体参与下的混合型养老机构发展，并责令各地市相关部门加快养老服务项目审批，适度放宽民营资本规划建设养老服务项目资质标准，推动民营资本参与地方准公共产品的市场化运营。

从我国社会性质和政治法律层面上来讲，养老服务实际上是一种特殊的公共产品，是社会福利的重要组成部分，具有正外部性、公共性和福利性，但依据市场经济层面来说，市场经济国家早已将养老服务淡化出政府包揽的范畴，养老服务作为一种很普遍的市场产物，受价格机制和供需调节来进行配置资源。我国作为社会主义市场经济国家，养老服务已不能简单地看作完全由政府配置的公共性服务，实际上已经是具有了私人产品的经济属性。

在公办民营的条件下，根据不同人群的购买能力，政府应当承担补差责任，具体出资有 P4-P3-P2-P1-P0 五种模式（见下表）。

表 2　PPP 的五种出资模式

人群	模式及其要素	土地/环境	房产/硬件	服务 ABC/软件服务费	食物用品/生活费
三无老人，约 5%	公建民办 P4S	政府投入 PPP	政府投入 PPP	政府购买、社会企业	政府购买
低收入老人约 20%	公建民非 P3SI1	政府投入 PPP	政府投入 PPP	政府补贴、社会企业	个人购买
中收入老人约 50%	公建民营 P2SI2	政府投入 PPP	政府投入 PPP	个人购买、社会企业	个人购买
高收入老人约 20%	共建微利 P1CI3	低价用地 PPP	商业企业私人支付	个人购买、商业企业	个人购买
高净值老人约 5%	公建民非 P0CI4	政府投入私人支付	政府投入私人支付	政府补贴、社会企业	个人购买

公建民非模式（P3SI1），即指政府划拨建设用地和建设适老、养老地产，推广宣传养老机构品牌，即政府出资部分供给 3 类，居民医疗保险和护理保险可以支付部分医护费用；生活费和其他日常花销则由所供养的老人或其家庭承担。社会企业介入的情况下，地方政府与其签订管理合同与后续股权转让合同（MC），即指政府授权给社会资本或项目公司运营和管理目前存量公共资产、维护及用户服务职责、保障公共设施的完整。允许社会企业进行股权融资和转让用于项目建设和运营开销。同样，鼓励社会工作者和社会公益组织参与服务，从本地户籍人口开始建立养老服务义工的“时间银行”。

公建民营模式（P2SI2），即指政府划拨建设用地，建设非商业性房产，主要出资部分为公共设施的购置费用和拿地、建房的建设性费用，社会企业承担公共设施的长期雇佣费用及日常维修、维护、接待等日常费用；由政府划拨土地，商业企业进行房产和设施的建设，设立政府与企业共同设立下属公司负责直接运营或者委托经营其建设的公共项目，若干年后委托权限失效，政府全面购买民营参与企业的股权，并支付其下属经营管理费用。

现阶段我国的完善的养老服务成本要素体系主要由四部分构成，分别是养老用地及环卫建设、养老用房及其设备、照护服务及人力资本、养老日常开支，目前 PPP 养老由于受到地方财政补助在拿地、拿证、建设等方面成本均可相对节省，尤其是在照护服务及人力资本方面的花销可极大地得到充分补偿，具体来说老年生活照料、老年生活护理、老年金融理财产品服务以及老年社会参与服务等众多事项，具体开支成本如下图所示：

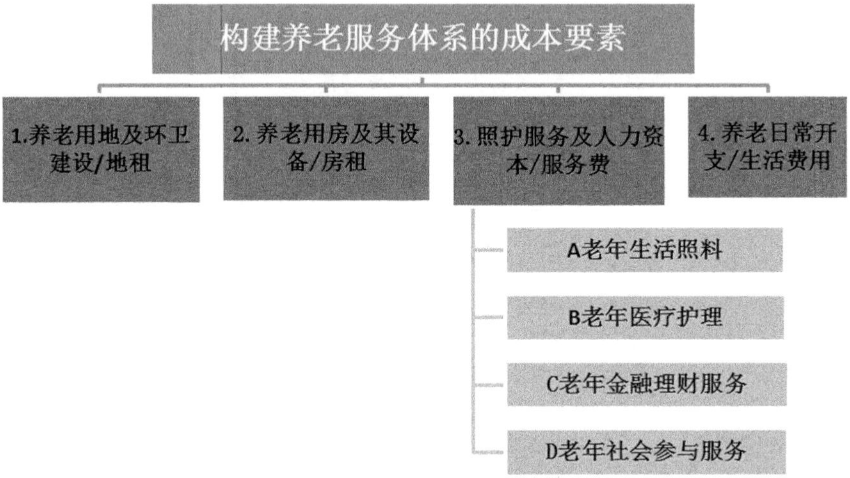

图 6　PPP 养老开支成本

（五）养老服务产业应用 PPP 模式的相关政策与举措

近些年来我国的养老产业规模迅速增长，一方面是由于我国人口老龄化问题日益严峻，激发企业加入未饱和养老供给市场；此外，我国各级政府自 2013 年以来出台了一系列推动养老产业的利好政策，因势利导地推动民间资本涌向养老服务行业。近期以来由国家密集发布养老服务领域 PPP 模式应用的产业政策。

在党的十九大报告中明确指出要鼓励和引导社会力量参与养老事业，切实保障各类社会资本公平参与养老服务业，建立和完善养老服务领域成熟的 PPP 模式应用体制，充分调动私人资本参与公共产品及服务的积极性。

2013 年 1 月，由发改委牵头、多部委联合签署的《关于加快推动我国养老产业市场化发展的若干意见》正式颁布，《意见》明确提出将支持和鼓励各地市发展新型养老产业，积极探索和发展养老服务领域多元化运营的模式，进一步细化养老产业供应链，拓宽公共养老服务产业的投融资渠道，加快建立以资源配置效率和公共服务质量为基准产业发展路线，为养老领域 PPP 模式的发展奠定了政策基础。

2015 年 4 月国务院下达了《全面开放养老服务市场、推动养老产业良性发展的规划纲要》，《规划纲要》强调我国现行的公共养老事业仍处于“不均衡、不健全、不发达”的初级阶段，秉持养老产业全面、协调、可持续的发展总基调、建立健全公共养老服务基本保障机制，满足我国老龄人群基本养老需求。

2017 年 9 月民政部办公厅《关于推动机构养老产业放管服改革的指引》要求坚持公共服务属性的同时切实保障养老服务领域市场化运作体系，不断微调养老事业，加快养老产业完善 PPP 模式，加快转变地方政府在公共产品与服务供给上的角色，合理界定地方政府养老服务活动中的经济职能。

2017 年 12 月财政部、民政部、人社部、老龄办《关于运用政府和社会资本的通知》补齐民生短板，持续推动地方公共产品供给的稳健发展，针对 PPP 养老服务项目达成共识机制、市场力量统筹，明确政府在决策活动中的保障民生、发展经济职能，公私合营权责分配，建立和完善产权归属、经营模式、股权配置、税收政策、收费标准、行业规则、土地使用原则等基本定位。

三、SWOT 模型下山东省养老产业典型案例分析

（一）智慧健康养老的 PPP 建设实例

济南市“智慧健康”养老服务项目建立于 2010 年 6 月，是一所由历城区人民政府牵头筹办的 PPP 模式养老机构，机构坐落于历城区凤鸣路 10117 号，占地面积共计 1600 余亩。其前身公办性质的济南健康养老苑，为响应山东省产业结构转型升级的政策、加快机构内部的养老服务质量优化、减少服务供给效率低下导致的运营赤字，于 2010 年 3 月率先加入“推动我省社会资本参与养老产业建设”的变革中。

2010 年 6 月济南市“智慧健康”养老服务项目正式与济南平荣商业服务有限公司签订合作协议，历城区人民政府以原有房屋设备、剩余财产折旧等固定资产和财政出资两种形式持股建设，项目甲方（历城区人民政府国资委）申请国家开发银行贷款 1600 万（贷款利率按公共优质资产低息率计算，按工程建设期利息约合 23 万），国家低息率贷款约占总投资额 26.7%，项目乙方济南平荣商业服务有限公司投入资金 2400 万主要用于后续运营建设、宣传推广、护工招募、薪酬分配、业务开发等工作，济南市“智慧健康”养老服务项目注册资本金共计 6000 万。项目协议规定甲方（历城区人民政府国资委）拥有本项目 51%的股权，乙方拥有项目 49%的股权，投资双方合作建设、风险共担本项目，乙方项目负责具体运营和日常管理工作，项目法人为乙方（济南平荣商业服务有限公司）主持本项目的运营主管。

济南市“智慧健康”养老服务项目是在济南市政府的监督审核下，历城区人民政府国资委与济南平荣商业服务有限公司签署协议依法设立的养老机构。作为大股东的历城区人民政府国资委授予济南平荣商业服务有限公司委托代理行驶经营权，历城区人民政府国资委依然保持着日常重大事务的最终决策权。

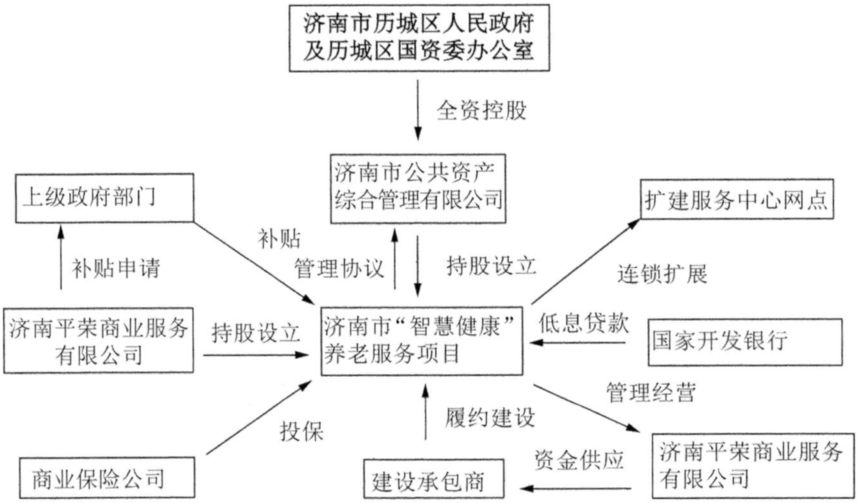

图7 涉项目方关系图解

按照PPP协议对项目产权结构的重组规定，虽然项目投资方乙方济南平荣商业服务有限公司投资比例仅为40%，但又因其亦为被委托方进行项目日常经营运作，其所拥产权已达到49%，PPP协议规定经营期限为50年，营业收益按照产权比例分配。

本项目属于准经营性项目，其产品服务定位于城市中产老年人群，据团队调研发现目前营业收入符合预期水平，但仍无法完全覆盖项目建设和运营成本。项目营业部负责人胡传明主任介绍，本项目采用可行性缺口补助机制，由济南市政府提供政府专项基金补助、公共项目民生补贴及税费减免政策，在营运资质符合市场质量的前提下，保证项目投资方在预期一段时间内收回成本并获得合理收益。

目前一系列的政府财政性补助和社会组织的捐助成了项目现金流周转提供有力保障，未来数年将完善保障性制度体系并适当调整项目预期投资收益水平，预计未来一段时间仍将持续提升服务质量和设备配置为首要任务。本养老项目将进一步构筑扁平化管理模式，全面建设集约型、高效型管理运营体系，亦将参照欧美式现代化养老服务指标，以实现均普化、全面化、优质化养老服

务规划。同时本养老项目建设将按照市场标准合理规划公共养老服务设施收费定价机制，使项目具备持续盈利的可行性

济南市“智慧健康”养老服务项目突破了传统 PPP 模式的利益分配格局，将公共事业建设运营中的政府领导模式代入养老项目 TOT 合作体系中来，使得社会资本下的成功解决了公共部门运营建设的效率不足、质量低下等问题，同时亦解决了民营企业建设公共事业融资成本过高的难题，但复杂的产权体系和交易结构滋生贪腐行为，尤其是此类公共产权大于社会资本产权的情况，只有明晰划分投资和运营双方界定权力界限，才能保障养老项目服务质量提升的同时逐步实现盈利。

（二）海棠湾温泉医养融合连锁项目

海棠湾温泉医养融合连锁项目建设于章丘区朱家峪风景区内，总占地面积约合 630 亩，其中建筑面积达 72600 平方米，项目内部配套设施完善，服务供给充足，包括生态养老中心、颐养康复中心、综合服务中心、老年大学、文娱作坊、温泉体验馆等多种配套建设，项目围绕生态养老、医养结合的发展理念开展了多元化经营活动，搭建成为养老服务与生态、旅游、医疗、文化、文娱、有机农业、互联网+等进行有机结合商业平台，是济南市首家具有医疗康复、保健护理、休闲度假特色的养老服务机构。2017 年 4 月，海棠湾温泉医养融合连锁项目申报成功发改委山东省养老服务试点项目，同年 6 月被财政部列为第二批次国家示范项目。

本项目采取 BOT（建设—运营—移交模式）具体运作方式，章丘区国资委全额控股公司与济南普惠置业有限公司签订 PPP 协议，双方同比例出资新建商业化的机构养老服务产业中心，章丘区财政局、民政局、工商局等受章丘区人民政府委托对 SPV2 公司（海棠湾温泉医养融合连锁项目简称）进行预算审核与绩效考评，同时章丘区财政局亦受委托根据绩效考评结果进行资助扶持，除此之外，协议明确说明 SPV2 公司自负盈亏原则，区人民政府不承担兜底责任。SPV 公司日常经营管理人员按民营市场配置原则，章丘区国资委全额控股公司与济南普惠置业有限公司均不参与 SPV 公司日常事务的决策管理，内部管理员工均为控股公司联合外部招募而来。管理员工依据公司业绩享受利润分红。

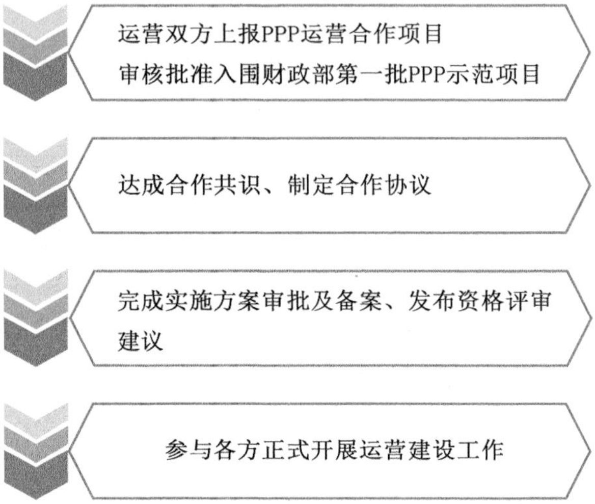

图 8 项目运作方式

根据 PPP 协议规定 SPV2 公司的特许经营权期限主要分为两期，共计为 50 年，其中第一期特许经营权期限为 25 年，其中房屋建设期和设配完善期 5 年，运营期 20 年，章丘区国资委全额控股公司在该特许经营期内不参与经营分红，但仍可委派代表参与其控股的 SPV2 公司的重大决策活动；第二期特许经营权为 25 年,，章丘区国资委全额控股公司和济南普惠置业有限公司依据持股比例分红。在第一期特许经营权期限内，两家控股公司共同参与 SPV2 项目的集融资、运营建设、事务管理、质量检验及项目移交等诸多事项。在项目合同约定期满后，项目公司将 PPP 项目无偿移交给区政府。

在合作期限为 50 年结束后，对于济南普惠置业有限公司出资持股设立的项目公司 2（SPV2）转让问题，协议中明确指出章丘区人民政府将转让价款规定为经审计后的市场设备折旧款出纳转让。在 SPV2 公司的特许经营期结束后，由济南普惠置业有限公司向章丘区人民政府方指定的部门进行股权转让，并进行相关资产审查。

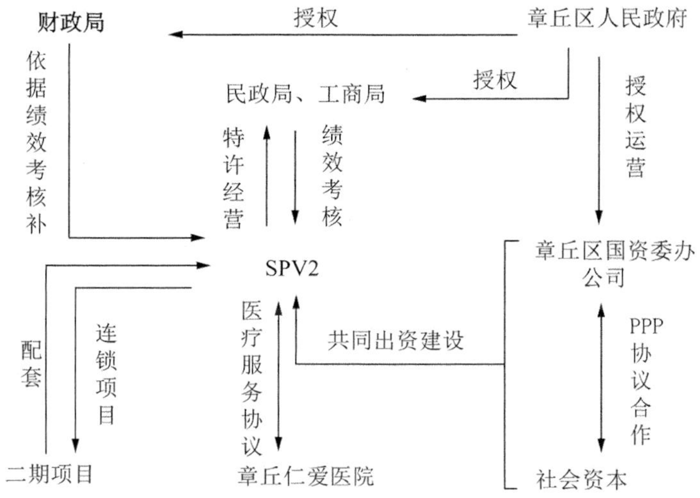

图 9　海棠湾温泉医养融合连锁项目运营模式

海棠湾温泉医养融合连锁项目衍生的二期项目仍以养老服务为主打产业，拟采用 DBOT 运营模式（即为设计—建设—运营—移交模式），章丘区国资委全额控股公司与济南普惠置业有限公司提出建设要求，SPV2 公司参照产业咨询机构的建议，并自主在本地民政局和工商局等部门注册登记公司，二期项目由控股公司配合 SPV 2 公司协作建设，SPV2 公司全程负责设计、研发、宣传、招标及经营等全部环节，二期项目建设资金由 SPV2 公司筹集、支付。SPV2 公司与外部资本为合作期限暂定 20 年。合作到期后由 SPV2 公司全部接管，并按照实际运营绩效支付其股权转让款项。

（三）姚山峪生态养老中心 PPP 项目

姚山峪生态养老中心 PPP 项目于 2015 年 9 月正式启动，项目机构位居风景宜人、山明水秀的章丘姚山峪风景区内，项目建设用地面积约合 360 亩，总建筑面积达 17600 平方米。项目机构远离城市喧嚣，充满乡土气息，空气清新、环境优雅，是老年朋友颐养天年的最佳选择。项目顺应“智慧养老”与“生态养老”的新趋势，建设一所集供养性、居家型于一体的综合性养老服务机构，项目机构已建设完成老年公寓、老年医院、颐养学院、居家养老住宅、老年文娱中心、商业中心及配套基础设施等。

姚山峪生态养老中心 PPP 项目综合考虑生态养老体系的发展因素，建设有居家养老日间照料中心和健康服务管理平台两大应用设施，项目机构常年接收自理老人、半失能老人、失能老人，共有专业护理人员 120 余名（不含管理人员及后勤保障人员）床位 400 余张。本 PPP 项目按国家一级养老机构建造标准设计和建设，是融生态养老、康复护理、休闲娱乐为一体的综合性、开放性、福利型的现代化养老机构。2018 年入选为财政部第三批次政府合作 PPP 试点项目。

姚山峪生态养老中心 PPP 项目总投资为 70790 万元，其中注册资本金为 25000 万元，占总投资总额的 30.49%（包括社会投资资金出资为 13500 万元，其中工程建设费 49910.3 万（占比约为 77.4%），设备购置和安装费 1107.5 万元，施工材料购买费 810.09 万元，固定资产预备费 558.2 万元，建设期盈余公积为 321.6 万，建设期贷款利息 560.017 万元。

社会资本方为东方鑫隆地产开发有限公司，而政府部门委托人为章丘区国金资产有限公司，双方于 2014 年 11 月达成 PPP 合作协议，协议明确规定姚山峪生态养老中心 PPP 项目股权配置按照双方出资比例的规则，社会资本方控股比例约为 85%，政府资管部门控股比例为 15%。项目完成双方协商筹建 SPV3 公司作为两家出资方的子公司，进行 PPP 养老项目的运营管理。协议还规定除双方投资资本金外，剩余资金按照项目自筹方式解决，主要途径为国家开放银行的低息信贷。

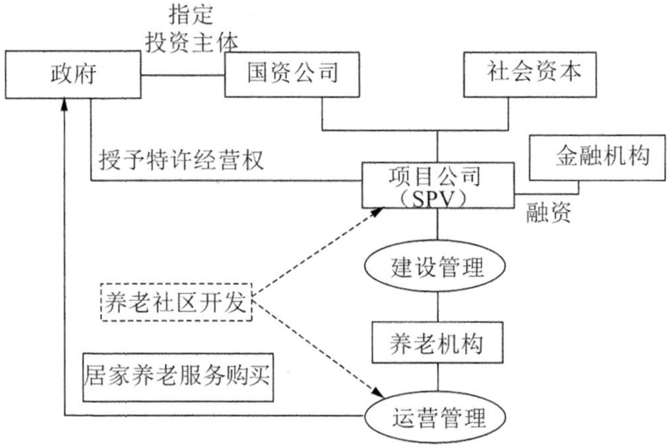

图 10　PPP 项目建设运营结构

PPP 建设协议规定 SPV2 公司拥有 40 年的特许经营期权，特许经营权 40 年期限过后，PPP 项目按照东方鑫隆地产开发有限公司和章丘区人民政府委派代表审核查验，SPV 项目公司按既定的移交标准向东方鑫隆地产开发有限公司，同时东方鑫隆地产开发有限公司需要向章丘区国金资产有限公司支付项目股权转让资金，股权转让资金按养老项目未来预期收益计算。姚山峪生态养老中心 PPP 项目采用设计—建设—运营—移交模式，不同于传统 PPP 建设模式，本养老项目社会资本方占主导地位，全程监控项目一期的建设运营情况。

姚山峪生态养老中心 PPP 项目在项目建设竣工后即开始投入运营，在养老项目获得基本收益的情况下，社会资本方与政府资管部门将着手开展第二期的养老项目工程建设，拟基于 KPI 绩效考核标准对二期项目进行过程性、阶段性考核验收，若发现其建设资金不足，社会资本方与政府资管部门将联合进行可行性缺口补助，建设完成后将附属于一期工程。

（四）山东养老产业 PPP 建设的发展优势分析

近些年来山东省各级政府高度关注养老服务产业的发展，为加快公共养老产业的优势培养、养老产业运营效率和服务质量，制定了许多推动养老服务业优化升级的利好政策。目前，山东省养老产业 PPP 模式应用取得实质性进步，已初步建成了政府政策引导、市场组织规划、民营企业参与的分工运营秩序。山东养老产业建设 PPP 模式应用以下四大发展优势：

山东养老产业建设 PPP 模式应用首要优势是将充裕的社会资本引入到公共服务领域，缓解了山东省各级政府的财政负担，同时社会游资引领到实体产业建设中，有效提升社会资本的利用率。目前山东省各地市公共支出压力较大，传统政府主导下的基础设施建设难以推动地域经济的可持续发展，山东养老产业建设 PPP 模式应用以地方政府信用背书发展地方公共经济，不但极大减轻各级政府财政负担，而且推动本地域养老事业的快速发展，为各地民营企业回报收益较为稳定的投资渠道。

其次，山东养老产业建设 PPP 模式应用加快了公共养老服务产品的市场化运作。从以往实践来看，政府及相关事业单位发展养老福利事业频发诸多“政府失灵”的现象，由于在公办养老机构的建设运营中，政府责任的收缩和转移、缺位、越位和错位较为普遍，我国各地公共养老资源并未得到充分利用。同时具有趋利性私人资本完全经营建设性的民营养老机构，往往易出现区域性寡头垄断和市场定价权的操纵。养老产业建设 PPP 模式应用则有效避免“政府失灵”和“市场失灵”现象的出现，既有效地保障了公共养老资源的市场化配置与高效运营，也打消了老年群体养老“入院难”“入院贵”的后顾之忧。

此外，山东养老产业建设 PPP 模式应用降低了山东省公共养老事业的发展成本。公私合营模式下的养老机构能够得到政府税费优惠政策和其他扶持政策，尤其在建筑用地、设备配置、床位补贴、水电费用等方面。相比完全民建民办的养老机构，其建设和运营成本较低，山东养老产业建设 PPP 模式应用立足政策资源禀赋和养老市场需求，有效地衔接公共养老服务产品和私人资本的结合，通过“政府购买”养老服务和“控股委托”合资企业供给养老服务两种形式，既能立足市场规律拓宽服务供给渠道、保障养老服务质量，又能减少政府和社会资本的投入成本，极大地增强了山东省养老服务产业市场的发展活力。

最后是养老服务产业作为公共性服务，其建设跨度长、投资规模大，回报周期慢，尤其在建设运营前期基本难以盈利，因此，相比完全民办民营的养老机构，养老产业建设 PPP 模式应用形成了合作双方风险共担的原则，降低了社会资本独自承担投资风险的压力。

(五) 山东养老产业 PPP 建设的瓶颈劣势分析

PPP 模式应用于养老产业建设在我国仍处在起步发展阶段。其引入时间尚短，管理经验不足，许多风险难以预见。PPP 产业合作模式在欧美国家较为普遍地应用，但我国养老需求总量、养老市场发育程度、产业合作的法律体系等与其不尽相同，因此很难全盘照搬西方 PPP 模式发展路径，在目前 PPP 模式应用初级阶段，探索一条适合中国养老市场发展现状 PPP 建设道路成为亟不可待的事情，但通过对山东若干家应用 PPP 合作模式的养老机构进行调研走访，笔者发现目前山东养老产业建设 PPP 模式应用主要存在四大发展瓶颈：

首先是政府资管部门过度干预公私合营的养老机构。公私合营养老机构的出现和发展是我国市场经济发展的产物，公私合营的养老机构亦是市场经济的有机组成部分，党的十八届三中全会中“市场在资源配置中起决定性作用和更好地发挥政府的作用”重大战略决策，而目前养老产业公私合营体系中政府资管部门过度干预扭曲了市场配置公共养老服务资源的机制，政府资管部门控股比例较大，往往借助行政命令的形式来追求数量、追求速度、追求政绩，有悖于市场效益规则，如此一来既不能提供高质量的养老服务，也不能获得良好的经营利润，极大地造成了公共资源和社会资本的浪费损耗。

其次，我国社会资本投资养老福利事业的热情并不高。众所周知，养老产业作为公共服务产品，因其公益性强，归属于微利行业，同时其建设周期长，投资回报率普遍较低，而社会资本趋向追逐利润最大化，不愿参与到时间成本与投资效率不对称的行业。而且政府部门主管领导更替不仅会导致信息的不衔接、决策的不合理，而且容易出现不负责任、不作为等官僚作风的出现，这些问题都是民营企业不愿资管政府部门合作建设 PPP 养老项目的原因。

此外，山东省各地政府对PPP模式养老机构扶持政策较弱。虽然党中央及国务院各部委三令五申要求各地市积极推动筹建公私合营制养老项目，同时山东省委、省政府亦出台相关利好政策推动PPP养老项目产业化，但目前各地市财政压力居高不下，低利率信贷政策、税费减免政策、土地出让资金优惠政策均可按协议达成，各地市政府的专项资金补助和养老事业床位费用补助等难以及时全面供应，民营企业经营管理公共养老服务事业初期本身就收益微弱，若政府不能及时兑现资金补助承诺，往往导致业务现金流断层，这也成为妨碍民营资本参与养老事业发展的原因之一。

最后是山东省养老产业的PPP模式运营往往会出现定价机制不合理问题。养老问题是社会基本的民生问题，养老产业的PPP运营的目的是要建设大众型养老服务机构，让老年群体都能负担得起公共养老服务，这是其作为纯粹公共产品或准公共产品的本质属性，但目前个别PPP模式养老项目趋向建设豪华型、专用型养老机构，这完全脱离了其初衷。这种豪华型、专用型养老机构虽然服务质量高、服务范围广，但却演变成了只能为富裕老年群体供给的私人产品。这在人口老龄化的大时代背景下，这种项目运营趋利性的增强必然导致公益性的缺失，这将难以缓解养老服务供需的失衡问题。

（六）山东养老产业PPP建设的机遇前景分析

目前山东省人口老龄化面临极为严峻的形势，根据官方数据统计，截至2016年底，山东全省60岁及以上老年人数量已突破2000万大关，占山东总人口数量约合21%，目前已是名副其实的老年人口大省，保守估计到2020年底，山东60岁及以上老年人口数量将突破2200万。山东省人口老龄办主任丁希滨表示山东老年人群基数大，增速快，山东早已进入中度老龄化社会。因此在山东省老龄化问题持续加剧的大背景下，养老产业PPP建设将具有广阔的市场前景。

其次，相比北上广一线城市和东南沿海省份，山东省养老机构数量和老年人口基数的对应比例较小，虽然山东省民办养老院数量不乏，但公办和公私合办性质的养老产业却极为稀缺，团队调研走访发现大部分老年人偏向居住在公办或和公私合办性质的养老院，其主要原因是民办养老机构的费用太高，笔者团队咨询了济南本地养老机构发现，每位老人各种综合费用每月基本在4000元以上，而公办和公私合办性质的养老由于其由政府财政补助和较低建设成本，价位普遍在2500左右，因此显而易见在山东建设PPP养老项目市场需求广、商业竞争小、竞争优势大。

此外，由于城市快节奏的工作生活，子女很难有充裕的时间照顾老人，尤其是失智失能的老人，而养老机构了用专业的护理人员和医疗人员，能为老人提供免费的康复护理和卫生保健。不仅如此，相比老人独自待在家中，养老院中有大量同龄群体，老人们能够相处融洽，可以相互培养兴趣、发展爱好、消除孤独感。山东省 PPP 模式养老项目建设恰能为老年群体提供这样一个价格低廉、质量优越、能够和同龄群体相互交流的平台。

最后，虽然居家养老仍占据我国养老体系的主导地位，但随着社会观念的改变，机构养老将普遍为老年群体所接受。由于国家计划生育政策的推行和家庭结构的转变，老年群体能够理解其子女沉重的赡养负担，“养儿防老”的传统观念逐渐淡出了人们的视野，取而代之的西方的养老观念的渐进，这往往形成更注重享受二人生活的独立家庭，他们并不会强加子女对自己的养老义务。因此从社会观念转变的角度上看，山东省养老产业的 PPP 模式建设是不受传统“孝文化”妨碍的。

（七）山东养老产业 PPP 建设的潜在威胁分析

山东省养老事业 PPP 模式建设虽然得到政策支持，但目前其发展道路并不平顺，在建设运营的阶段中仍面临若干需要阶段的难题，倘若难以解决，势必成为山东省养老事业发展的阻碍因素。

首先，山东 PPP 养老项目实际运营中仍存在养老服务供给质量有待提升、数量不到位、养老服务设备简陋单一的问题。根据党的十九大报告精神分析，养老领域面临的主要矛盾是人民日益增长的对美好的养老服务的向往同不全面、不充分养老供给发展的之间的矛盾，尤其在县级 PPP 模式养老机构，由于投入成本较低、政府补助较低、政策关注较低，其发展质量水平和城市 PPP 养老项目质量水平存在巨大差距，目前这种养老服务供给质量、数量、配置的地域不平衡、不全面短时间很难得到缓解。

其次，虽然山东是人口大省，但目前急剧缺乏养老服务的专业人才，这在山东养老项目 PPP 建设中成为其难以跨越的短板。掌握专业养老知识和服务技能的护理人员数量的短缺和养老服务人员流动性较大是目前山东省养老服务市场的普遍问题，在山东省 PPP 养老项目整体处于初级阶段，投资成本居高不下的同时盈利微弱，养老机构服务人员工作时间长、工作强度大工薪待遇偏低，因此市场上养老服务人员普遍偏少。

此外，目前山东省公共养老服务产业建设存在床位数量严重的短缺。山东省 PPP 模式养老项目仍是属于刚起步阶段，项目建设数量少、规模小，虽然山东巨大的养老需求急不可待，但 PPP 模式养老项目完全成熟以大规模养老业务建设仍有很长道路要走，做养老产业既不能滞缓不前，也不能急于求成，

PPP 模式下养老产业的建设是我国市场经济体制下 PPP 模式实践的典型代表，由山东 PPP 项目养老床位短缺，即表明我国的 PPP 模式探索和实践仍然是任重而道远。

（八）国外老龄化经验借鉴与政策启示

近些年来，国外老龄化和少子化愈发成为普遍趋势，尤其是众多发达国家，和中国人口结构相似的是 20 世纪日本，虽然中国人口老龄化发展晚于日本，但是从中国与日本老龄化发展结构曲线来看，两者的老龄化进程是高度相似的，因为日本是一个发达国家，城市化率比较高。2012 年的数据大概 66% 的日本老人养老情况同样不容乐观，战后的经济繁荣和大规模婴儿潮延及至今成为老龄负担，日本每年公共财政的 23.8%用于养老产业的各项支出，其中包括退休基金发放、养老补助、医疗保健、卫生护理、老年安全保险等众多项目。

目前日本养老产业已初成规模，拥有较为先进的服务设备和个性化养老项目配套选择。截至目前，日本养老产业四大养老机构，分别为住友养老关爱株式协会、美菱养老康复医疗院、镰仓康复中心医院、日本申江福祉会。在日本入住养老机构花费的费用并不高，大部分由日本厚生劳动省拨款资助，但近 7 成老年人未接受机构养老服务，这些老年群体大多选择兴趣爱好潜心研究，或者选择自由职业进行再就业，这与我国情况截然不同。

作为人口结构典型的分析案例，日本实际上已经面临超级老龄社会。截至 2016 年底，日本老年人口比例已达到 22.7%，即每 5 个日本人就有一个是年龄在 65 周岁以上的老人。预计 2050 年人口净增长为-13.4%，在超高型老龄化和少子化的双重压力下，控制人口总量缩减成为日本必须面临的重要难题。第二点，是老年痴呆症（阿尔茨海默病）人数急速增长，2012 年达 462 万人，到 2025 年将突破 700 万人。而目前日本专业养老服务人员缺口达 25 万人，预计 2035 年日本养老服务人员对老龄人数比例将达到 1∶18 的比例，当下日本卫生保健与护理照料的成本因此大幅增加，日本患病老年人口照护既属于日本政府公共事业，也属于日本全社会公益事业，加快老年服务的对口专业人才培养成为日本社会运营效率有效途径之一。基于以上情况日本政府和民间资本实质上从 21 世纪初就开始建设多元化的养老机构和老年服务人才培养方案。

日本养老产业模式基本可分为三种类型：第一种是镰仓的多功能定制化养老项目。这类养老机构采用居家养老和短期入住双重功能，该类型能够通常定期上门服务，实现标准化配置供给服务。第二类是京都的千鸟山庄，老人被安排于固定的养老地点，老人的活动空间较为集中，方便养老服务单位统筹安排，收费较少。第三种是酒店式养老机构，该类型主要针对高收入老年人群，享受独立宽敞的私人空间，机构设于风景区，足不出户即可欣赏美丽的山景，同时享有专人长期性的照料服务，是日本养老服务项目中的顶级配置。由此可见国外机构养老模式多元化和市场化已经发展成熟、颇具规模了。

四、山东养老服务产业 PPP 建设对策建议与政策展望

（一）金融市场：拓宽融资渠道、优化产业规模

在山东省全面迈入老龄化社会的背景下，养老金融体系仍不健全成为制约山东养老项目建设的重要因素。众所周知，金融是加快实体经济发展的催化剂，而养老金融则是加快养老产业经济发展的催化剂，但目前养老项目集融资制度仍未健全，成为山东养老事业建设发展滞缓的重要原因。PPP 模式不仅是一种合作建设模式，更是一种集融资模式，PPP 养老项目虽然较公共养老机构和民营养老机构集融资渠道较为多样，但事实上 PPP 养老项目提供一种准公共养老服务产品和纯粹的公共养老服务产品，因此这注定其公益性大于盈利性。从这角度来讲，PPP 养老项目较之私营养老机构，其民间融资能力极为有限。

按照目前山东养老服务需求发展趋势，仅局限于鼓励和引导社会资本参与公共养老建设项目远远不能满足公众养老的需求。加快养老金融市场的完善发展、推动养老项目融资渠道多样化为保障山东养老服务供需平衡发展的关键。

山东各级政府应重视养老金融体系建立和完善，加快培育直接融资和间接融资“双轮驱动”PPP 养老产业的金融环境。地方政府宜协调公共金融机构相关信贷政策，适当调整国开行等政策性银行的公共事业贷款利率，甚至对于养老服务贡献特别大的项目可采取政府贴息贷款的渠道予以支持。加快盘活民间资本参与公共养老服务事业，适当借助政府信用背书、项目股权质押等多种形式鼓励和引导商业银行、保险机构、证券公司等金融机构参与到 PPP 养老项目的融资建设中来。加快养老金融产品创新，进一步建立和完善养老项目债券发行、养老项目股权转让、养老项目私募股权基金、养老项目资产证券化、养老产业基金等多位一体的养老金融体系。政府资管部门宜适当降低外资准入门槛，适当放宽养老债券审核标准、适当拓宽 PPP 养老产业信贷抵押物担保范围，构建山东省多层次的养老服务金融支持体系。

（二）养老机构：重视服务质量、增强服务效益

目前山东养老项目 PPP 模式建设仍未形成成熟的建设体系，各地市 PPP

养老项目建设和运营质量参差不齐，过度追求养老项目建设规模和速度，导致养老机构往往忽视提升养老服务质量。建设 PPP 养老项目的本质是要最大效度得发挥公共养老产品的公益性而并非盈利性，但目前山东省 PPP 养老项目普遍缺乏运营服务中的人文关怀，在大的社会环境下，PPP 养老项目和公办机构应高度关注养老服务质量、持续增强养老服务的社会效益。

提升 PPP 项目的养老服务首先必须向民营养老机构建设和营运标准看齐，不断提升 PPP 养老项目管理人员和护理人员的效率意识、服务意识、责任意识，同时 PPP 养老机构遵循养老市场规律，发挥社会资本和政府协调的“双轨制”的优势，以用户满意度来衡量 PPP 项目的建设绩效，树立 PPP 养老项目的品牌意识以争做养老领域的带头羊。

其次要提升养老服务质量就必须注重养老基础设施配建。PPP 养老机构必须定期进行养老设备的配置和更新，建设老年人生活、文娱、康复、护理的二期配套项目，构建扁平化管理和护理团队以实现每位老人的供养全面覆盖。同时山东省各地 PPP 养老机构宜参照国家机构养老示范基地的关键指标建立健全其所辖地域基层养老服务站点，加快养老机构与医疗机构业务合作机制。针对特困供养老人，PPP 养老项目宜与当地政府部门、公共养老机构进行协调磋商，保障特困供养老人、老有所养，承担特殊公益组织的保障人民群众基本权利的社会责任。

最后是制约山东 PPP 养老服务的发展又一因素是养老服务的专业人员极为短缺，加快建设山东省 PPP 模式养老事业就必须加速培养养老服务专业人才。养老行业体系内应该完善对于养老服务人才的工薪待遇，PPP 养老项目宜在高校实现“老年服务与管理”的校企办学，加快培养养老领域的专业人才，同时针对在职养老服务员工应定期进行培训和考核，以此提升山东养老机构服务质量的提升。

（三）政府部门：因势利导建设、配合市场运营

PPP 养老项目建设和运营的最终目的是实现公共养老产品和准公共养老产品及服务的充分供给，传统上政府是配置公共产品的唯一途径，但 PPP 养老项目引入社会资本、融入了市场机制，这导致其传统政府针对公共产品的单纯行政配置途径已经行不通了。因此山东省养老项目建设和运营中，各级地方政府应遵循市场发展规律，发挥因势利导、因地制宜的养老产业政策。在保障项目公益性发展的前提下，让市场成为养老资源配置的主体，只有在 PPP 养老项目出现“市场失灵”的现象时，政府宜适当干预调控，保障其顺利渡过经营困境。在正常运营期间，政府应明确责任权限，对 PPP 养老项目建设和

运营既要坚持“自负盈亏、不兜底线”的原则，又要避免行政干预、计划指标的模式。

政府应全面加强建设运营监管。PPP养老项目是关系到牵涉人民群众切身利益的重大基础民生工程，政府是PPP养老项目建设质量和运营效率最坚实监管主体，必须全面加强制度化监管和常态化监管，重点补齐地市级、区县级PPP养老项目的监管短板，以保障企业运营遵守相关政策法规。同时政府资管部门应建立社会成员共同监督、社会组织参与共同监管的机制，并委托第三方财务组织审核查验，坚决打击造成公共资产流失、挪用公共财产等违法违纪行为。同时定期开展对PPP养老项目进行资产审核、财务认证等常规的监管活动，建立PPP养老项目定期监管与动态监管联动机制，重视金融资产的会计账务监管，坚决避免PPP养老项目脱实就虚、流于形式。全面加强山东省PPP养老项目建设运营监管力度，推动山东省养老服务事业健康、可持续的发展，促进山东省PPP养老产业运营绩效和服务质量的提升。

目前山东省PPP养老服务产业仍处于初级建设阶段，山东省各级政府宜针对PPP养老项目制定因势利导的产业政策、适度加强养老事业的扶持力度、全面放开社会资本参与公共养老事业的限制、不断深化公共养老事业建设机制改革。山东省各地养老机构普遍面临的经营难、用人难、准入难的问题，地方政府资管部门应与财政部门协同配合，为养老机构解决资金、渠道、人才等方面的难题，加快养老产业政策落实督导，深入细化养老服务政策，在拿地资金、财政补贴、税费减免、审核流程等方面予以适当让渡倾向，以此加快山东省PPP养老项目落地运营。

（四）山东省PPP养老服务项目建设运营的政策展望

近些年来，我国养老服务产业伴随人口老龄化现象开始蓬勃发展，但目前无论是从数量还是从质量到难以满足养老服务的总需求，因此党的十八大提出“要积极应对人口老龄化，大力推进养老服务事业和产业发展”，国务院明确要求将建立“以居家为基础、社区为依托、机构为支撑”的养老服务体系，因此养老服务产业发展必然是未来很长时间的重大战略机遇。

在全面深化经济体制改革和供给侧结构性改革的背景下，坚持以习近平新时代中国特色社会主义经济思想为指导，不断探索和发展营造养老产业顺畅发展的经济环境，创新和完善PPP模式养老项目金融集资制度，夯实养老服务项目建设公益性基础，积极妥善做好社会公众对养老服务多样化、特色化、优质化的需求，遵循市场配置机制调控目前的养老服务供给和需求的严重错配问题。

山东各级政府应精准细化宏观养老政策，针对地域养老需求质量和数量的实际情况，实现养老供给的精准对接、精准发力，密切结合医养结合、高龄补贴、长期护理试点等新型养老方式发展 PPP 养老项目，借助公私合营、政府购买、股权转让、委托代理等项目运营方式为重要抓手实现养老服务项目社会效益、资金配置、运营效率、营业收益的最大化。

PPP 项目的合作双方政府资管部门和社会资本应抓住产业扶持的重大机遇，政府宜鼓励养老项目的连锁经营与集团化发展，PPP 项目运营公司应注重养老服务的供给质量以此实现品牌化战略、迈入国际化道路。金融监管机构将适时放宽外资准入门槛以此唤醒养老资本市场活力，现行养老事业应加快与“大健康”产业、P2P 金融、互联网大数据紧密结合，实现“智慧养老”的发展战略。同时积极借鉴欧美老龄化国家养老事业发展经验，这是目前我国发展后发跟踪优势。建设新时代中国特色社会主义养老事业需要政府、市场、社会等多主体积极参与以构建我国多层次养老保障体系，当下山东养老产业宜铆足改革精神，积蓄 PPP 养老项目发展的后续力量，打赢养老服务供需平衡攻坚战。

五、总结反思与研究展望

在我国社会人口老龄化背景下养老问题日趋严峻，这成为当前亟待解决的重大社会民生问题，而山东省作为老龄化严重的省份，目前其养老产业供需矛盾亦极为显著。基于加快山东省养老产业发展均衡化、现代化、规范化的基本目标，将公私合营伙伴关系（PPP 模式）引入养老产业成为多元格局下推动准公共产品服务供给的典型代表。山东养老产业 PPP 模式应用加快养老服务的供给主体多元化、供给数量规模化，为以居家为基础、社区为依托、机构为支撑的养老服务体系建立奠定了基础。

山东省 PPP 模式养老产业已进入攻坚克难的关键阶段，既面临前所未有的发展优势和机遇前景，也面临巨大发展瓶颈和威胁挑战。因此研究团队基于 SWOT 分析方法从优势、劣势、机遇、威胁入手探析当前山东省 PPP 模式养老产业的发展情况。从发展优势（Strength）方面审视山东养老产业建设 PPP 模式应用，其首要优势是将充裕的社会资本引入到公共服务领域，缓解了山东省各级政府的财政负担，其次是降低了山东省公共养老事业的发展成本，而且加快了公共养老服务产品的市场化运作。从发展瓶颈（Weakness）方面审视山东养老产业建设 PPP 模式应用，目前山东省 PPP 养老产业发展仍面临政府资管部门过度干预扭曲养老市场的问题，社会资本投资养老福利事业的热情并不高的问题，地方政府对 PPP 模式养老机构扶持政策较弱及山东省养老产业的 PPP 模式运营往往会出现定价机制不合理问题、违背公共产品公益性原则的问题。从机遇前景（Opportunity）方面审视山东养老产业建设 PPP 模式应用，老龄化背景为养老产业 PPP 建设将具有广阔的市场前景，同时山东省公办和公私合办性质的养老产业院较为稀缺，PPP 养老项目的商业竞争小、竞争优势大。此外城市生活快节奏让居家赡养成为难题，这也为 PPP 机构养老提供了重大的时代机遇，最后是传统“养儿防老”的社会观念逐渐淡化，人们开始愈加接受机构养老的方式。从威胁挑战（Threat）方面审视山东养老产业建设 PPP 模式应用，山东 PPP 养老项目实际运营中仍存在养老服务供给质量有待提升、数量不到位、养老服务设备简陋单一的问题，目前养老行业普遍缺乏护理服务的专业人才。此外，山东省 PPP 养老服务项目建设存在床位数量严重的短缺亦成为当前亟待解决的问题。

针对山东 PPP 养老项目发展瓶颈（Weakness）和威胁挑战（Threat），其解决路径总体可以概述为金融市场、养老机构和政府部门协调发力、分工实施。金融市场要持续拓宽融资渠道、优化产业规模，积极鼓励和引导社会资本参与公共养老建设，加快培育山东省 PPP 养老产业直接融资和间接融资“双轮驱动”的金融环境，为山东省养老事业顺畅发展提供强大驱动力。养老机构必须重视服务质量、增强服务效益，必须向民营养老机构建设和营运标准看齐，不断提升 PPP 养老项目管理人员和护理人员的效率意识、服务意识、责任意识；同时提升养老服务质量就必须注重养老基础设施配建；加快建设山东省 PPP 模式养老事业就必须加速培养养老服务专业人才。各地政府部门应发挥因势利导的建设作用、助推市场良性运营各级地方政府应遵循市场发展规律，发挥因势利导、因地制宜的养老产业政策；同时亦需全面加强制度化监管和常态化监管，为山东养老产业结构优化升级提供制度保障。

目前山东养老产业正处于蓬勃发展的关键时期，PPP 项目建设运营需抓住时代机遇，紧密结合了公共养老的特性和私人养老机构的优点，坚持公共物品及服务供给公益性原则和市场运营效率化原则，相信未来山东养老服务事业将会发挥优势、改进劣势、把握机会、规避威胁，势必为山东省老龄化问题的解决提供强大动力。

参考文献

［1］David Shulman and Ruth Galanter（1976）. Reorganizing the Nursing Home Industry：A Proposal. *The Milbank Memorial Fund Quarterly. Health and Society*，Vol. 54，No. 55—62 1976），pp. 129—143. Retrieved August 12，2010，from http：// www. jstor. org/stable/3349584.

[2] R. Ebner, W. E. Featherstone. How well can online GPS PPP post-processing services be used to establish geodetic survey control networks? [J]. *Journal of Applied Geodesy*, 2008, 2 (3) .

[3] Garrett Seepersad, Sunil Bisnath. Challenges in Assessing PPP Performance [J]. *Journal of Applied Geodesy*, 2014, 8 (3) .

[4] Akram Afifi, Ahmed El-Rabbany. An Innovative Dual Frequency PPP Model for Combined GPS/Galileo Observations [J]. *Journal of Applied Geodesy*, 2015, 9 (1) .

[5] Ken Harima, Suelynn Choy, Chris Rizos, Satoshi Kogure. An investigation into the performance of real-time GPS + GLONASS Precise Point Positioning (PPP) in New Zealand [J]. *Journal of Applied Geodesy*, 2017, 11 (3) .

[6] Byung-Kyu Choi, Hasu Yoon. Positioning stability improvement with inter-system biases on multi-GNSS PPP [J]. *Journal of Applied Geodesy*, 2018, 12 (3) .

[7] Ohara Shigenobu. Engineering and Finance Integration in Program Business: Applications of P2M Theories to PPP Type Inclusive Development [J]. *Journal of International Association of Project & Program Management*, 2010, 5 (1) .

[8] 胡桂祥，王倩．PPP 模式应用于养老机构建设的必要性与应用条件分〔J〕．建筑经济，2012；(2) 101—4.

[9] 余阵，秦虹．中国城市公用事业绿皮书——公私合作的中国试验〔M〕．上海：上海人民出版社，2005：80—1.

[10] 陈叔红．养老服务与产业发展 [M]．长沙：湖南人民出版社，2007：111—121.

[11] 关鑫．破解老龄服务项目建设资金瓶颈 [J]．党政干部学刊，2013，(02)：50—52.

[12] 侯东岳．解决老龄服务项目建设资金需求的金融途径 [J]．大连干部学刊，2013，(02)：49—51.

[13] 杨怀，积极推动内蒙古养老产业发展 [J]，内蒙古统计，2012，(03)：9—10.

[14] 程养林，民间资本投资与“养老”问题研究——以广东省江门市为例 [J]，中国商贸，2013，(13)：188—190.

[15] 周迪雯．PPP 模式应用于我国社会养老机构建设的必要性与可行性

分析［J］．商，2016，(07)：73.

［16］梁舰，PPP 模式如何与养老服务产业对接［J］中国建设信息化，2016，(16)：31—35

［17］崔晨丹．PPP 模式下养老机构建设问题研究——基于河北省唐山市的调研［J］．河北企业，2016，(06)：92—94.

［18］朱圣渊：中国养老地产项目融资组合研究［D］. 华东师范大学，2015.

［19］陈懿嘉：以 PPP 模式进行养老产业投资的探究［D］. 苏州大学，2015.

［19］黄雅琪、储星星：云南省养老产业投融资渠道优化措施的分析［J］. 现代经济信息，2014（17）.

［20］彭鲁莎：中国养老服务产业融资模式研究［D］. 湖南科技大学，2014.

［21］盛和太，王守清，黄 硕．PPP 项目公司的股权结构及其在某养老项目中的应用［J］. 工程管理学报，2011；25（ 4）：388—92.

［22］任琦鹏，杨青 . PPP 用于不同地域养老院的风险评价模型［J］. 工程管理学报，2012；(4)：45—9.

［23］董红亚．中国政府养老服务发展历程及经验启示〔J〕. 人口与发展，2010；(5)：83—7.

［24］万江，余涵，吴茵．国外养老模式比较研究〔J〕．南方建筑，2013；(2)：77—81.

［25］沈宇征．加拿大养老基金投资基础设施的 PPP 模式分析及其对中国的启示［D］. 西南财经大学，2013.

［26］刘金金，马瑛，余炜 . PPP 模式在临沂市社区居家养老中的应用研究［J］. 环境与可持续发展，2016，41（06）：200—202.

［27］桑培东，陈晓蓁．基于 PPP 模式的我国养老地产发展模式［J］. 工程建设与设计，2016（07）：173—175.

调研问卷

尊敬的先生/女士：

您好！

我们是山东青年政治学院养老产业课题组的调研成员，首先感谢您能在百忙之中抽出时间配合我们的调查工作，这份调查问卷旨在了解社会公众对公私合办养老机构的认可度和评价，调研结果完全用于养老产业学术研究，不涉及个人信息，为此，我们希望能够得到你们的回答与帮助，请您放心作答。

1. 您的年龄阶段为？

☞40—49　　☞50—59　　☞60—69　　☞70 岁以上

2. 您是否愿意居住养老院？

☞愿意　　☞不愿意

3. 您目前是否居住过养老院？

☞居住过　　☞没居住过

4. 您周围的亲戚、朋友、邻居是否有居住过养老院的？

☞有的　　☞没有

5. 您觉得您更适合哪种养老方式？

☞社区养老　　☞居家养老　　☞家庭养老

6. 您是否听说过公私合办的养老院？

☞有的　　☞没有

7. 您认为公办养老院、民办养老院、公私合办养老院哪个更符合您？

☞公办养老院　　☞民办养老院　　☞公私合办养老院

8. 居住在养老院您更看重的是什么？

☞居住环境　　☞服务质量　　☞服务价位　　☞其他______

9. 居住公私合办养老院您持有什么态度？

☞不放心其服务质量和服务标准　　☞会比公办养老院的服务周到

☞会比民办养老院服务周到　　☞其他

10. 对于公私合办养老院费用您的可接受范围是？

☞1000—1999/月　　☞2000—2999/每月

☞3000—3999/每月　　☞其他______

11. 您的子女是否有时间照顾您？

☞有时间　　☞没时间

12. 您目前的经济来源为？

☞退休金　　☞子女赡养　　☞自己劳动所得　　☞其他收入来源

13. 如果您（或您的长辈）选择社区居家养老，需要哪些服务？【多选】

☞A. 生活照料　　☞B. 餐饮服务　　☞C. 室外活动陪护

☐ D. 健康体检　　☐ E. 康复保健　　☞F. 临终关怀

☞G. 精神慰藉　　☞H. 日常生活　　☞L. 其他______

13. 您对目前公私合办养老院还有什么建议或意见？

____

____

感谢您的配合与支持，衷心地祝您生活愉快、身体健康、阖家欢乐。

人口老龄化背景下养老服务产业 PPP 模式路径探析
——大学生创新项目课题调研实践访谈提纲

尊敬的先生/女生

您好!

为加快我国人口老龄化社会背景下养老服务供需平衡、加强养老服务产业优化升级、推动我国 PPP 模式养老产业的顺畅发展，本团队依托大学生创新项目实践调研活动，开展对养老服务产业的系统分析和研究。本次访谈仅用于学术理论研究，不涉及贵公司任何商业机密，请您放心回答，谢谢您的配合。

问：王主任，您好。请您简单介绍一下您的养老机构?

答：你好。我现在工作的养老机构是海棠湾温泉医养融合连锁项目，项目建设于章丘区朱家峪风景区内，总占地面积约合 630 亩，其中建筑面积达 72600 平方米。同时项目也是目前山东最早的一批 PPP 养老试点工程项目。目前本养老机构养老老人超过 300 位，预计未来还会增加。

问：请您谈谈山东省机构养老的发展趋势?

答：虽然这方面我也不太专业，既然你问了，那我就谈谈吧。目前我省老人 90%是以居家养老为主，机构养老只是辅助工具。但在山东目前人口老龄化的情况，老人赡养压力很大。有很多子女来我们养老项目查看，发现现在的养老院并不是他们想象中的服务差、待遇差的情况，我们对老人照顾很用心。子女很能接受，老人也开始接受，山东机构养老这块会有更好发展。

问：请问您所在的养老机构在经营发展中是否面临困境?

答：要是困境呢，我们也是面临过。刚开始经营的时候，工程建设费用高，曾经一度资金短缺，我想这是我们遇到最大的困难。但慢慢就开始好起来啦，毕竟老人也开始多了嘛。

问：您认为目前政府部门应出台怎样的养老政策助力养老事业的发展?

答：政府更应该做好顶层设计，做好政策监督，有的政策听起来好，咱养老机构受益，老人也受益，可是到基层真的施行起来，那是算变了味。我们就希望政府切实多点扶持、多点补贴，做养老是真不容易呢。

问：您怎样看待目前 PPP 养老项目的建设设计?

答：总的来说现在的养老建设还挺好吧，虽然慢是慢点，但也不能一口气吃个胖子，比如说投资吧，基本没有啥金融机构会给你融资，觉得你 PPP 项目能赚钱嘛，说不准，不过目前机构靠政府补贴也是可以维持，等将来发展起来，算是总会好的。

问：您认为现在哪种养老项目更适应养老现状？

答：我觉得居家养老和机构养老都可以，家里没时间照顾老人就来养老院住着，家里老人年纪不大，就不建议在养老院啦，毕竟目前来说公办养老院、包括 PPP 养老院都是床位供不应求。

问：请问现在养老服务专业人才是怎样的状况？

答：现在学养老服务的人很少，有养老服务工作经验的人也很少，我们机构刚成立的时候找不到人，只能从人才市场找没有经验的护工开做。不过现在稍微可以啦，能和一些高校签订就业合同，一些大学就给我们培养养老服务的专业人才。

特别致谢

行文至此，意味着我团队创新项目“人口老龄化背景下山东省养老服务产业 PPP 模式的路径探析——基于 SWOT 分析模型视域”已经接近尾声。回首为期一整年的调研实践和报告撰写，内心充满了感激、感动和感恩。

首先要感谢我项目团队的两位指导老师于其欣老师、韩瑶老师。于其欣老师担任我校政治与公共管理学院党总支书记，于老师待人和善、治学严谨，在学院行政、学生教学、学术科研等工作之余，不辞辛苦专门多次抽出下班时间对我团队资料分析、实践规划、报告撰写等方面详加指导。韩瑶老师从项目申报到结项撰写的整个过程全程指导参与。韩老师学识渊博、涉猎广泛、热情友善、品德高尚，从本团队创新项目的选题论证，到初稿完成后老师一遍遍地给出修改意见，再到现在学术报告的完成结项，韩老师悉心指导、垂询雅正。一路走来，两位老师倾注了很多的心血。值此创新结项学术报告完成之季，再次向两位指导老师致以我团队最诚挚的谢意。

本论文亦为 2017—2018 年度本科学年论文，因此同样感谢我的学年论文指导老师刘庆顺教授对本报告的悉心指导。刘老师系我校公共事业管理教研室主任，刘老师学术造诣高深、专业理论丰富，在论文写作过程中对学生诲人不倦、春风化雨，针对该学年论文的立意、行文多次垂询雅正，再次向刘老师表示衷心的感谢。

其次，要感谢在学术报告撰写中给予团队学术建议的老师，其中包括臧文杰主任、周青梅教授、韩芳丽老师、陈越男老师等。虽然未担任团队指导老师，诸位老师不吝赐教、悉心指导，从公共管理学、产业经济学、社会保障学、社会学等多视角予以分析指导，使团队能够清晰脉络思路、完善学术理论、丰富报告内容。做出本篇学术报告可以说离不开诸位老师的指导，在此团队成员对诸位老师表示最真挚的感谢。

另外，非常感谢章丘区海棠湾温泉养老服务中心的王芸女士、济南科达智慧健康养老服务有限责任公司胡传明先生、历程区姚山峪生态养老服务中心刘贺琪先生给予的大力支持。王芸女士、胡传明先生、刘贺琪先生不仅热情接待了团队的实践采访，而且提供实时资讯、商业数据、现行状况、行业前景等重要资料，在此我团队对三位业界老师表示最诚挚的感谢。

此外，非常感谢团队在问卷调研和咨询访谈中积极配合的老年人士。正是由于访谈对象的积极配合让我们团队成员更有信心地做下去，正是由于访谈对象的积极配合让我们对现行 PPP 模式养老有了更加深入的了解和认识，正是由于访谈对象的积极配合使我们获得了充足的一手资料，得以对山东省内养老产业具体分析，在此我团队对所有受访老人表示最诚挚的感谢，并衷心祝他们颐养天年、福懿长存。

最后，非常感谢对我团队结项报告做出评阅和提供建议的答辩委员会老师们，相比其他团队结项报告，本报告内容量较多，涉及理论体系较为烦琐，审阅批改亦耗费答辩委员会老师更多时间和精力，在此团队成员向您说一声，辛苦了！衷心地感谢您对本篇报告做出的评阅和提供。

“互联网+”背景下如何实现对新型农村社区公共服务精准化供给的创新型路径探究调研

团队负责人：吴学良　　指导教师：乔海波
团队成员：李宏恩

一、项目背景

2018年8月20日，中国互联网信息中心发布的《第42次互联网发展状况统计报告》显示，截至2018年6月30日，我国网民规模达8.02亿，互联网普及率达到57.7%。

截至2018年6月，我国农村网民规模为2.11亿，占整体网民的26.3%，较2017年末增加204万人，增幅为1.0%；城镇网民规模为5.91亿，占比达73.7%，较2017年末增加2764万人，增幅为4.9%。我国在经济不断发展的同时，大力推进城镇化进程，城镇人口不断增加，移动网络资源的使用已经越来越普及，截至2018年6月，我国城镇地区互联网普及率为72.7%，农村地区互联网普及率为36.5%，相比于2017年，普及率均有所提升。如图可知，相对于广大的农村地区来说，城镇地区互联网普及率要远高于农村地区。

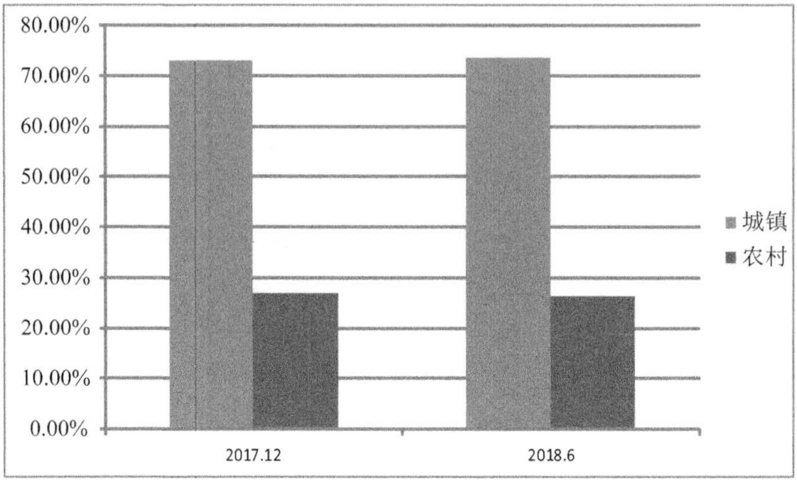

图 1　中国网民城乡结构

二、项目目的

伴随互联网+产业的日益成熟，笔者为更好地推进农村公共服务供给，发挥云计算、网络资源的精准作用，以公共产品供给理论、公共选择理论、马斯洛需求层次论等相关理论为指导，通过对样本社区——德州禹城市房寺镇形店社区的实地走访与问卷调研，分析该新型农村社区公共服务供给的现存问题。与此同时，通过借鉴发达国家农村公共服务精准化供给相关成熟经验，在此基础上，提出现阶段我国新型农村社区公共服务如何充分利用互联网优势实现精准化供给。运用软件 IBM SPSS Statistics 进行分析，为我省新型农村社区更好推进公共服务发展提出有效措施和建议。

三、项目内容

（一）项目概述

近年来，互联网+理念日益渗透进各行各业，“互联网+商业”“互联网+服务业”等等，近些年来，新型农村社区建设在全国范围内开展起来，但是，农村公共产品及公共服务的供给存在着供需不匹配、供给效率低的问题，本项目通过调研新型农村社区及当地乡镇政府，对当前农村社区服务供给进行调研，以期为乡镇政府利用互联网实现公共服务精准化供给提出可行性建议。

（二）项目创新点

1. 理论研究视角创新："互联网+"作为一个热门话题，虽然引起了学术界的广泛关注，但是，目前学术界对将"互联网+"模式运用到农村社区公共服务供给中来进行研究的成果相对较少，本项目运用社会支持理论及社区公共服务供给理论进行研究；

2. 研究的切入点新：本项目选取德州禹城市房寺镇大程社区、邢店社区及济南市周围新型农村小区为切入点进行实证调研，另外，强调对政府"掌舵者"角色的调研。实证分析在"互联网+"背景下社区服务组织及政府利用互联网实现对新型农村社区公共服务精准化供给的创新型途径；

3. "互联网+"背景下，探究实现新型农村社区公共服务资源的链接、整合与优化；可以探索全民参与社区公共服务的新途径，实现社区居民对社区公共服务供给的精准化认领。

（三）调研经历

1. 深入了解调研项目、梳理文献、奠定调研基础

调研初期，通过查阅相关资料与书籍对公共视角理论进行梳理，深刻理解公共视角的核心内涵，探究公共服务与精准化供给视角与"公共服务精准化供给"在现实操作过程中的联系，为后续研究奠定理论基础。其次调研团队成员首先通过查阅相关文献，利用各种渠道分专题广泛查阅相关理论资料，深刻解读相关文件及政策，进行文献资料的梳理与了解。

2. 组内充分讨论、分工合作、提高调研效率

我们在现代公共政策理论指导下，以公共政策涉及的责任主体和反馈主体为基础，设计了《新型农村社区公共服务精准化供给调查问卷》和访谈提纲，并且探讨并制定走访地点和区域。经过严谨的讨论我们小组决定在社会调查过程中主要采用问卷调查法和访问调查法。

3. 缜密整理、细致比对、保证调研成效

本次调研因为选取样本调查地为两个社区，故问卷发放数量较少，共发放问卷150份，其中城市社区50份，农村社区100份，问卷回收率100%；获取有效问卷146份，有效率97.3%，其中城市社区49份，有效率98%，农村区域97份，有效率97.0%。

首先，通过查阅资料，梳理了当前城市社区及新型农村社区公共服务供给现状，概述了我省对于公共服务供给模式的发展现状，同时，对样本调查地区的公共服务供给现状进行了初步分析。其次，基于调研数据，一是从样本调查

地区乡镇服务政府的公共服务能力建设等方面系统地分析了供给现状；二是对样本调查地区居民公共服务需求进行了分析；三是根据本次调研实际情况，采用计量统计模型（多元线性回归、Logistic 回归模型）对此进行了研究，形成了《“互联网+”背景下新型农村社区公共服务供给创新型路径探究调研报告》。

（四）项目目标

1. “互联网+”背景下新型农村社区居民参与社区活动及服务供给的基本规律、现状、趋势。

2. 探究在“互联网+”背景下，实现新型农村社区公共服务精准化供给的创兴型途径。

3. “互联网+”背景下，实现社区公共服务资源链接、整合与优化的实施路径。

4. 针对当前“互联网+”社区公共服务供给过程的情况，提出可行性建议，进而创新社区公共服务精准化建设与“互联网+”的有效融合与空间拓展，从而提升公共服务供给的效率。

5. 撰写《“互联网+”背景下新型农村社区实现公共服务精准化的创新型路径探究》研究报告。

四、项目方法

（一）文献研究法

团队成员通过搜索查阅相关书籍、期刊论文、访问相关网站等方法检索互联网+、公共服务供给等关键词，对现今政府对社区居民公共服务供给相关理论进行了研究，大量的文献阅读支撑本次调研及本文的撰写。

（二）访谈法

通过对新型农村社区以及相关政府部门的访谈，了解目前供给现状，通过对乡镇政府部门工作人员的访谈，实地了解乡镇政府部门在服务供给过程中遇到的问题及对公共服务精准化供给的具体考虑以及下一步做法

（三）实地考察法

团队成员实地走访样本调查地，探析社区对公共服务发展的应对方法及目前发展现状。

（四）问卷调查法

为运用科学的方法探析影响网约车实际发展过程中的各因素及地方政府对服务供给的主要考虑，为提高分析的可信度，设计《新型农村社区公共服务供给调查问卷》，并在样本调查地发放问卷。之后，在数据收集和整理的基础上，获得了关于公共服务供给等方面基础资料，然后对主要变量因素相关性统计分析，通过设计问题、发放问卷进行调查，团队成员再使用 IBM SPSS Statistics 软件对调查得到的问卷数据进行处理分析。

五、项目结果

政治与公共管理学院"互联网+"公共服务调研团队依托公共事业管理专业、社会工作专业深入德州禹城市等地的新型农村社区进行调研，以期为当地乡镇政府利用互联网实现公共服务精准化供给提出可行性建议。

"互联网+"背景下城市社区的公共服务供给目前已经处于较成熟完善阶段，当前，在济南、德州等城市社区里已经普及互联网终端设备的使用，比如新建的"智慧社区"、社区微信公众号、QQ 群等。

"互联网+"社区公共服务精准化供给是一种基于当下区域网络及网络平台资源的一种新型公共服务供给模式，通过社区居民对移动网络设备的使用进而将社区居民通过虚拟网络结合在一起，通过及时了解居民的最新需求从而为社区居民提供契合的公共服务。在过去的几年时间里，山东省广大农村地区通过社区重构成立了新型农村社区（万民社区），附近村庄通过聚合而形成新型农村社区，对于新型社区的形成，相对应的公共服务供给体系也逐步建立起来，目前调研的大多数新型农村社区依然采用传统的公共服务供给体系，通过地方乡镇政府提供社区公园、娱乐场地、村卫生室等服务来满足社区居民的公共需求，

截至 2018 年 6 月，我国网民规模达到 8.06 亿。随着互联网时代的到来，各地经济水平的提升、社会结构的变迁、生活方式的改变等多方面因素，基层群众对公共服务的需求也呈现出个性化、多样化的趋势。如何利用日益完善的互联网技术，推动实现服务群众技术手段与服务模式的创新，让群众生产生活得到更方便快捷的公共服务，已成为摆在各级政府面前一个十分迫切的工作任务。

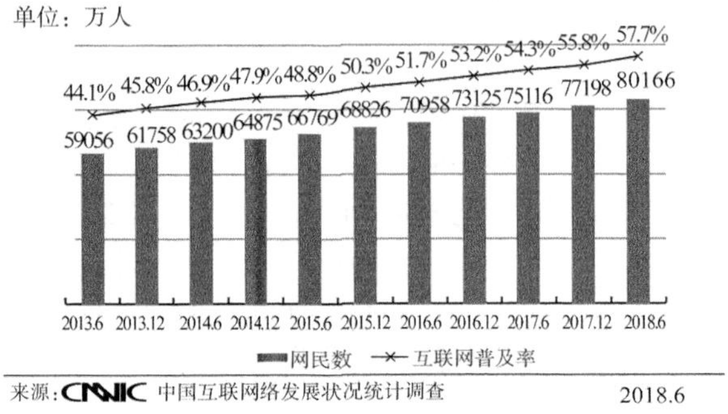

图2 中国网民规模和互联网普及率

当前，在城市社区，利用互联网来建设智慧社区，开展数字化社区建设正处在方兴未艾的阶段，“互联网+”社区公共服务供给正体现着无穷的空间和发展潜力。目前现有学者已经初步对“互联网+”服务精准化供给城市社区金融服务、社区公共文化建设发展、“互联网+”城市社区等方面进行了相关研究，但是在涉及“互联网+”新型农村社区公共服务的供给研究是几乎空白的。我们从实践层面来讲，对于山东省广大的农村地区，利用移动终端设备来提供精准的公共服务不仅可以高效、快捷地提供公共服务，传统的公共服务供给模式已经无法满足新型农村社区居民丰富化、差异化的服务需求，移动互联网终端设备的使用弥补这一劣势。农村新型社区急需当前“互联网+”体系融入公共服务精准化供给建设范畴，进而实现新型农村社区公共服务精准化供给要求，促进地方政府公共资源的整合、资源的高效利用，减少服务资源的浪费。在当前农村互联网的使用率急速提高的背景下，新型农村社区公共服务精准化供给可以通过互联网以及居民手中的移动互联网终端设备实现服务预期的便捷化、高效的服务需求。

（一）“互联网+”新型农村社区公共服务精准化供给的内在要求

进入21世纪以来，互联网技术的高速发展以及在中国的大范围普及，使得国内诸多行业开启网络大数据时代。精准化是一种创新型的管理方式，意指管理者用来调整产品、服务和运营过程的技术方法。在山东省广大的新型农村社区，居民对于当地政府不断提供公共服务提出了新的要求，精准化、高效化成为当前的需求趋势，农村新型社区虽然在一定程度上无论是在人口聚集、服务设施、经济发展等方面都要优于之前的聚落村庄，但是仍然与城市社区有着较大的差别，农村公共服务设施的不完善、服务资源的匮乏以及浪费等问题一直是困扰农村经济发展以及生活发展的一大阻碍。当前，在城市社区中，“互联网+公共医疗卫生服务”（网络预约门诊、在线医疗）、“互联网+公共交通”（网络出行、支付宝、微信支付等）、“互联网+公共教育”（网络课程学习）、移动互联网的高速发展，以及“互联网+”教育产业的不断创新，为社区老年教育事业注入了新的活力（“互联网+”社区老年教育是利用各种网络资源拓展老年教育发展的一种途径）。

（二）互联网时代公共服务精准化供给的应用分析

互联网时代的到来，使得社区公共服务的精准化供给在交通、教育、医疗、社区娱乐等方面充分运用

1. 公共交通：让出行更为便捷

随着我国城市经济的快速发展，城市社区居民的急剧增多在繁荣城市经济的同时，伴随一系列的配套设施服务也面临刚性需求，城市公共交通的日益增多是面临的一大问题。目前，诸多城市都将互联网加入城市公共交通体系完善过程中来，期望把公共交通建设成智能交通体系，进而改善民生，提升城市居民生活质量。政府不仅从一方面引入互联网体系，更从居民手中的终端互联网设备加以改进。作为当代典型体验经济的网约车产业，凭借其较高性价比和良好服务效益在公共出行领域呈现快速增长趋势。而作为城市居民传统出行方式，公共交通系统与私人交通工具在体验经济的当下满足人民个性化要求与满意度指标方面显得力不从心。在“互联网+”产业迅速崛起和移动客户端全面普及的当下，汽车共享出行市场如雨后春笋得以蓬勃发展，冲击了传统低效的出租车行业与公共交通产业，作为当代典型体验经济的网约车产业，凭借其较高性价比和良好服务效益在公共出行领域呈现快速增长趋势。网约车市场的兴起满足了出行需求个性化与多样化以及紧迫性，在中国的一线城市，如北京、上海、深圳等，每当遇到上下班高峰，或高温、雨、雪等恶劣天气，更是一车难求。随着我国共享经济的快速发展，“互联网+P2P 共享出行”理念的网约车平台应运而生（传统出租车行业愈发难以满足乘客的出行需求）。作为具有新型商业模式的服务产业，却面临地域政策偏差与行政过度干预的监管模式阻抑其市场化运营进程，继而在宏观产业端、P2P 服务供给端、运营平台企业和政府决策执行端五大层面产生连锁性外部负效益。

2. 公共医疗：让居民医疗更加卫生、个性化

2015 年山东济南市推动“互联网+公共卫生”体系，推动社区居民网络健康医疗卫生信息整合统计，推动城市社区基本医疗服务均等化。这里以山东省德州禹城市房寺镇新型社区为例。

（1）禹城市房寺镇新型社区公共卫生发展现状

全镇共有162个行政村，目前有4个镇卫生院，16所社区卫生服务中心，43所社区服务站，基本建立起较为完善的医疗卫生服务体系。2016年以来，房寺镇着力打造镇公共卫生信息化建设，全镇7万余人已经完成了全部的个人健康信息电子档案存档上传。2017年镇社区已经完成了覆盖全镇的社区数字化门诊，开通温馨短信通知提示查体健康业务等，每天一大早，镇卫生服务站门诊室内便站满前来查体的社区居民。大家在医护人员指引下有秩序地进行各项身体检查，查体结束后，在门诊室通过手机微医客户端，签约家庭医生服务。在工作人员指导下，登陆、注册、选择家庭服务包、签约，整个过程只需通过一部手机就能完成。通过手机端就可以查询查体报告、健康档案和家庭医生服务记录，获取最新的健康教育知识，遇到问题还可以随时通过系统与家庭医生进行网上互动，既顺畅又便捷。

3. 公共体育设施

伴随着我国社会主义现代化建设事业的快速发展，我国的经济发展水平也在不断冲向新高度，随之而来的是人口预期寿命的增长。改革开放近几十年中，我国经济依靠巨大的“人口红利”高速增长。但是，据统计，我国60岁以上的老年人口约达到1.8亿，占总人口13%，我国成为世界上老年人口唯一超过1亿的国家；不仅如此，伴随生活节奏的不断加快，青少年亚健康也日益成为一种普遍现象。据统计，我国的少年肥胖人群已经处在世界前列，相对而言，让老年人拥有更多的健身设施及场地以及让青少年更好地锻炼身体已经显得愈来重要。但是在现在，我国的基本公共体育设施存在严重的供需不对等的问题，甚至一些地方引发了诸多问题的产生，例如因为青少年打球和老年广场舞冲突而大打出手的问题，究其原因在于公共体育设施的供给与需求不平衡的问题，相关政府部门对待公共体育设施及场地的供给没有契合居民的有效需求而引发了诸多矛盾。在公共体育服务供给过程中，居民的有效需求是自身切实利益的直接表现。据了解和实地调查，农村公共体育服务设施数量少且功能单一。在问卷分析中，我们得知城市社区居民对于公共体育服务的满意度是远高于农村社区居民对此的满意度的，分别是23%和16%。笔者本次调研就是要对公共服务的精准化供给进行研究，焦点集中在“精准”两字上，即怎样才能利用互联网做到精准。笔者一方面从居民需求角度入手，提出一些行之有效的思路和方法，另一方面从云计算、大数据等网络资源入手，进行信息挖掘和信息碎片化的整理，从而实现有效精准化供给。

（三）研究路线与研究方法

如图 3、图 4 是笔者对探析该问题的研究假设，通过研究和分析，从而对该问题提出解析路径和建议方法。

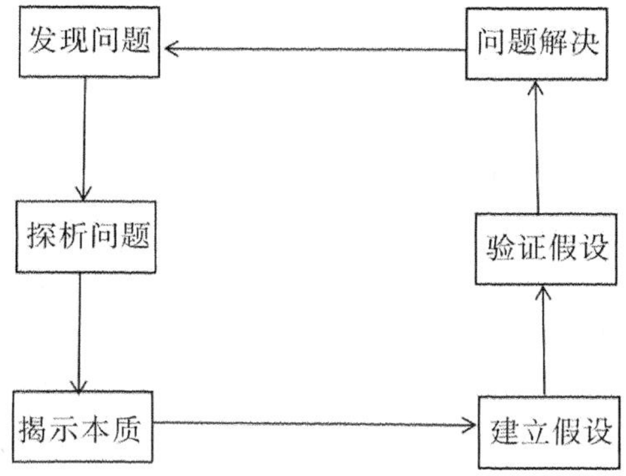

图 3

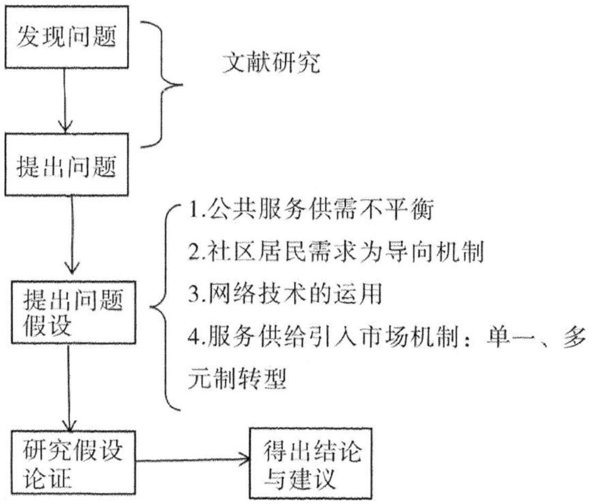

图 4

（四）理论基础

1. 新公共服务理论。伴随国家经济的发展和居民生活水平的不断提高，公众权利意识也与日增强，与此同时，公共需求的个性化与多样化对政府部门提出了挑战。对于政府部门而言，其服务的根本对象就是群众，对于政府的基本职能——提供公共服务来说，其服务提供的出发点就是符合人民群众的根本利益，宗旨就是一切为了人民。新公共服务理论提出政府的核心职能就是服务，对于新公共管理理论将政府职能定位在掌舵而言，新公共服务理论将政府职能定义为服务，要重视公民的参与和社区建设，保证公民和社区建设的需求能够得到切实的保障。

2. 精准服务供给理论。“精准”一词，最早出现在经济学中。管理学中最早提及精准一词的是泰勒，其在科学管理理论中，提倡精准化的生产管理，对于公共服务的供给而言，“精准”的目的是为了更高效地整合利用资源，为了降低供给主体供给的成本和接收主体的时间成本。面对社会资源的有限性，精准化供给将是未来管理的核心之一。

3. 马斯洛需求层次理论。笔者提到公共服务的供给要以居民需求为导向，需求就是指人们有想要满足自己的欲望，而供给就是基于公众的需求为出发点，紧密围绕群众的需求为其提供便利、均等，能够满足人们多样化、差异化的需求，马斯洛的需求层次理论将人们的需求分为五类，对于公共服务的需求应当是毋庸置疑的。笔者前往德州禹城市房寺镇邢店社区，通过实地调查，问卷、访谈等形式，了解社区当前在公共服务供给方面现状。在邢店社区，团队成员通过参观社区活动室，服务内容展墙了解到目前邢店社区在公共服务供给方面充分结合网络资源，建立起了社区微信群、智慧社区等交流平台。调研期间，笔者在社区考察到社区目前充分运用社区微信公众号、QQ 群等开展社区活动，建立线上线下服务模式，积极将社区政务、社区活动公之于民；利用互联网及时准确了解居民需求，以做好服务精准化供给。8 月 2 日，团队成员赶往禹城市大程社区。大程社区自从成为新型社区以来，就大力发展互联网+社区公共服务体系，推出 APP、微信公众号、QQ 群等形式，探索推行“互联网+精准服务”社区服务新模式。

此外调研团队还发现存在的问题与困境。在访谈中，我们了解到，尽管网络终端设备的使用已经普及社区大部分群众，但是上年纪的孤寡老人仍处在被动接受服务的局面中。在广大的农村地区，尽管互联网早已进村入户，但利用其技术方便为百姓办事，还有很大空间。农村群众，特别是一些农村偏远地区群众，出门办事仍需要长途跋涉、大费周章跑到镇里甚至县里的，仍然是常事。倘若各地都能像新型社区那样，将信息化终端建到农村社区里，让居民通过网络来参与到社区服务供给中，这将大大免去许多群众的奔波之苦。

农村人口是非网民的主要组成部分。截至 2018 年，我国非网民规模为 5.2 亿，其中城镇地区非网民占比为 38.4%，农村地区非网民占比为 62.2%。

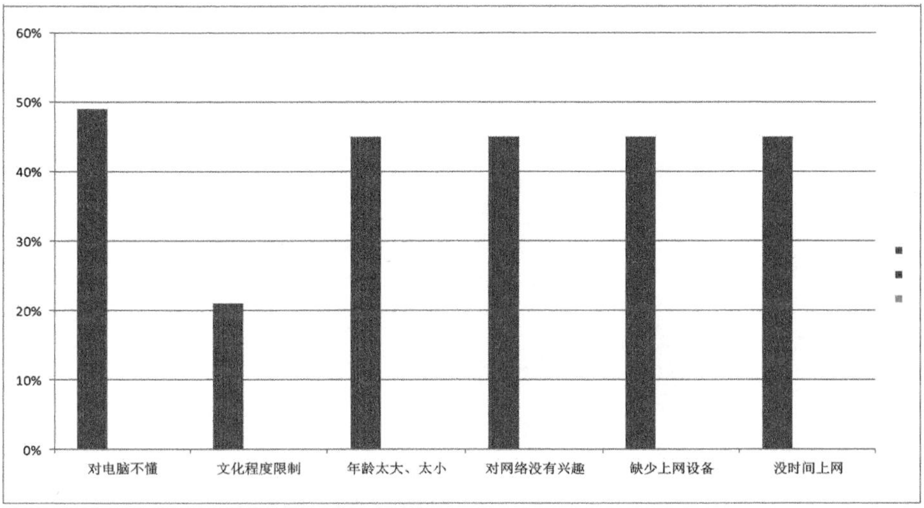

图5　非网民不上网原因

农村居民因为不懂电脑以及年龄太大或者太小、没时间上网等，这些成为农村地区非网民不上网的主要原因。

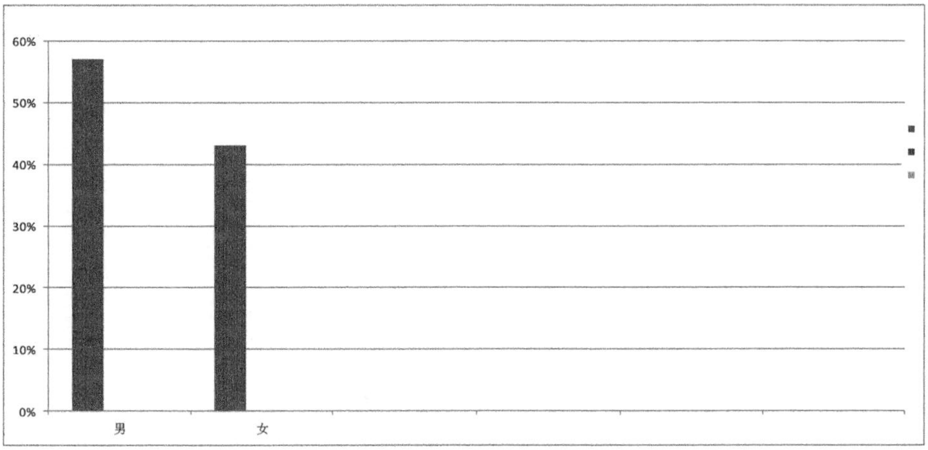

图6　样本地区网民性别结构

（1）年龄结构

我国网民以青少年、青年和中年群体为主。经过调查和问卷分析，10—39岁群体占总体样本的70.8%。其中20—29岁年龄段的占比最高，达27.9%；10—19岁、30—39岁群体占比分别为18.2%、24.7%，互联网在中年人群中的渗透加强。

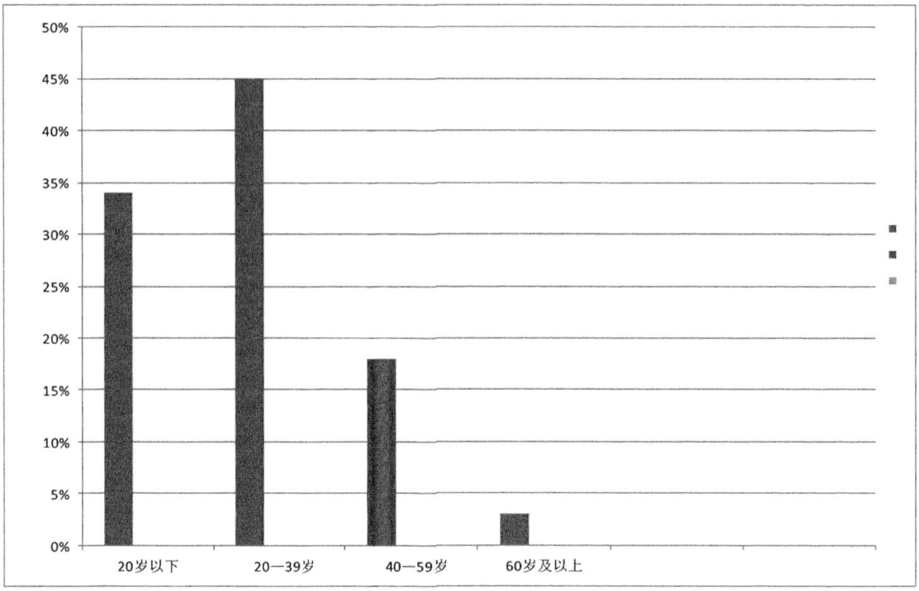

图7 年龄结构

（2）受教育状况

经过问卷分析后，样本地区初中、高中/中专/技校学历的网民占比分别为33%和26%；在农村地区，居民的受教育程度远低于城镇社区居民。

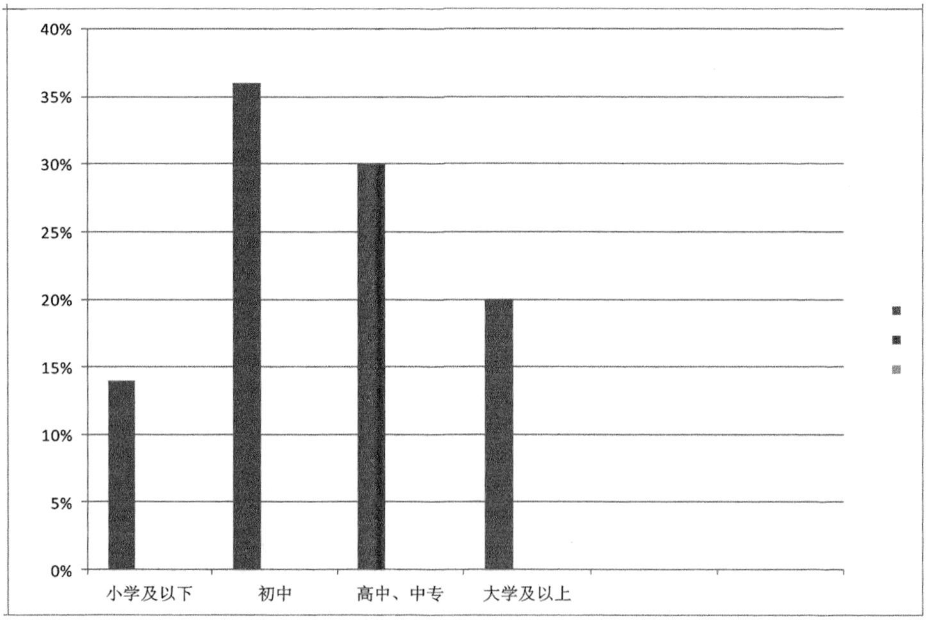

图8 学历程度

(3) 职业

在所有问卷分析中，中学生群体最多，占比达 24.8%；其次是个体户/自由职业者，占比为 20.3%；企业/公司的管理人员和一般职员占比共计 12.2%。

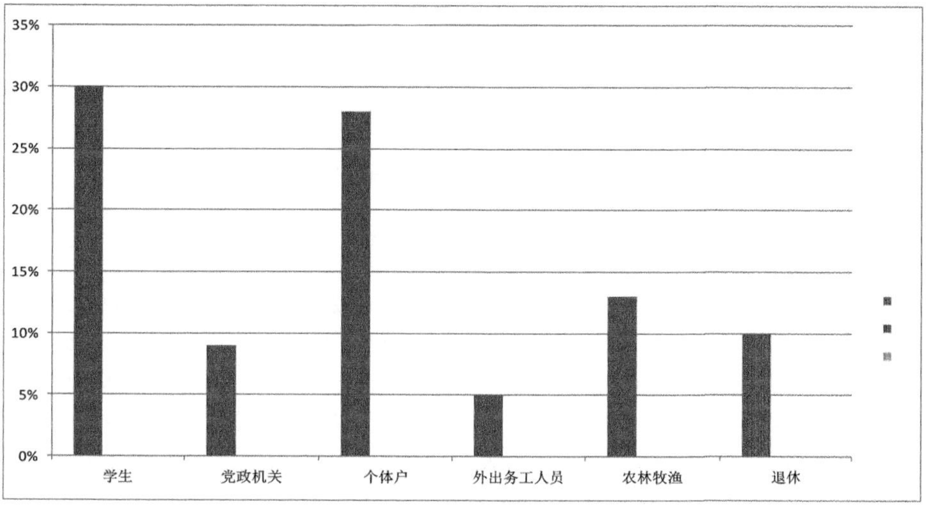

图 9　职业分析

(4) 向社区反映意见的渠道主要

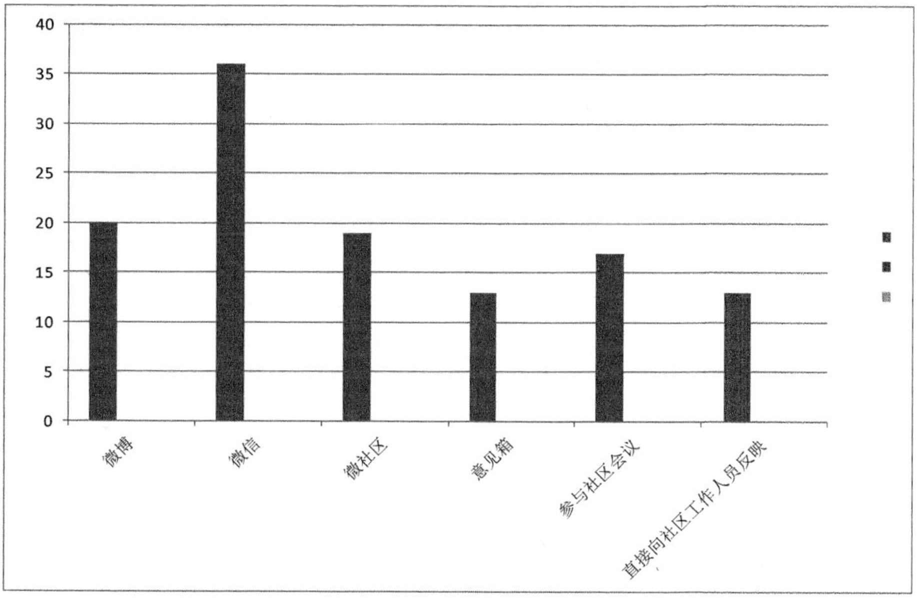

图 10　意见渠道

经过问卷分析，36%的样本调查选择利用微信、微城市服务来向相关部门提供意见，其次是微博和微社区，最少的就是意见箱，占比13%，笔者认为即使是在现在，在农村社区，居民采用传统手段诉求公共服务的意愿很低，相对而言，网络意愿的诉求则较高，这无疑受到网络化普及的影响。

六、项目分析

在当今社会，科学技术的进步以及网络的发展使得社会上诸多管理工作都得到了技术层面的改善，相应地，在农村社区公共服务供给方面，也可以大范围应用网络资源、大数据等技术，实现服务的精准化供给。

（一）传统公共服务精准供给面临的困境

首先，在以往的传统公共服务供给方面，无法实现服务供给与居民需求的有效契合。以往相关政府部门会带着问卷挨家挨户地进行居民服务需求的相关问卷调查。但是，大量的问卷调查本身就消耗巨大的人力、物力和财力。由于问卷调查过程中，受到诸多因素的影响，势必会造成问卷结果信度不高，这也就造成了供需的不匹配问题。在互联网背景下，可以利用云数据等网络资源实现公共服务的实时共享和信息的对称共享，这也就打破了信息壁垒的困境。其次，以往的公共服务供给模式受制于技术的影响，很难满足居民差异化、多样化的需求，利用网络资源可以不断更新智慧社区等平台，满足供需双方的对接。

（二）需求识别因素的选择导向

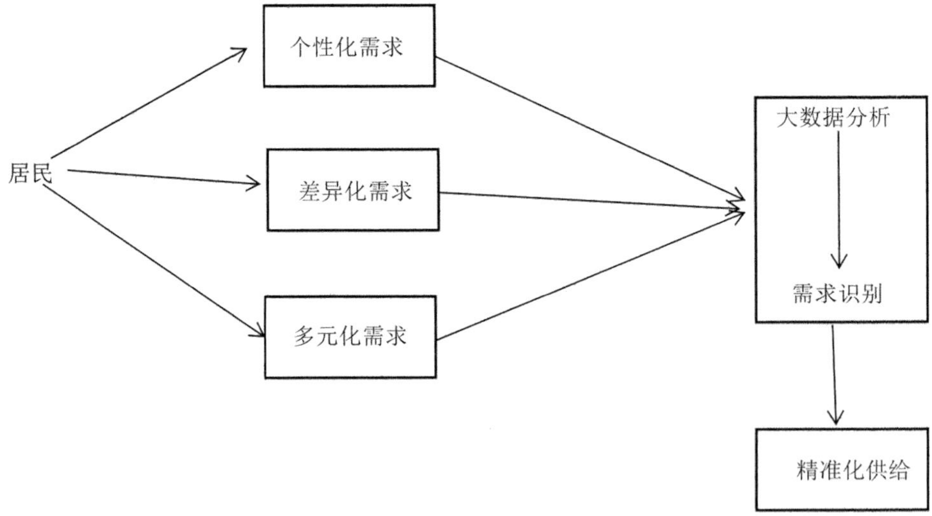

图11　需求识别精准供给流程图

如图所示，为需求识别精准供给流程图，起初就是居民对于公共服务供给的需求，利用网络技术进行识别后，才知道居民的需求是什么，然后再对应供给公共服务，这样才使得公共服务的供给更有效率。

七、结论与建议

（一）结论

笔者通过对影响基本公共服务精准化供给的需求因素分析，借助精准服务理论、新公共服务理论将公共服务的精准化供给与云计算、互联网等网络资源联系起来，探析提升我省新型农村社区公共服务精准化供给的创新型路径，通过本次研究，笔者主要得出以下几点结论：

伴随科技的进步，互联网+产业发展已经如火如荼，放眼社会，当今诸多行业已经广泛运用云计算等大数据资源，大数据时代已然到来。大数据资源能够有效地整合资源，实现公共服务供给的精准化。大数据不仅能够精准地核算公共服务供给的成本，还可以实时共享服务信息，在网络政务、医疗、交通等基本服务方面已经愈显重要，促进公共服务资源的共享、精准掌握公众的服务需求。目前在公共服务资源供给方面，主要存在供给总量不足及供给不平衡的问题。公共服务产品不平衡突出表现在城乡、区域、群体之间，比如优质的医疗资源普遍集中在城市社区，造成人们在公共服务享有上的不公平。大数据技术是推动优质公共资源共享的重要力量。如在医疗资源方面，可以以大数据技术为基础，建设互联互通的全国、省、市、县四级人口健康信息平台，这将有助于实现各部门、地区之间的信息共享。

以需求为导向是笔者提出的公共服务实现精准化供给的关键路径。除此之外，影响因素还有很多，诸如政策、技术、理念等等，但是这些始终不是决定性因素，其根本路径就是利用互联网实现对居民需求的合理有效掌控。对于农村社区居民来说，在很多地方和城市社区存在差异，比如受教育程度、相关经历等等，因此对于要提高新型农村社区公共服务的供给就需要掌握一定的技术，做好对居民需求的掌控。

农村社区的服务提供者主要是当地的乡镇政府，作为"公共服务供给"的最后一公里，其与受众群众接触最为密切，频繁，乡镇政府工作人员的效率及态度直接影响地方服务供给的质量。为此，笔者在文中提出要不断提高乡镇政府公共服务能力，在公共服务供给领域方面要不断细化。

（二）建议

1. 进一步完善乡镇政府部门事权边界及服务能力

乡镇政府作为与新型农村社区直接接触的政府部门，掌握着公共服务供给的“最后一公里”，对待政务服务的供给方面，乡镇政府要简政放权，不断提高公共服务的信息化透明度、共享度，吸引群众主动参与到服务体系的监督中来，欢迎社会各界共同监督，提高政府公信力。借鉴我国城市社区公共服务供给模式中，存在PPP模式的服务供给，在公共服务供给中引入市场机制，一方面盘活了市场活力，另一方面减轻政府服务供给的压力。

2. 提高公共服务供给的公民参与度

笔者在前文论述过，公共服务可以定义为社会事务或者公共产品，由政府单方面提供服务是远远不够的，这让政府承担了很多压力，相应的服务效率、质量也就很难提高，精准供给也就肯定难以做到。因此，笔者认为公共服务的有效供给必须基于公民的有效参与和提供，逐步建立起“公民社会”，不断吸引力量加入公共服务供给中来。在西方国家，任何拥有公民权的公民都可以参与到公共服务的供给中来，西方国家公民培育出来的“协商对话机制”“满意度测量机制”等为政府公共服务的供给减轻了诸多压力。

3. 完善需求识别对我国农村社区公共服务精准化供给的提升

多年来，我国农村社区在公共服务供给方面存在供给效率低下、供需不平衡的一个主要原因就是服务对象群体需求的复杂性。在我国，农村占据大部分，这些地方在地域、风土等方面存在着差异。不仅如此，在同一个社区内也存在着年龄、性别、收入、文化程度等等的差异。公共服务的供给是自上而下的链条形供给，供给线的过度繁长造成了供给与需求不匹配、信息不对称等等问题。不仅如此，在传统识别社区居民需求情况是政府部门带着问卷挨家挨户地去走访调查，这样对于广大的农村地区来说，徒增人力物力等成本，并且识别的结果准确性也不高，很容易造成需求与供给的不匹配。为此相关政府部门应该从各群体出发制定科学的需求测量技术及手段。不仅如此，充分利用互联网技术，实现目标群体需求的分层及分类，运用互联网技术实现对居民需求的科学分类。

4. 提升公共服务的便捷化程度

笔者认为利用网络技术可以实现公共服务供给的快速、有效提供，也有助于识别居民需求，但是对于笔者前文中提到的在农村社区中存在的一部分非网民，他们的服务需求怎样诉求，以及部分网络服务的供给怎样对接他们，对待这一部分群体，政府部门的工作人员可以简化行政程序，允许这部分群体参与到常规的公共服务供给中来，加强完善政府部门的信息共享机制。

5. 提升供给效率、节约供给成本

充分运用互联网及大数据技术使得政府部门在城市公共服务供给过程中节约诸多成本，减去了诸多繁荣复杂的环节，使得公共服务也极其精准化。在样本调查地区以及通过文献资料的收集，我们发现，现在很多社区利用网络资源建立起"智慧社区""云服务"的智慧社区平台，将部分服务通过网络资源实现精准供给，主动供给一些便民化的服务，目前在城市社区，智慧社区等平台已经建立得相对完善了，对于广大农村社区而言，还需要不断借助互联网、云计算等网络资源来完善和探索。

6. 加快建设完善乡镇政府部门公共服务平台

笔者建议乡镇政府应该在网络服务供给方面发展乡镇政府网络平台建设，据发展状况统计报告显示，网民使用最多的为在线政务服务方式；其次为政府微信公众号，使用率为 23.6%，政府网站、政府手机端应用及政府微博的使用率分别为 19.0%、11.6%及 9.4%。

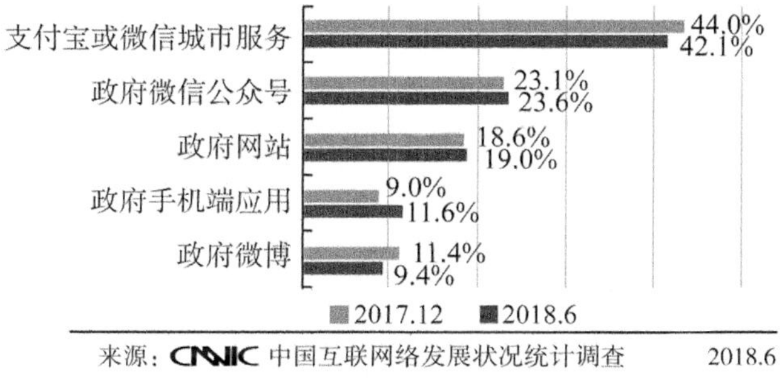

图 12 各类互联网政务服务用户使用率

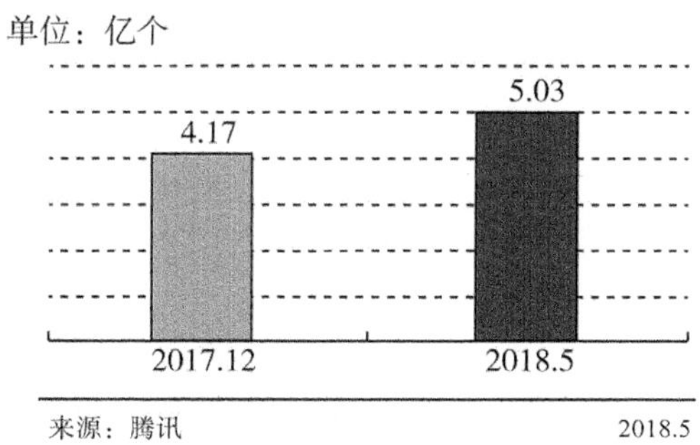

图 13 微信城市服务累计用户数

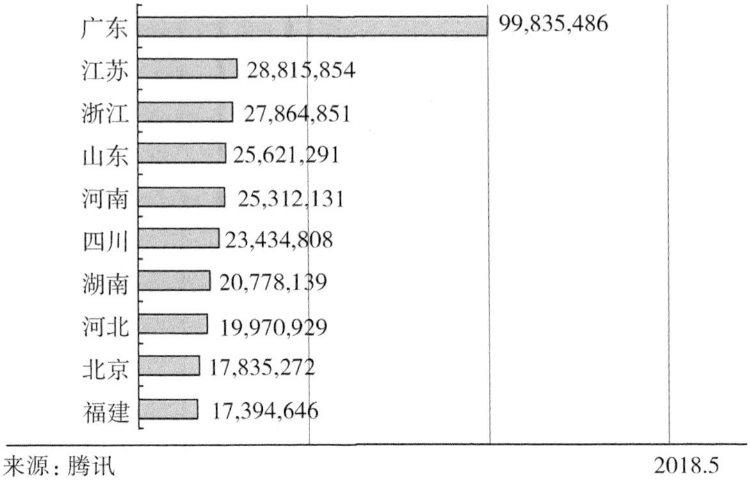

图 14　累计微信城市服务用户数 TOP10 省份

如图所示，截止到目前，广东在微信城市服务方面遥遥领先各省市，在网络服务供给方面发挥着重要作用。当前，政府微信公众号众多，并且诸多都是独立存在的，这对服务供给与需求对接产生了不匹配的问题。乡镇政府部门应该加快政府部门公共服务平台建设，减少服务供给与受众之间的数字鸿沟。

参考文献

［1］唐颖．互联网时代我国乡镇政府公共服务能力建设研究［J］．安徽大学，2018.

［2］李健．中国政府电子公共服务供给问题研究［J］．吉林大学，2017.

［3］沈维红．互联网+：上海城镇社区服务供给研究［D］．上海师范大学，2017.

［4］钱艳艳．互联网使用对公共服务满意度的影响分析［D］．上海师范大学，2017.

［5］冯皓．互联网+城市社区公共服务精准供给探析［J］．电子科技大学学报，2018.

附件：调查问卷

问卷编号：__________

“新型农村社区公共服务精准化供给”调查问卷

尊敬的被访者：

您好！我们是山东青年政治学院专业实践调研项目组的调查人员，为更好地了解我国农村社区公共服务供给，现诚邀您填写此份问卷，希望了解服务对象的感受、想法和宝贵意见，您的帮助对本研究非常重要！

衷心感谢您的大力支持和参与！祝您生活愉快！

2018 年 7 月 20 日

问卷填答说明：

1. 本问卷采用匿名填写，您的个人信息会被严格保密，仅用于汇总和统计分析；

2. 所有问题的回答没有正确错误之分，请根据自己的实际情况勾选和填写。

3. 本问卷中选择题，如无特殊说明均为单项选择。

A 部分

A1. 您的性别为？

（1）☞男　（2）☞女

A2. 您的年龄？

（1）☞20 岁以下　（2）☞20—39 岁　（3）☞40—59 岁

（4）☞60 岁及以上

A3. 您的受教育状况？

（1）☞小学及以下　（2）☞初中

（3）☞高中（中专、技校、职高）

（4）☞大学（大专）及以上

A4. 您目前/最后一份职业属于？

（1）☞党政机关/军队　（2）☞企事业单位

（3）☞商业及服务业　（4）☞农牧副渔水利生产人员

（5）☞办事人员及有关人员　（6）☞学生

（7）☞运输设备操作及服务人员　（8）☞其他从业人员

A5. 您的月收入是？(　)

(1) ☞还没有收入　(2) ☞1000 元以下　(3) ☞1001—2000 元
(4) ☞2001—3000 元　(5) ☞3001—5000 元　(6) ☞5000 元以上

B 部分

B1. 您所在社区是否有微信或者其他网络交流平台？
(1) ☞有　(2) ☞没有　(3) ☞有，但是群聊不活跃
B2. 您所在村庄是否提供有娱乐设施及场地？
(1) ☞有　(2) ☞没有
B3. 您所在社区提供的公共服务活动主要有哪些（线上的）？
(1) ☞社区意见寻求　(2) ☞网络资源分享
(3) ☞其他
B4. 您所在社区是否已经通过使用网络终端来实现了对社区的管理？
(1) ☞是的，都在群里下通知　(2) ☞还没有
B5. 您主要通过以下哪些渠道了解社区动态【可多选】
(1) ☞微博　(2) ☞微信　(3) ☞微社区
(4) ☞社区网站　(5) ☞社区宣传栏　(6) ☞居民间交谈
(7) ☞社区活动　(8) ☞有关文件　(9) ☞其他
B6. 您向社区反映意见的渠道主要有【可多选】
(1) ☞微傅　(2) ☞微信　(3) ☞微社区
(4) ☞社区专口的网络平台　(5) ☞意见箱　(6) ☞选派意见代表
(7) ☞参与社区会议　(8) ☞直接与社区工作人员反映
(9) ☞其他
B7. 您希望社区微平台（微博、微信、微社区）推送哪些内容【可多选】
(1) ☞通知　(2) ☞时讯　(3) ☞社区活动
(4) ☞便民服务　(5) ☞其他

B8. 您所在社区是否通过网络征求过居民意见？（比如社区选举、修路、广场设施修建等）

(1) ☞有的　(2) ☞没有

B9. 您对我国目前公共服务总体上在各个方面的满意程度如何？是非常不满意、不太满意、说不清满意不满意、比较满意、还是非常满意？

	非常不满意	不太满意	不置可否	比较满意	非常满意
公共服务资源的充足程度					

续表

	非常不满意	不太满意	不置可否	比较满意	非常满意
公共服务资源分布的均衡程度					
获取公共服务的便利程度					
公共服务资源的普惠程度					

B10. 您认为目前农村村委会公共服务存在的最大问题是？

（1）☞服务项目陈旧单一　　（2）☞专业性不强，服务水平底

（3）☞获取渠道不够便利　　（4）☞服务内容不能满足居民需求

（5）☞公共服务存在资金压力　　（6）☞政府不够重视

（7）☞相关法律机制不健全　　（8）☞流动人口、外来民工不能享受

（9）☞社会认知度不高，公民公共服务参与率低

（10）☞其他__________（请注明）

本次问卷调查到此结束，再次衷心感谢您花费宝贵的时间来完成本次调查问卷！

当地乡镇工作人员访谈提纲

一、对乡镇工作人员方谈

1. 当前，政府对于利用网络提供公共服务有怎样的举措

2. 您认为现在新型农村社区对于居民都有哪些社区服务？您觉得这些服务开展得怎么样？

3. 目前社区的主要工作内容都有些什么？

4. 对于社区活动，居民参与情况怎么样？

5. 关于互联网+公共服务有哪些服务项目？

二、您认为互联网思维可以在精准供给方面发挥怎样的作用。

对社区居民的访谈提纲

一、访谈对象的基本情况

1. 年龄

2. 职业

3. 家庭居住人口数

4. 居住时间

二、关于居住情况

1. 家里有哪些人，和您一起居住吗？

2. 您对自己的居住条件和收入情况满意吗？

3. 您经常和邻居相互走动么？

4. 在平时休闲时间里您有什么活动呢，是自己活动，还是参加组织呢？

三、关于社区资源和社区服务

1. 您认为这几年来社区的发展变化如何？

2. 您知道自己所居住的社区有哪些资源吗，使用过这些资源吗？

3. 您经常和社区居委会交流沟通吗？

4. 您参加社区组织的活动吗，什么时间，参加过几次，都是什么样的活动？

5. 您对所居住的社区满意吗？满意的地方有哪些，不满意的地方有哪些？

6. 您觉得社区的资源对于您和您家人的生活提供了哪些便利？

7. 在这个社区中，精神生活是否充实？

8. 据您了解，社区中有社会组织吗？如果有机会，您愿意参加哪些社会组织？

9. 您做过志愿者吗？如果有机会你愿意成为一个志愿者为社区服务吗？

10. 您了解社区有哪些驻区单位吗？

11. 您了解的社区能为您提供哪些服务？您觉得这些服务够用吗？从您自身角度出发，您希望我们在社区哪些方面做改进，或希望增设哪些服务？

12. 您对社区的服务还有其他建议和意见吗？

公共医疗背景下农村老年人免费体检时效性研究——以滨州市店子镇为例

团队负责人：宋宏磊　　　　指导教师：满璐
团队成员：张德坤　王悦　孟玥　刘伟宇

一、项目背景

党的十九大报告指出我国将决胜全面建成小康社会，提高保障和改善民生水平，开启全面建设社会主义现代化国家新征程。人民的健康是国家富强和民族昌盛的重要标志，我们要实施健康中国战略，完善国民健康政策，深化公共医疗卫生体制改革，全面建设优质的医疗卫生服务体系，积极应对人口老龄化，构建养老医疗社会环境。

2013 年 12 月全国老龄办等 24 个部门联合发布《关于进一步加强老年人优待工作的意见》，要求政府和社会在做好公民社会保障和基本公共服务的基础上，积极为老年人提供各种形式的经济补贴、优先优惠和便利服务，不断提升老年人生活质量，在卫生保健优待方面，提出医疗卫生机构要为辖区内 65 周岁以上常住老年人免费建立健康档案，每年至少提供一次免费体格检查和健康指导。2017 年 2 月，卫生部发布《国家基本公共卫生服务规范（第三版）》，其中所列基本公共卫生服务项目主要由乡镇卫生院和社区卫生服务中心负责组织实施。老年人免费体检属于服务项目中老年人健康管理的内容，至 2015 年，56.9%的老年人享受过免费体检。当下每年为 65 周岁及以上老年人免费提供包括体检在内的健康管理服务，做好老年人照顾服务工作，提高老年人的健康水平与生活质量，是针对人口老龄化、推动民生改善、促进社会和谐所采取的重要举措。

当下老年人免费体检在农村地区的实施已初见成效，对老年人的健康问题起到了一定的积极作用，但就目前老年人免费体检在农村地区的实行情况来看仍存在许多问题，有些地区出现“叫好不卖座”“走过场”等现象，存在较多限制性因素，执行现状堪忧。

二、项目目的

老年人免费体检是国家基本公共卫生服务项目之一，提高老年人的健康水平是积极应对人口老龄化的重要举措，是促进我国公共医疗建设不可或缺的一部分。为了贯彻与宣扬十九大精神，切实保障和改善民生，促进公共医疗建设，落实国民健康政策。本社会实践团队结合公共事业管理专业知识，在公共医疗背景下调查研究农村老年人免费体检的现状与存在问题，分析在老年人免费体检的实施过程中存在的限制因素，选取滨州市店子镇为调研点，以农村老年人及农村卫生室为调查对象，运用 IBM SPSS Statistics 对农村老年人免费体检调研结果进行深层分析，探究解决问题的有效途径并提出有针对性、可实施性的建议。

三、项目内容

（一）项目概述

本项目以农村老年人免费体检为调查方向，旨在通过发放问卷调查表、访谈及实地考察的方式，以公共事业管理相关理论为基础，了解在公共医疗的背景下农村老年人免费体检的现状，并分析老年人免费体检实行过程中存在的问题及限制因素，探究农村老年人体检的实效性，并寻求解决相关问题的有效方法，为公共医疗部门提供真实依据。

（二）项目创新点

1. 选取社会迫切需求并关系百姓切身利益，但很少被关注与调查的农村老年人免费体检问题作为研究内容。

2. 以公共医疗为背景调研农村老年人免费体检实施现状，对该政策存在的问题及解决路径进行分析与探究。

3. 创新地将老年免费体检与老年人自费到医院进行更全面的检查相比较，探究免费体检公共医疗卫生服务项目中存在的弊端。

4. 本项目围绕农村老年人免费体检现状展开研究，顺应当下公共医疗建设及老年人医疗保障的社会趋势。

（三）调研实践经历

1. 政策解读、文献梳理、深入了解项目

实践伊始，团队成员通过上网查找资料，搜集各种相关的信息，对项目进行更深入的了解。根据相关书籍与资料的讲解，明确公共医疗的具体含义，了解公共医疗发展趋势，探究公共医疗与老年人免费体检之间的内在联系。深入学习中央及各部门下发的相关文件，对相关政策深刻解读，了解项目当下的基本情况，为后期的实践奠定基础。同时，将搜集到的相关文献一一梳理，学习借鉴其中好的研究方法与思路，了解该项目的研究现状及类似调查研究中的侧重点，为后续的调查研究打下坚实的基础。

2. 组内讨论、明确分工、保证调研效率

社会实践团队成员以公共事业管理专业知识为基础，依据公共医疗的具体内涵展开充分的讨论，根据各成员的特长合理分工，团结协作，提高调研效率和调研质量。团队成员通过讨论确定了问卷调查法和访谈法为主要研究方法，讨论并制定了《农村老年人免费体检时效性调查问卷》和《农村老年人免费体检时效性研究访谈提纲》。同时经过详细的讨论与对比筛查，确定了具体的最终调研村落，团队成员小组成员分为3个小组，对滨州市店子镇的卫生院及各村社区卫生室进行了实地考察，对店子镇9个村子的村民、村干部及社区卫生室的医务人员进行问卷调查与访谈。

3. 认真调研、严谨整理、分析结果

在调研过程中，团队成员都认真对待，本着科学严谨的态度，认真做好每一件小事，没有一丝懈怠。在调研中，社会实践团队在滨州市店子镇的董官村、店子村、辛耿村、般若村、马兴村、马宋村等9个村子进行了调查研究，共进行了14次访谈，共发放调查问卷100份，回收有效问卷89份。对调查结果详细记录，认真整理，运用课堂上所学的IBM SPSS Statistics软件对调查数据进行统计与分析。依据分析所得结果，了解老年人免费体检实习现状与存在的问题，分析产生问题的原因，探究问题的有效解决途径并撰写调研报告。

四、项目方法

（一）文献研究法

通过中国知网等平台搜集大量文献资料，对文献进行一一梳理并仔细阅读分析，对公共医疗的含义进行深刻解读，深入了解当下老年人免费体检政策的执行基本情况、研究现状等，为后续研究提供坚实的理论基础。

（二）问卷调查法

围绕调研项目设计问题、制作调查问卷，向项目调查对象发放问卷并进行回收，小组成员利用 IBM SPSS Statistics 软件对调查数据进行统计与分析，获得真实可靠的数据资料。

（三）访谈法

调研采取入户走访的形式，对调研项目的相关对象进行面对面的访谈，直接向被访问者了解当下的真实情况，以获取真实可信的第一手材料，从多个角度思考并深入研究该项目。其中主要的访谈对象有：店子镇各村落的村民、村干部、农村社区卫生室的工作人员、店子镇中心医院的医务人员及相关部门的领导等。

（四）实地考察法

社会实践团队深入滨州市店子镇各村落，对该地区的老年人免费体检实行现状进行实地考察，深入了解农民对这一政策的看法、满意度及参与程度，探究老年人免费体检政策的落实情况与存在的问题。

五、项目结果

公共医疗是关系到我国国民健康的公共事业，老年人免费体检政策在农村的实施情况是政策落实的体现，促进老年人免费体检政策的实行、发挥免费体检政策对老年人健康积极作用的最大化离不开政府、农村社区医疗机构、体检对象等各个主体间的密切联系与相互配合。本次社会实践从不同角度对免费体检政策的实行情况进行调查，深入了解体检具体实行情况。

（一）当地老年人免费体检实行基本情况

通过数天的调研，我们了解到目前店子镇各村的老年人免费体检是一年一次，地点为各村的村委或者社区卫生室，免费体检的对象是 65 岁及以上的老年人，体检包括身高、体重、视力、心电图、血常规、尿常规、B 超等一系列常规体检项目。由相关部门提前下发免费体检通知，包括时间、地点、体检前注意事项等，由店子镇卫生院和各村卫生室的医生联合组成体检医务人员团队，在规定的时间地点为老年人提供免费体检服务。

1. 村民对老年人免费体检政策的支持情况

表 1 文化程度“支持程度”交叉列表

			支持程度				总计
			支持	无所谓	反对	其他	
文化程度	小学以下	计数	6	13	7	3	29
		文化程度内的%	20.7%	44.8%	24.1%	10.3%	100.0%
	初中	计数	26	3	3	3	35
		文化程度内的%	74.3%	8.6%	8.6%	8.6%	100.0%
	高中（中专/技校/职高）	计数	12	0	1	1	14
		文化程度内的%	85.7%	0.0%	7.1%	7.1%	100.0%
	大专及以上	计数	11	0	0	0	11
		文化程度内的%	100.0%	0.0%	0.0%	0.0%	100.0%
总计		计数	55	16	11	7	89
		文化程度内的%	61.8%	18.0%	12.4%	7.9%	100%

农村老年人免费体检的实施情况在一定程度上依赖于村民与老年人对政策的认可与支持情况，通过利用 spss 软件对回收的 89 份调查问卷进行数据分析发现，对于免费体检政策选择支持的有 55 人，占 61.8%；选择无所谓的有 16 人，占 18.0%；选择反对和其他选项的共有 18 人，占 20.3%。可见大多数的村民对免费体检还是认可与支持的，表明免费体检取得了一定的效果与积极作用。

另外，经过对调查对象的文化程度与支持情况的交叉比较（如表 1）发现，在小学及以下文化水平的被调查者中有 20.7%的人选择支持免费体检；初中文化水平的被调查者中有 74.3%选择支持免费体检；高中（中专/技校/职高）文化水平的被调查者中有 85.7%选择了支持免费体检；大专及以上文化水平的被调查者 100%选择支持老年人免费体检。由此可以看出，村民的文化水平与对免费体检的支持情况呈正相关的关系，村民的文化水平越高支持免费体检的可能性就越大。思想文化水平高低不同的个体对免费体检政策的认知程度不同，文化水平高的村民的眼光更具有长远性，更能认识到免费体检的积极作用，对免费体检的支持度更高。

2. 免费体检对村民健康的影响程度

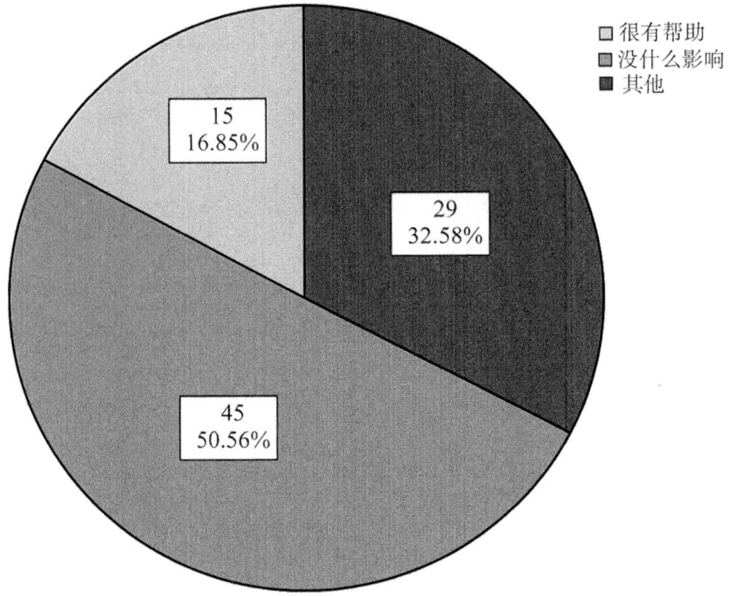

图 1 村民认为免费体验对自身健康的影响

贯彻落实老年人免费体检政策有利于提高老年人的健康水平和生活质量，要使免费体检将作用发挥到最大化，使其可以真正对老年人的健康起到积极作用。从数据的分析结果来看（如图 1），一半以上的村民认为免费体检对自己的健康状况并没有什么影响，有三分之一的村民认为对自己的影响有帮助。由此来看免费体检实施以来已取得了初步成效，但在内容、形式等方面还有待完善，以从实际上帮助老年人认识健康问题，增加健康与保健知识，提高健康水平。

3. 老年人免费体检政策宣传及动员情况

政策的宣传是政策执行过程的一项重要的活动，只有让政策的执行者和政策执行对象充分地了解相关政策，才能使人民群众可以积极主动地执行政策，从而推动老年人免费体检政策的实施。同时还可以提高人民群众的认知水平，减少上当受骗现象的发生，调动老年人参加免费体检的积极性，增加老年人的参与度与农村免费体检的覆盖度。

表 2　是否有工作人员进行政策宣讲与动员

		次数	百分比	有效的百分比	累积百分比
有效	有	38	39.6	42.7	42.7
	没有	29	30.2	32.6	75.3
	不清楚	22	22.9	24.7	100.0
	统计	89	92.7	100.0	
遗漏	系统	7	7.3		
统计		96	100.0		

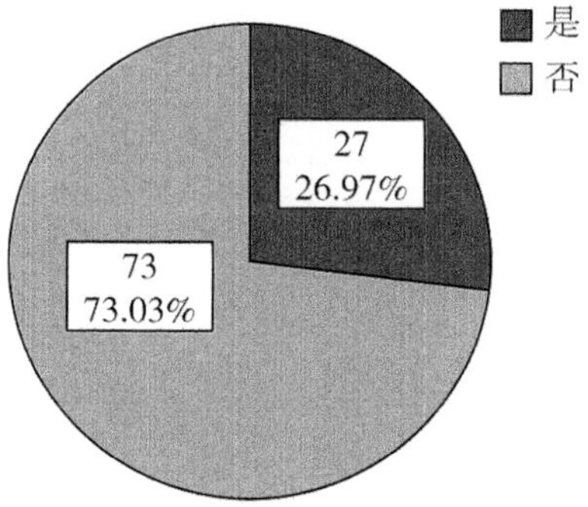

图 2　是否遇骗

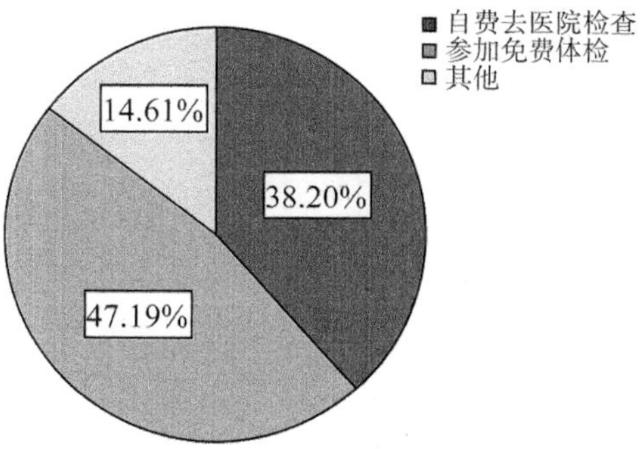

图 3　选择自费去医院检查还是参加免费体验

由表格 2 可以看到当地村委或者政府对老年人免费体检政策的宣传并不是很到位，政策的宣传工作与对老年人的动员工作有待加强。同时本调研小组发现（如图 2、3），老年人免费体检政策的宣传情况与村民遇骗情况、村民体检的选择方向之间有着一定的联系。由于政策的执行者对老年人免费体检政策的宣传与动员工作不到位，使部分不法分子乘虚而入，假扮成免费体检的医疗队伍，以免费体检为幌子，实际却是向老年人售卖所谓的保健品甚至是假药，从而导致老年人上当受骗，危害身体健康，还会对真正的免费体检产生不信任和抵触情绪。

老年人免费体检政策宣传不到位，使部分老年人或老年人的子女盲目地以为免费体检的医疗设施简陋，卫生条件不过关，医疗水平低下等，从而导致部分老人宁愿自己掏钱去大医院做检查，而不享受免费的体检服务。若加强老年人免费体检政策的宣传，让老百姓更全面了解免费体检，可以在一定程度上调动老年人参加的积极性，增加体检覆盖率。

（二）村民对免费体检的了解与参与程度

老年人对免费体检的认知程度与参与程度是免费体检政策在该地区执行情况的直接体现，是农村老年人免费体检时效性研究的切入点。调研团队通过对回收的问卷进行数据分析，从被调查者对免费体检的认知情况、对免费体检的参与意向、影响免费体检参与度的因素三个方面进行了数据分析，以了解村民的认知与参与程度，进行免费体检时效性分析。

1. 村民的认知程度与年龄和知晓程度的关系

表3　年龄＊知晓程度 交叉列表

			知晓程度				统计
			完全不了解	了解一点	比较了解	非常了解	
年龄	35岁及以下	计数	1	3	4	3	11
		年龄内的 %	9.1%	27.3%	36.4%	27.3%	100.0%
	36岁—45岁	计数	2	7	9	4	22
		年龄内的 %	9.1%	31.8%	40.9%	18.2%	100.0%
	46岁—55岁	计数	3	10	12	3	28
		年龄内的 %	10.7%	35.7%	42.9%	10.7%	100.0%
	56岁—65岁	计数	4	7	5	2	18
		年龄内的 %	22.2%	38.9%	27.8%	11.1%	100.0%
	65岁以上	计数	4	2	3	1	10
		年龄内的 %	40.0%	20.0%	30.0%	10.0%	100.0%
统计		计数	14	29	33	13	89
		年龄内的 %	15.7%	32.6%	37.1%	14.6%	100.0%

据问卷调查数据显示（表3），在问题“你对老年人体检政策是否了解”中，选择非常了解的共有14人，占15.7%；选择了解一点的共有29人，占32.6%；选择比较了解的共有33人，占37.1%；选择非常了解的共有13人，

占14.6%。公众对免费体检政策的知晓程度在一定程度上反映了政府宣传是否深入人心，由此可见绝大多数消费者对于免费体检政策仍处于一知半解的状态，甚至有部分村民完全不知道免费体检的存在，大部分村民对免费体检的认识程度十分浅显，政府或村委应当加强对免费体检政策的宣传讲解，提高公众的认知水平，促进公共医疗事业的建设。

调研小组运用IBM SPSS Statistics软件对调查问卷数据中的年龄与知晓程度进行了交叉分析，探究在被调查者中，年龄与对免费体检的知晓程度之间的关系。由表3数据可见，选择比较了解和非常了解选项的35岁以下的共7人；36—45岁的共13人；46—55岁的共有15人；56—65岁的共有7人；65岁以上的共有4人。小组成员在之前的讨论中的估计是，年龄越小的人群获取信息的能力越强，对免费体检的知晓程度越高。但实际的问卷数据显示，35岁以下的人群对免费体检的了解程度并不高，对免费体检知晓程度高的人群年龄主要集中在36—45岁及46—55岁的群体中。调研团队推测，这部分人群获取信息的能力较高，并且家中有65岁以上的老人为免费体检的对象，所以这部分群体对免费体检的关注程度更高，对政策的知晓程度更高。

2. 对免费体检的参与意向

问卷调查数据（图4）显示，在“您会积极参加或带您的家人参加免费体检吗?”这一问题中，有69.66%的被调查者选择了会；16.85%的被调查者选择了不会；13.48%的被调查者选择了可能会。可见，绝大部分的村民是愿意参加免费体检的，但仍有一部分老年人不愿参加或处在犹豫中。

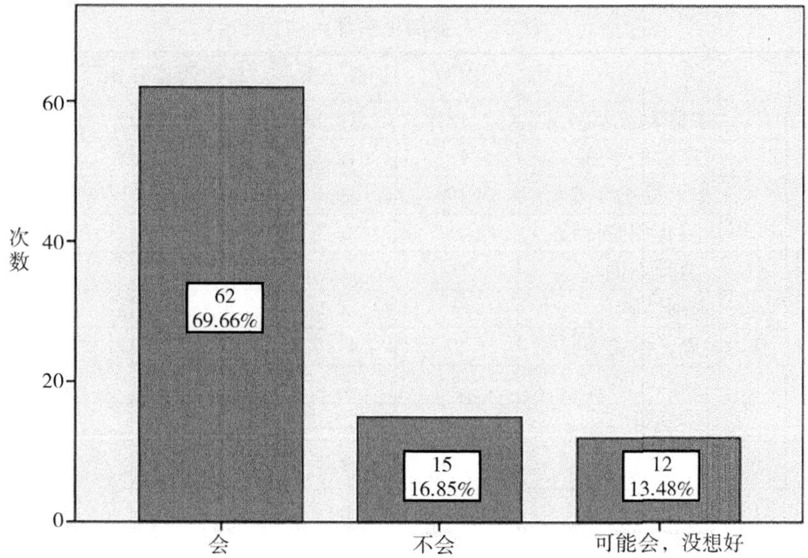

图4　免费体检参加意向

3. 村民参与免费体检的影响因素

表 4　参加免费体检原因

		次数	百分比	有效的百分比	累积百分比
有效	免费享受服务	27	28.1	30.3	30.3
	为了健康着想	20	20.8	22.5	52.8
	从众心理	16	16.7	18.0	70.8
	医院体检费用太高	19	19.8	21.3	92.1
	其他	7	7.3	7.9	100.0
	统计	89	92.7	100.0	
遗漏	系统	7	7.3		
统计		96	100.0		

为了探究老年人参加免费体检的影响因素，调研小组对“参加免费体检的原因”进行数据分析，调查数据显示（表 4），有 30.3%的被调查者参加免费体检的原因是可以免费享受服务；22.5%的被调查者选择为了健康着想；18.0%的被调查者参加免费体检是因为从众心理；21.3%的被调查者参加免费体检的原因是去医院体检费用太高；7.9%的被调查者因为其他原因参加免费体检。由此来看，免费是老年人参加体检的最大的影响因素，只有 22.5%的被调查者有较好的健康意识，农村老年人的自我健康意识还有待加强，还有 47.2%的被调查者是由于从众、医院费用高等因素间接促使其参与免费体检。

表 5　不参加免费体检原因

		次数	百分比	有效的百分比	累积百分比
有效	体检设备差	18	18.8	20.2	20.2
	医疗水平不够	12	12.5	13.5	33.7
	工作人员态度差	19	19.8	21.3	55.1
	不知道有免费体检	8	8.3	9.0	64.0
	腿脚不便	7	7.3	7.9	71.9
	强制性购药	3	3.1	3.4	75.3
	身体健康，没必要体检	17	17.7	19.1	94.4
	其他	5	5.2	5.6	100.0
	统计	89	92.7	100.0	
遗漏	系统	7	7.3		
统计		96	100.0		

问卷调查数据显示（表5），针对“不参加免费体检的原因”这一问题，在89位被调查者中，有20.2%认为免费体检的医疗设备差；13.5%的村民认为其医疗水平不够；有21.3%的被调查者觉得免费体检的医务人员态度差；19.1%的村民认为自己身体健康，没有检查的必要；另外在89名被调查者中，选择不知道免费体检的、腿脚不便的、强制购药的及其他因素的所占比例分别为9.0%、7.9%、3.4%、5.6%。其中，认为免费体检的工作人员态度差的人数最多。在与董官村社区卫生室医务人员的访谈中，我们了解到负责免费体检工作的医疗团队是由店子镇中心卫生院和各村庄的社区医生组成的，这些医务人员的工作完全是义务的，政府没有对其进行经济补贴，这应该是导致医务人员态度不够好的直接原因。极少数的地方存在强制购药的现象，表明免费体检在执行上存在一些问题，相关部门的监督工作不到位。同时，免费体检的宣传工作扮演着很重要的角色，可以让大众增加对免费体检的认知，在一定程度上减少对免费体检的误解，提高老年人的自我健康意识，更大地发挥免费体检的作用。

（三）相关部门的配合程度

1. 镇政府及各村委对免费体检的支持程度

政府相关部门与各村村委对免费体检的支持对免费体检的实施有着非常重要的作用，可以直接影响到免费体检的时效性和体检作用的发挥。基于政府的支持与帮助对免费体检的有效实施有着至关重要的作用，调研小组对镇政府或村委对免费体检的支持程度进行了分析。

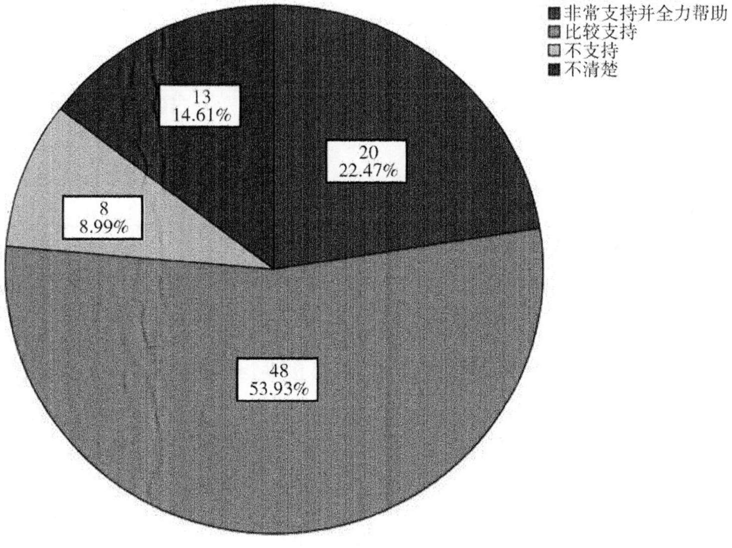

图5　政府支持情况

据调查数据显示（图5），超过一半的被调查者选择了比较支持，表明了店子镇的免费体检工作的落实情况整体还不错，有22.47%的村民选择了非常支持并全力帮助，另外有少数村民选择了不支持或不清楚。由此来看，店子镇政府与各村的村委落实免费体检政策的工作做得比较到位，支持体检的实施，有利于免费体检的普及。同时，镇政府与各村委应当在支持的基础上，结合实际情况采取合理措施，给予一定实际的帮助，保证农村免费体检的时效性，助力公共医疗建设。

2. 店子镇中心卫生院及各社区卫生室配合程度

农村老年人免费体检的实行离不开各个主体的配合，需要不同主体之间密切联系，共同推进免费体检的实施和积极作用的发挥。在与村民的访谈中我们了解到，给老年人进行体检的医疗队伍是由店子镇卫生院的医生和各村的社区医生组成的，有他们免费为老年人进行一系列的检查，免费提供体检服务。调研团队从医务人员的工作态度与对检查结果的讲解情况两方面来对各卫生医疗机构的配合程度进行了分析。

表6　医务人员态度

		次数	百分比	有效的百分比	累积百分比
有效	态度非常好	10	10.4	11.2	11.2
	态度比较好	16	16.7	18.0	29.2
	态度一般	33	34.4	37.1	66.3
	态度很差	23	24.0	25.8	92.1
	其他	7	7.3	7.9	100.0
	统计	89	92.7	100.0	
遗漏	系统	7	7.3		
统计		96	100.0		

问卷调查数据显示（表6），有11.2%的被调查者认为体检医务人员的工作态度非常好；有18.0%的被调查者认为工作人员的态度比较好；37.1%的被调查者认为工作人员态度一般；有25.8%的被调查者认为体检的医务人员态度很差。从与村委成员和卫生室医务人员的访谈中我们了解到，为老年人进行免费体检产生的费用由国家进行补贴，老年人完全免费享受这项服务。镇卫生院与各村的社区医生根据相关部门的要求进行免费体检，没有任何经济补贴，这可能是体检工作人员体检时态度不够好的原因之一。另外，老年人年纪大

了，耳朵有些背、行动缓慢或反应迟钝，可能使个别性格急躁的医务人员失去耐心，导致工作态度差。

据访谈了解，老年人体检后的一般次日就可以出结果报告，但体检结果真正到体检对象的手中要一周以后。农村老年人的知识文化水平有限，其子女对也缺乏相关的专业知识，所以医务人员对老年人进行体检结果的讲解与建议显得尤为重要。由调查问卷数据显示（图6），针对“体检工作人员是否对体检结果进行讲解并提出健康建议”这一问题，大多数的被调查者选择了没有，表明相关医疗团队对老年人的讲解工作有待加强，应及时将检查结果反馈给老年人或其子女，并提出饮食、休息等方面的健康建议，帮助老年人保持健康的生活状态。

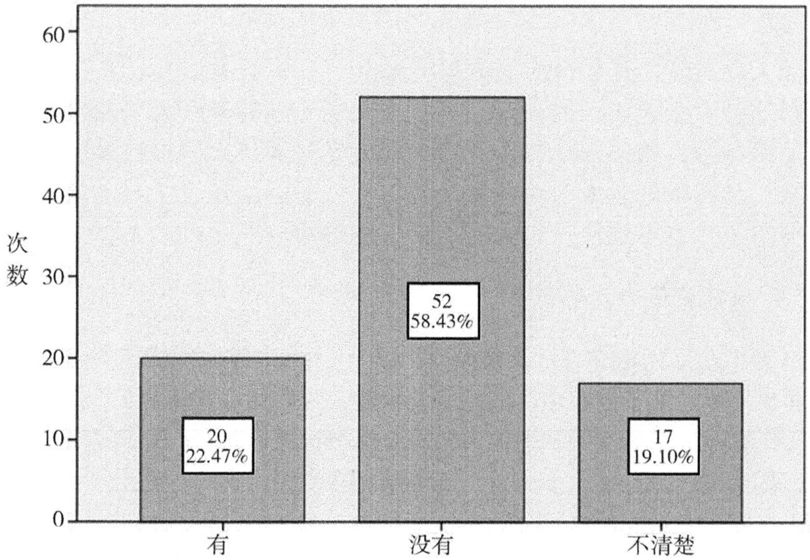

图6　是否对体检结果进行讲解并提出健康建议

六、项目分析

公共医疗是关系国民健康的公共事业，老年人免费体检是国家公共卫生服务的基本项目之一，其执行受到各方面因素的影响，出现各种问题。在我国大力推动公共医疗建设的社会大背景下，健全老年人免费体检运行机制、解决阻碍免费体检实施的限制性因素刻不容缓，亟待解决。本项目立足于公共医疗建设背景，针对目前农村老年人免费体检存在的问题进行深入的调研，经过对调研结果的数据整合以及资料分析，对本项目进行了分类汇总以及相应的分析如下。

（一）项目执行存在弊端

通过对店子镇地区老年人免费体检的调研发现，老年人免费体检的宣传与动员工作亟待加强，信息传达不到位，致使年事已高且没有子女陪在身边的老人非常容易被忽略，使免费体检不能惠及全体老年人。部分老年人腿脚不便无法自行到达体检地点，再加上自身健康意识薄弱，通常会选择放弃免费体检机会。免费体检在执行上没有依据老年人实际情况采取有效的措施，不够人性化。

（二）项目作用不够明显

老年人免费体检是积极应对人口老龄化、促进公共医疗体系建设的重要举措，其目的是改善老年人的医疗环境、提高老年人的健康水平和生活质量。然而调查结果显示，相关医疗机构或组织没有针对老年人体检结果进行详细的解读和分析，没有根据老人的身体状况提出有效的健康建议，对老年人健康情况的跟踪分析工作也不到位，对农村老年人的健康情况影响不大。

（三）项目监管力度不够

农村老年人免费体检时效性的保证，离不开各主体之间的亲密联系、协调运作，同时也离不开免费体检运行的监督与管理。从调研结果来看，免费体检的监督与管理工作有待加强，由于缺乏监督管理，部分医务人员工作态度差，不能提供优质服务，甚至出现走过场、不免费、强制购药等现象。部分不法分子利用监管漏洞乘虚而入，以体检为幌子欺骗百姓，牟取利益，严重损害公众利益。

七、结论与建议

经过数天的调查实践与对调查结果的分析，我们可以了解到农村老年人免费体检的实行现状。免费体检实施以来的确取得了不小的成效，在一定程度上促进了老年人健康水平的提高和公共医疗的建设，但也实实在在存在一些问题与局限性。我们团队成员针对项目分析中呈现的问题进行了充分的探讨与论证，并在指导老师的指导与帮助下，得出了如下可行性建议：

（一）加强政策宣传，增强公众认知

增强公众对免费体检政策的认知，可以使公众自觉主动地接受和认可政策，有利于协调政策执行各个主体之间的关系，促进老年人免费体检的推行。应当建立健全合理有效的政策宣传机制，创新宣传形式，继续加强对老年人免费体检政策的宣传与群众动员，通过宣传使公众了解免费体检的内容、目标和意义，主动配合免费体检的实行，促使免费体检扩大其积极影响。

（二）依法加强监管，完善管理体制

调研发现，当地对免费体检的监督与管理不到位，为不法分子提供了可乘之机，打着体检的旗号推销保健品甚至假药，危害老年人身体健康，损害公众权益，也会使群众对免费体检产生信任危机。除此之外，监管上的疏忽也导致了医务人员态度差，不能做到耐心友善对待老人，甚至出现走过场等现象，不能提供优质体检服务，降低体验感。建议相关部门成立免费体检监督委员会，依法加强对老年人免费体检的监督，对免费体检的相关事宜进行合理的规划与管理，为农村老年人免费体检提供良好的环境。同时还要完善免费体检的管理体制，为腿脚不便、无法自行到达体检地点又无子女陪同的老年人提供上门服务，以提高免费体检的覆盖率和影响力。

（三）加强医疗队伍建设，优化体检设施

在农村的免费体检服务工作中，镇中心卫生院和各村的社区医生是免费体检的一线工作者，对落实免费体检政策发挥着重要的作用。但目前农村地区的医疗水平较低，社区卫生室医务人员负担重，当下的医护人员队伍不能满足社区医院的未来发展需求，各村的社区卫生室应引进优秀的专业人才共同参与到老年人医疗服务中，提高医疗队伍的水平。同时要注重对免费体检医务人员的培训与审核，提高医务人员的职业道德与业务能力，本着为人民服务的意识和良好的态度灵活处理免费体检中遇到的问题。除此之外，相关部门应结合当地实际情况，在条件允许的情况下适当优化免费体检的医疗设施和相应的设施管理制度，以提升农村老年人免费体检的服务质量与水平。

（四）调动公众积极性，提高体检参与度

老年人免费体检是惠及大众的政策，但若老年人体检参与度不够，免费体检的作用也就微乎其微。政府与相关部门应依据实际情况采取具有针对性的、可行的措施来鼓励老年人积极参与免费体检，调动公众参与的积极性，以提高免费体检的覆盖率，使其积极作用达到最大化。

参考文献：

［1］熊美娟，庄宜．基于扎根理论的老人免费体检满意度研究：以广州

市为例［J］. 市情研，2018，（2）.

［2］周菊香. 浙江省参合农民免费健康体检参与率的影响因素研究——基于农民视角［J］. 卫生经济研究，2010，（12）.

［3］周菊香. 浙江省参合农民免费健康体检政策实施效果实证研究［J］. 卫生经济研究，2011，（2）.

［4］顾伟峰. 影响农民健康体检的问题与对策［J］. 中国乡村医药，2016，（4）.

［5］甘贝贝. 六成老人享受过免费体检［EB/OL］. 健康报网，（2016-10-11）［2016-12-1］. http：//health. people. com. cn/n1/2016/1011/c398004-28767676. html.

致谢

经过数天的准备与实际调研，调研团队坚持不怕吃苦的精神，以严谨认真的态度出色地完成了本次实践项目的全部调研任务，并分析总结出调研报告如上。首先，我们想感谢在调研期间给了我们无私帮助的老师。在调研期间，指导老师高度负责地指导我们进行新闻稿及计划书的书写，帮助我们制定合理的调研工作计划。在调研前的准备工作与调研过程的进行中，指导老师全程为我们提供建议与帮助，我们很感谢老师的辛勤付出，在这里小组全体成员想对老师说一声：谢谢老师，您辛苦了。另外，感谢学院给予的调研活动的机会，帮助我们近距离地接触社会，了解社会的现状，为以后工作打好基础。在本次社会实践中，我们受益匪浅。在调研过程中，团队成员充分发挥公共事业管理专业服务基层社区治理的特色和优势，将理论与实践相结合，提高了分析实际问题的能力，加深了对相关知识的理解和感悟，提高了自身的认知水平和专业实践能力。同时团队成员在调研过程中也深刻感受到，公共事业管理服务基层社区治理在“老年人免费体检”这一项公共卫生政策和措施中能够发挥很好的促进作用。在专业知识理论与实践的结合过程中，要注重从理论微观层面入手寻找基层社区治理中需要破解的难题，离开校园走进社会，真正深入基层，才能真正提高自身的认知水平和专业实践能力。再者，我们要感谢店子镇所有接受我们采访及调查问卷的人们，感谢大家的热情接待与积极配合。最后，感谢“爱晚亭”老年人免费体检调研团成员的团结协作、认真努力，才使得项目能够顺利完成。总之，项目的圆满完成离不开大家的帮助，谢谢大家。

附录一：

农村老年人免费体检时效性调查问卷

尊敬的调查对象：

您好，我们是山东青年政治学院暑期社会实践调研项目组的调查人员，为更好了解当前农村老年人免费体检的实施现状，找出其存在问题，进而提出相关建议。我们在滨州市店子镇展开此项调查，希望得到您的积极参与及合作，以更好地提高老年人的健康水平，推进公共医疗的建设。

感谢您的大力支持和参与！祝您工作顺利！

山东青年政治学院
“爱晚亭”老年人免费体检调研团
2018 年 7 月 20 日

问卷填答说明：

1. 本调查采用匿名填写，对您填答的个人信息，我们将严格保密，所有回答只用于统计分析；

2. 所有问题的回答没有正确错误之分。请如实、完整地填写该问卷。

1. 您的性别

（1）□男　　（2）□女

2. 您的年龄

（1）□35 岁及以下　　（2）□36—45 岁　　（3）□46—55 岁

（4）□56—65 岁　　（5）□65 岁以上

3. 您的文化程度

（1）□小学及以下　　（2）□初中　　（3）□高中（中专/技校/职高）

（4）□大专及以上

4. 您对老年人免费体检政策是否了解？

（1）□完全不了解　　（2）□了解一点　　（3）□比较了解

（4）□非常了解

5. 您如何看待老年人免费体检政策？

（1）□支持　　（2）□无所谓　　（3）□反对

（4）□其他______

6. 您是否参加过老年人免费体检？

（1）□参加过（转至第 7 题）　　（2）□未参加过（转至第 8 题）

7. 您参加免费体检的原因是？（可多选）
（1）□免费享受服务 （2）□为了健康着想 （3）□从众心理
（4）□医院体检费用太高（5）□其他（请说明）______
8. 您不参加免费体检的原因是？（可多选）
（1）□体检设备差 （2）□医疗水平不够 （3）□工作人员态度差
（4）□不知道有免费体检（5）□腿脚不便 （6）□强制性购药
（7）□身体健康，没必要体检 （8）□其他（请说明）______
9. 您认为您所在村庄的免费体检执行情况怎么样？
（1）□非常好 （2）□比较好 （3）□一般
（4）□很差 （5）□不知道
10. 您是否遇到过打着免费体检的幌子实质却是卖假药的骗子？
（1）□是 （2）□否
11. 您认为免费体检政策对您的健康影响如何？
（1）□很有帮助 （2）□没什么影响 （3）□其他（请说明）______
12. 您会积极参加或带您的家人参加免费体检吗？
（1）□会 （2）□不会 （3）□可能会，没想好
13. 您会选择自费去医院做详细检查还是参与免费体检？
（1）□自费去医院检查 （2）□参加免费体检
（3）□其他（请说明）______
14. 您所在村子有进行政策讲解和动员大家参与的人员吗？
（1）□有 （2）□没有 （3）□不清楚
15. 您认为社区卫生室医务人员进行免费体检时的态度如何？
（1）□态度非常好 （2）□态度比较好 （3）□态度一般
（4）□态度很差 （5）□其他______
16. 在体检报告出来后，有专门的医务人员给大家讲解吗？
（1）□有 （2）□没有 （3）□不清楚
17. 您所在村庄的村委和镇政府对体检的支持情况如何？
（1）□非常支持并全力帮助 （2）□比较支持 （3）□不支持
（4）□不清楚

18. 您认为您所在村子的免费体检还存在哪些应当改进的地方？您有什么建议？

____

____

____

本次问卷调查到此结束，感谢您在百忙之中抽出时间来完成我们的问卷，再次向您表示衷心感谢!

附录二：

农村老年人免费体检时效性研究访谈提纲

（一）访谈摘要（村干部）

1. 您所在村庄的老年人免费体检政策实行情况怎么样？

2. 村委有专门的工作人员进行老年人免费体检政策的宣传和动员工作吗？

3. 目前您所在村庄65岁以上的老年人数量大约有多少，参加免费体检的老年人多吗？

4. 老年人不参加免费体检的原因是什么？

5. 您所在的村委有没有采取什么实际的措施来鼓励老年人参加免费体检？

6. 您觉得老年人免费体检政策对村庄未来的发展有什么意义？

（二）访谈摘要（社区卫生室医务人员）

1. 请您讲一下当地老年人免费体检的大体情况（时间、地点、检查频率、检查项目等）。

2. 为老年人免费体检的医疗队伍由谁组成，由谁组织进行？

3. 免费体检的通知由谁下达，怎样保证通知到每位老年人？

4. 您所在村庄的老年人参与免费体检的情况怎么样？

5. 体检报告大约多长时间出结果，出结果后会向老年人详细解释体检结果或提出健康建议吗？

6. 政府对进行免费体检的社区医生有经济补贴吗？

7. 村委或镇政府有没有采取有可行性的鼓励老年人参加免费体检的措施？

（三）访谈摘要（村民）

1. 您对现行老年人免费体检政策的了解情况？

2. 您对老年人免费体检的看法有哪些？

3. 您是否参加过或带家里老人参加过免费体检（参加过或未参加的原因)？

4. 您遇到过以免费体检为由实则卖假药的骗子吗（类似事件也可)？若遇到过，请说明情况以及政府、村委会、您个人采取的措施？

5. 免费体检政策落实以来，对您和您的家庭成员健康状况的改善成效如何？

6. 您认为您所在村庄免费体检的实行情况怎么样？

7. 农村免费体检和自费去医院详细检查您会选择哪一个（说明选择原因）？

8. 请您尽可能详细地描述说明一下在免费体检时医护人员的态度。

9. 您对体检完成后体检报告专业名词知识的认知了解途径有哪些？

10. 您所在村庄和镇政府对老年人免费体检的支持情况如何？

11. 您认为您村子的免费体检还存在哪些需要改进的地方，请给出建议。

山寨食品充斥农村市场的现状分析及对策研究——以山东省＊＊县为例

团队负责人：殷小语　　　　　　　　　　　　　　　　　　指导教师：臧文杰
团队成员：张亚杰　张照晗　刘祖福　辛丽君　张智伟

一、项目目的

近几年，农村市场产生了一种相对高级却隐含安全隐患的商品类型——山寨食品。山寨食品问题存在很大的食品安全隐患，除了给消费者带来了一定程度的经济损失，还严重危害消费者的身体健康。本调查力求通过田野调查、深度访谈以及问卷调查等多种方法渠道，明晰山东省淄博市临淄区凤凰镇东召西村山寨食品充斥农村市场的现实状况，并从农村市场、消费者、生产商、监管部门四个维度分析山寨产品充斥农村市场的原因，进而提出多向度治理对策。

本团队真正走进农村食品市场，关注农村食品安全问题，了解山寨食品在农村市场“肆意妄为”的原因，切实为了维护消费者的消费权益和健康做出贡献，从山寨食品这一个小的出发点为由，督促政府切实关注关心农村食品安全问题，从而进一步为实现乡村振兴战略而努力。本项目具有较强的应用价值。本项目通过深入农村市场调查，广泛运用社会调查与统计的多种方法，发现山寨食品在农村市场中存在的原因，提出有针对性的建议供相关部门进行参考，以达到促进农村地区解决农村山寨食品侵入问题的目标，为乡村振兴战略而贡献一分力量。

二、项目内容

我国作为一个农村人口占多数的国家，农村食品安全尤为重要。国务院领导对农村食品安全极为重视，曾就农村食品安全问题做过多次指示。但随着城市食品安全监管力度加大，城乡接合部及广大农村的食品安全问题却日益凸显，加强农村食品安全监管显得日益重要。当下山寨食品充斥农村市场，整治农村山寨食品问题刻不容缓，本项目基于农村山寨食品现状进行调查分析，探讨应对措施，以维护消费者的权益以及身体健康。本项目以经济发展较快的农村地区作为研究对象，在社会学、经济学以及国家出台的相关法律法规的理论指导下，采用问卷调查、实地走访以及访谈等研究方法，具体地探究山寨食品充斥农村地区的现状，分析这种现状出现的原因以及解决措施，为相关政府机关提供可供参考的意见和建议，以便改善此类现象。

本项目选题创新，利用知网检索系统，以“山寨产品”“农村市场”为关键词检索中文文献，发现从2010年开始，共有7篇关于农村市场山寨食品文献。同时，利用百度检索系统，以“山寨产品”为关键词检索，截至2018年6月1日，共有67000篇新闻信息，加上“农村市场”则有571篇新闻，且该方面新闻按时间序列来看，基本每月都有新闻披露。所以该问题的现实严峻性与针对该问题的科学研究极度对称，选择该项目开展社会调查在选题上是一种新的尝试。

1. 实地调查研究内容

（1）山寨食品大多依附于知名产品，成本低下，价格低廉，吸引力大，利用价格优势占领农村市场，不仅危害了消费者的身体健康，还会引发维权纠纷。本项目从市场的供求关系以及市场监管方面，找寻问题根源，提出解决措施。基于此我们制定问卷，在实践地点附近广泛发放问卷。

（2）在某些相比之下经济更为落后、信息更为匮乏的地区，许多山寨食品与其模仿产品价格相近，但是食品极其危害身体健康，不良厂商从山寨食品中尝到了“暴利”的滋味，此类现象背后我们更值得深究的是低端消费群体的文化水平低造成的辨别水平弱，使得不良厂商在利益的驱动下不断地侵占农村山寨市场。基于此我们走访了实践地点附近的小超市，并对购买人群以及超市管理人员进行一对一访谈。

（3）我们将山寨食品的购买人群锁定于农村的老人以及儿童，基于此我们走进受访地点的老年公寓，与公寓内的老人共同探讨此问题，针对走访情况同时我们向当地村委书记提出建议，共同为了当地居民的权益、身体健康等做出力所能及的贡献。

2. 文献、政策研究内容

系统地探讨当前有关农村食品安全的相关文献以及国家政策，根据调查研究农村实际情况与国家政策之间的矛盾点，提出相应的改进建议，分析总结山寨食品充斥农村市场的规模以及分布情况，提出因地制宜的建议措施。

三、项目方法

本项目主要采用访问调研法、文献调查法、问卷法以及观察法，通过对淄博市临淄区凤凰镇东召西村进行实地调查，基于调查的真实情况，总结其中存在的问题，寻求解决之道并提出特定建议。

四、项目结果

1. 购买方：大多农村消费者收入水平低，更倾向于购买价格低廉的商品，且受教育程度低，对山寨食品辨别程度不高，会不经意间购买山寨食品。

团队成员走访了东召西村，发现当地是市级明星村、经济强村，发展水平较周围村落更快，经济水平大多达到小康水平。走进当地超市，货架上的山寨食品以及无品牌食品占了一半左右，据观察许多居民都在购买这类产品时没有犹豫，因为山寨食品外观与广告中的名牌产品实在相像，让人很难区分。对此现象团队成员询问了超市工作人员，工作人员对此表示当地居民对所谓的山寨食品、三无产品没有什么概念，就连她自己整天面对这些产品，也并不了解哪些是正牌，哪些是模仿其他产品的，因为这些食品价格低，在外包装、口味等方面都不错，感觉对身体健康也没有什么影响，所以成了人们争相购买的食品。另外我们发现购买这些食品的人群大多为儿童、中年男性以及老人，相比之下高中生以及大学生人群较少购买，许多初为人母的女性也极少购买。对此我们分别对三类人群发放问卷和访谈得出结论，对于儿童群体而言，资金不够充裕，购买心理不够理性，购买食品时常常选择自己在电视广告中常见的食品，但是辨别能力弱，因为货架中本身就没有正牌食品，便将三无食品、山寨食品当成自己的首选；而对于中年男性和老人而言，观看广告少，对于广告中常见的食品不了解，在为自己的孩子选择食品时常常选择外观看起来高端的，并且价格不高，所以更倾向购买；受过高等教育的学生已经有了初步辨认的能力，并且在日常生活中的新闻媒体中，也知道有哪些知名正牌食品，了解三无食品的危害，并且可支配资金充裕，极少会购买山寨食品；初为人母的女性会更多地关注食品安全方面的报道，在购买食品时会格外注意。另外，从一个中立的角度来分析，有些农村消费者是穷苦的，节约度日，或许他们有着清晰的辨别能力，但是在超市购买商品砍价砍到商家毫无利润，长此以往，也会逼迫商家去进购低成本高利润的山寨食品、三无产品。归根结底，是农村发展水平不够，农村消费者的收入低下而引发的。

2. 销售方：小本超市小本经营，进货审批程序简单，山寨食品有着超高额利润。

团队成员走访当地众多超市，超市数量多，大多不是连锁超市，且规模不大，进货渠道不得而知，由于进货审批不够严格，超市货架中无品牌食品、山寨食品层出不绝，且种类繁多，摆放位置尽在超市显眼的地方和折扣区，有的价格并不是多么低廉，有的甚至与正牌食品相近。团队成员调查发现这种现象应从以下几个方面分析：一方面是农村超市规模小，订货不多，如果走正规渠道进正牌商品，拿不到大型超市的低价格，对于农村小店来说成本上升，利润降低，许多超市可能无法承受；其次农村消费者购买力低，对于产品的选择会更多地考虑价格因素，如果销售方进购正牌高价的商品，销售也成了问题，销售方只能在进货时压缩成本，选择低成本的商品，山寨食品便成了销售方最好的选择；另一方面，黑心商家会认为山寨食品的危害不是一时的，对自己的超市没有利害关系，同时山寨食品利润高额，在利益的驱动下山寨品自然而然成了进货首选。当一个农村市场成了只充斥着山寨食品的市场时，对于销售方和购买方而言，已经没有山寨食品以外的选择了。

3. 监管方：相关法律法规不够完善清晰，监管部门监管不力。

经过团队成员调查和查询相关资料得知，在市面上销售的哪怕是山寨食品，大部分都是有相关营业资格的，有着完整的手续，国家在山寨食品这一定义的相关法律法规上不够明确，导致许多黑心厂商钻了法律的空子，也导致了监管部分没有办法去查处这些黑心商家。生产三无产品、山寨食品的厂家大多在偏远地区建厂生产，这也增加了监管部门的监管难度。另外处罚力度不够严格，致使许多厂家在查处以后依旧会再更换地点重新生产，有的甚至在监管部门走后接着进行生产。是监管部门的失职，但是严抓山寨食品需要各个政府部门同时配合，层层把握，共同维护农村食品市场。

4. 农村消费者权益意识低，缺乏维护自己消费者权益的能力，违法成本低，维权成本高。

关于维权问题，在团队成员在与老年公寓老人以及在超市的购买者的谈话中，感触颇多。团队成员发现大多当地居民都阴差阳错间买过山寨食品，我们说道可以向相关部门举报，这是自己的消费者权益被损害的表现，当地大多数人表示自己并不了解维权渠道，在农村购买山寨食品是很普遍的事情，也没有人会去举报、投诉。团队成员分析，是传统思维禁锢了人们维权的双手，大多是农村居民追求安逸的生活，并不会“节外生枝”，误买到山寨食品只会随意过去，并不会深究，说到底是权益意识不够，对维权渠道也不了解，没有维护自己的能力。生产商违法生产山寨食品成本低下，利润高昂，但是对于农村消费者来说，维权一波三折，维权过程艰难，渠道不明，成本高额，只能放任自己所处的农村市场被山寨食品侵占。

5. 农村市场：消费者、生产者、销售者共同制造农村市场需求。

谈到农村山寨食品市场，人人都会怪到黑心厂商，但正是农村消费者的消费倾向才让黑心厂商发现有利可图，从此找寻“商机”。农村市场本身就是一个所谓的低端市场，如果一个商品的价格上升了，在农村消费者心里会觉得价格直逼城市价格，这样的商品在农村市场上没有一席之地，同样价格的商品农村消费者会觉得在农村市场上就不值得这样的价格，这让销售者无利可图，久而久之，销售者更愿意进购无品牌的山寨食品，这样的商品哪怕比正牌商品便宜几元钱，在农村消费者眼中都是值得购买的。正是由于消费者、生产者、销售者三方的“配合”，才共同形成了一个低端的农村市场，是农村市场需要山寨食品，制造出了广阔的市场需求。

五、项目分析

数据来源：本项目发放电子问卷 44 份，纸质分卷 60 份，回收纸质问卷 53 份，共计有效问卷 97 份，有效率为 93%。回收问卷男女比例 11：14，年龄分布在 6—14 岁为 9 人，15—34 岁为 39 人，35—60 岁为 30 人，60 岁以上为 19 人。以下是对本次调查问卷的结果分析：

（1）受访人群对山寨食品的定义：

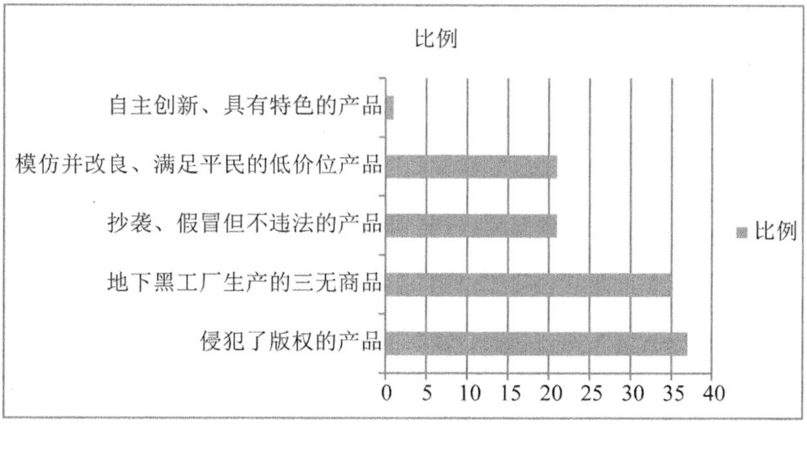

图 1

据数据显示，37.1%的调查对象认为山寨食品是侵犯了版权的产品，35%的调查对象认为山寨食品是地下黑工厂生产的三无商品，21%的调查对象认为山寨食品是抄袭、假冒但不违法的产品，21%的调查对象认为山寨食品是模仿并改良、满足平民的低价位产品，1%的调查对象认为山寨食品是自主创新、具有特色的产品。根据数据我们的调查对象对山寨食品的定义大致都是正确的，但是进行访谈时，我们发现在没有调查问卷的情况下，调查对象很少有人能够说出对山寨食品的定义，只有面对问卷上的选择才能根据选项做出回答。结果表明，农村消费者对山寨食品的了解甚少，虽然能够做出大致正确的选择，也能够对山寨食品是否危害身体健康做出正确判断，但是在意识中对山寨食品还是定义模糊，在日常生活中如果遇到山寨食品也可能无法辨别。原因在于相关部门对山寨食品安全方面普及工作不到位，也侧面反映出农村市场出现信息的不对称，农村消费者在食品安全方面的意识有待加强。

（2）受访人群对山寨食品是否侵犯知识产权的看法：

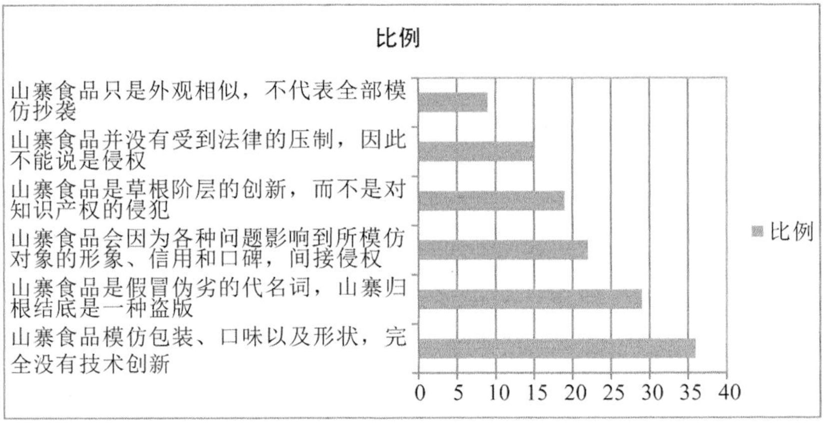

图 2

据数据显示，36.1%的调查对象认为山寨食品是对被模仿事物的侵犯；28.2%的调查对象认为山寨食品是一种盗版；22.3%的调查对象认为山寨食品间接侵权；17.9%的调查对象认为山寨食品不是对知识产权的侵犯；15%的调查对象认为山寨食品并没有受到法律的压制，因此不能说是侵权；8%的调查对象认为山寨食品只是外观相似，不代表全部模仿抄袭。结果表明受访人群对山寨食品是否侵权态度不一，但是大部分调查对象认为山寨食品从几个方面分析是侵犯被模仿食品的知识产权，仍有小部分的调查对象认为山寨食品是一种创新，是一种模仿，并不算是侵犯知识产权。原因在于农村消费者受教育程度普遍低，对知识产权与创新的定义模糊不清，无法分辨，辨别能力不足，正是调查对象认为山寨食品是一种正品牌，不侵犯法律的产品，所以潜意识里会认为在法律许可范围内的食品不会有安全问题，仍会继续选择山寨食品。

（3）影响受访人群购买山寨食品的因素：

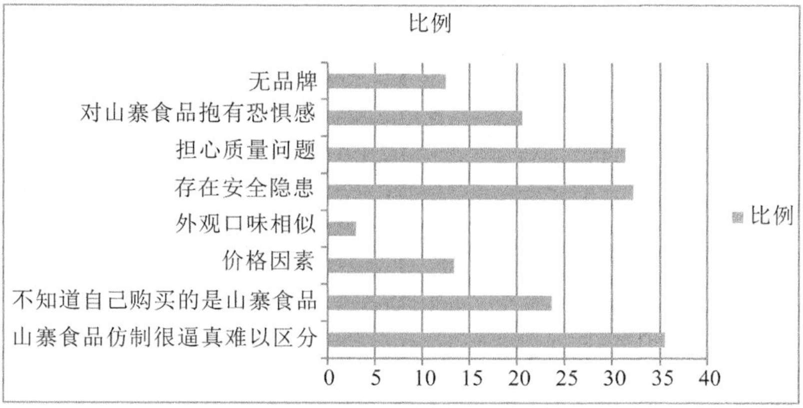

图3

据数据显示，35.5%的调查对象在面对山寨食品时难以区分，23.7%的调查对象不知道自己购买的是否为山寨食品而误买，13.4%的调查对象会因为价格因素选择山寨食品，3%的调查对象会因为外观口味相似而选择山寨食品，32.2%的调查对象会因为担心存在安全隐患而不购买山寨食品，31.4%的调查对象因为担心质量问题而不选择山寨食品，20.6%的调查对象对山寨食品抱有恐惧感，12.5%的调查对象因为山寨食品无品牌而不购买。根据我们的调查过程以及数据分析，调查对象中了解山寨食品并知道其中危害的是青年人为主，这类人群在面对山寨食品时会考虑其存在的安全隐患和质量问题，一般很少购买；而中老年人和儿童在面对山寨食品时辨别能力弱，会首先考虑商品的价格因素，大多都误买到过山寨食品，因为山寨食品的外观口味与正牌商品相像，所以后期再次购买的可能性也增大。

（4）山寨食品常见地点：

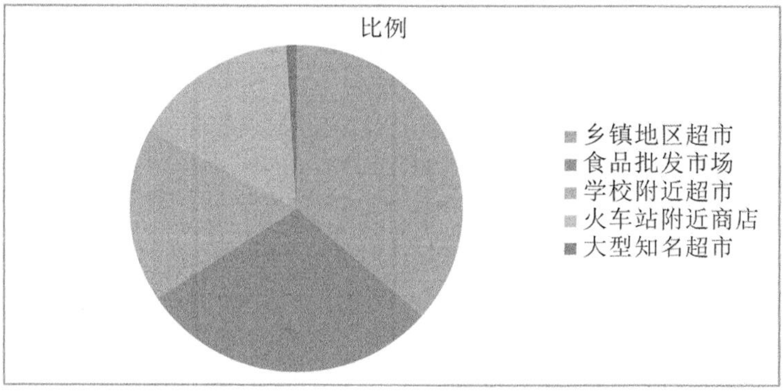

图4

据数据显示，36%的调查对象认为山寨食品常出现在乡镇地区超市，29%的调查对象认为山寨食品常出现在食品批发市场，17%的调查对象认为山寨食品常出现在学校附近超市，16%的调查对象认为山寨食品常出现在火车站附近商店，1%的调查对象认为山寨食品常出现在大型知名超市。团队成员探访农村超市后发现乡镇超市货架上山寨食品所占比例很大，乡镇地区超市出现的山寨食品常常是知名产品的模仿品，在食品批发市场出现的山寨食品类型大多是调味料以及生活用品，在学校附近的超市出现大多是“五毛零食”等，而在火车站附近商店大多出现山寨版本方便面、饮料、矿泉等。

六、结论与建议

通过本次的社会实践与调查，团队成员深入农村食品市场，深入挖掘山寨食品在农村市场中存在的根源，团队成员发现归根结底是农村消费者的认知能力不足，消费观念和生活观念没有随着生活水平的提高而更新换代，城乡之间的收入差距、经济水平差距日益增大，导致山寨食品流入农村市场，且更加猖獗。其次，农村消费者对于自己的切身利益不够重视，对于维权意识也待加强，维权渠道不够明确，维权成本过高，这也是导致山寨食品在农村市场“肆意妄为”的原因。另外，相关部门对农村食品市场监管不力，没有将食品安全问题当作重中之重，处罚力度亟待加大，相关法律法规不够完善，政府应当真正把人民群众的切实利益当作工作的重点。最重要的是，对于山寨食品的源头，应该严加把关，山寨食品生产商家的素质需待提高，对于农村销售方进货的渠道也需要更加严格的审批，从源头上抵制山寨食品。

基于此，团队成员提出以下建议：

1. 加强农村居民食品安全教育，增强维权意识，提高辨别山寨食品能力。

山寨食品在农村市场猖獗，很大一部分原因要归结到农村消费者不懂辨别山寨食品的方法，缺乏辨识能力，不了解山寨食品的危害，对食品安全不够重视，自己的消费者权益受到了损害也不自知，心中没有维权意识，也不了解维权渠道。政府对于此应该层层把关，在各个村落建立食品安全中心，定期向居民普及食品安全知识，让每一个村民了解食品安全的重要性，学会辨认山寨食品，增强自己的维权意识，简化维权的程序，缩减维权成本，让每一个农村消费者能够真切地维护自身权益。

2. 大力发展农村经济，减少城乡经济发展水平差异，提高农民生活水平。

山寨食品“盯准”农村市场，就是将农村市场定位为低端市场，因为农村经济发展速度慢，经济发展水平低，人民的收入比较低，所购买商品的价格更倾向于低廉的，因此山寨食品才逐渐流入农村市场。所以想要遏制山寨食品流入农村市场，首先要大力发展农村的经济，带动大家共同富裕起来，真正达到高层次的小康水平，减少城市与农村的经济水平差异，让山寨食品在农村市场无迹可寻。农民的生活水平提高，再逐步提升自己的消费观，不再单纯追求价格低廉的食品，而是多方位考虑食品的价值，不再让价格因素成为限制农村消费者消费的“羁绊”，才能真正地保障农村居民的食品安全健康，维护居民的切身利益，从而进一步为实现乡村振兴战略而努力。

3. 政府亟待完善相关法律法规，加强市场监管。

据团队成员了解，我国目前对于山寨文化、山寨食品没有具体的相关法律，所以让一些黑心商家有利可图，钻法律的空子。对此我国应该加快完善食品安全方面的法律法规，给山寨食品一个准确的定义，对于黑心厂家一经查出应该给予严厉的惩罚，加大惩罚力度，让其了解到政府工作首先是以最广大人民的利益为主的。另外要加强监管力度。山寨食品厂商一般在偏远地区建厂，这需要执法人员深入偏远地区地毯式搜查，后期要追踪这些厂家的整改情况，为广大消费者营造一个安心、健康、安全的消费环境，真正落实到消费者的食品安全上。

农村贫困治理背景下“精神扶贫”的现状及对策研究——以临沂市平邑县为例

团队负责人：李明峻　　　　　　　　　　　　　　指导教师：韩瑶

团队成员：李金盛　李柯华　梁会会　梁若男

一、项目目的

十九大报告会中明确指出了，要全力以赴地打赢脱贫攻坚的战争，注意“物质扶贫”与“精神扶贫”的有机结合。要加快农村贫困治理的步伐，而如今农村贫困人口的存在是限制全面小康的最大拦路虎。要进行农村贫困治理，仅仅靠国家物质扶贫是远远不够的，还应该发挥群众的力量，积极进行“精神扶贫”从根本上改变农村贫困地区人民“等，靠，要”的消极心态，积极培养广大贫困人口脱贫致富的心劲，丰富广大农村贫困地区的精神文化生活。如今农村贫困治理已经到达最后的冲刺阶段，农村贫困治理上的扶贫不仅仅需要“物质扶贫”，更多的是对人民群众的“精神扶贫”，打破原有的心理定式、价值观念以及固存观念、习惯，从而促进农村贫困地区经济结构的变迁。本次社会实践就是在农村贫困治理的大背景下寻找一直以来潜伏在物质扶贫背后的深层影响以找寻农村贫困治理的问题与矛盾，结合调查问卷分析“精神贫困”“思想贫困”问题，从而进一步推动农村贫困治理，推升脱贫质量，从而改善贫困居民的生活水平，加快全面小康的步伐。

二、项目内容

（一）项目背景

党的十八届五中全会，明确地指出了“十三五”发展的战略部署，同时也对实施脱贫攻坚工程、全面建成小康社会提出了具体的举措。习近平总书记在走访了中国许多的贫困地区之后，也提出了“扶贫先扶志”“扶贫必扶智”和“精准扶贫”的扶贫方略。2016 年，国务院下发了《“十三五”脱贫攻坚规划》文件，同时结合“创新、协调、绿色、开放、共享”五大发展理念指导精准扶贫，目的在于彻底消除贫困，到 2020 年全面实现小康。

（二）项目概述

目前，农村扶贫工作已经进入了攻坚拔寨的冲刺期，但事实表明农村扶贫工作仍然存在一定的问题。农村扶贫工作不仅仅是建立在丰富的物质生活上，更重要的是提高精神生活的质量。本项目以山东省临沂市平邑县为考察地，从百姓与村官两个角度出发，通过访谈、问卷调查等方法，围绕农村贫困治理背景下如何实施“精神扶贫”政策、当前在其实施过程中所面临的问题展开调查，分析当今农村精神扶贫存在的问题与不足并探讨解决问题的途径与方法，以期待可以为农村“精神扶贫”贡献一分力量。

（三）项目创新

我国是一个社会主义国家，有着以人为本的原则。在党的十九大中，习近平总书记也指出“坚持以人民为中心”是新时代坚持和发展中国特色社会主义的基本方略。这是对决胜全民建成小康社会、实现中华民族伟大复兴的本质要求。然而，我国目前还有四千多万的贫困人口是全面建成小康社会的短板，这其中绝大部分是农民，因此在农村贫困治理背景下探究精神扶贫是以现实为依托，响应时代热点的问题，体现了以人民为中心的治国思想。

（四）项目目标

本项目通过对临沂市平邑县的深入调查研究，同时结合所学的专业知识，紧紧围绕农村贫困治理这个大背景和精神扶贫这条主线构筑分析框架，通过对调查数据的分析，了解当前精神扶贫政策在农村取得的成就和存在的问题，针对调研结果提出相应的意见和建议。希望政府能够更加重视农村贫困治理背景下的精神扶贫，让精神扶贫在农村能够建立长效机制，以保证精神扶贫政策能够真正落实到位。

（五）项目经历

实践团队历时十天对临沂市平邑县的五个乡镇进行实地走访，通过对当地村官和当地不同年龄、性别的百姓进行了深入访谈和问卷调查后，对调研的数据进行了深入分析，找到了当前农村贫困地区精神扶贫的主要问题，通过查阅资料和文献并结合实际情况，就当前存在的问题提出了相应的对策。如图所示：

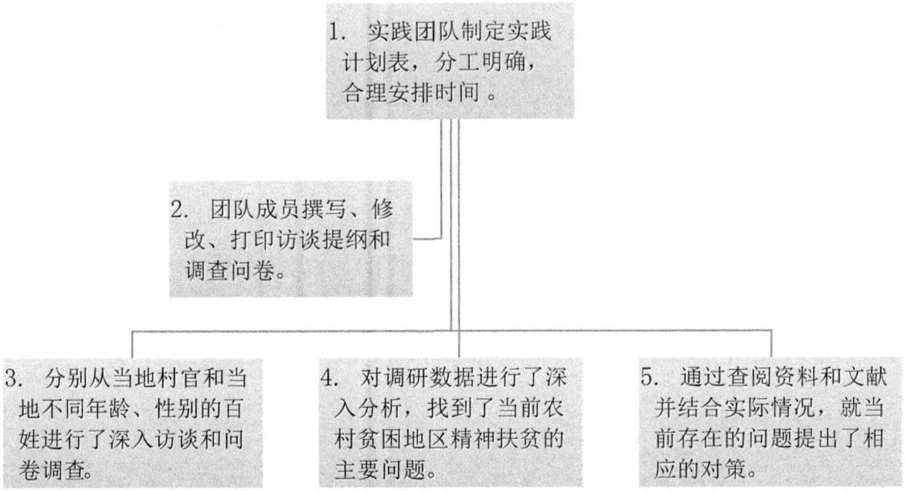

图 1

三、项目方法

农村精神扶贫不同于常规的精准扶贫简单地进行物质上的帮助，更多的是一种本质上的探究团队，以精准扶贫中精神扶贫主要对象为主体研究对象，针对该群体在精神扶贫过程中的问题与渴求展开阶段性调研采访。

团队制定了充足的项目调研时间，保障了多元化调研方式时效性搭配，项目团队成员分工明确具体，项目前期调研过程中，本团队采取问卷调研法、采访咨询法、查阅文献法、对照分析法、综合分析法等方法。

（一）问卷调研法

团队根据项目自身研究目标和研究途径提前设计了相关的问卷，针对农村精神扶贫过程中，农民精神生活方式的现状与渴求进行了问题设置，以此对农民精神生活的满意度进行客观的分析与衡量。

（二）访谈咨询法

解决好精神扶贫问题是正确处理好农村贫困治理的关键所在，团队成员充分认识到调研过程中对精神扶贫重点村民代表，充分听取农村贫困治理中精神扶贫所存在的不足，通俗易懂地交换与双方看法，了解“精神扶贫”农民精神生活的真实想法和评价。

（三）查阅文献法

以农村贫困治理为背景下的精神扶贫，是保障农民全面小康至关重要的环节，该村村委为本团队提供了农村精神扶贫的证明材料和策划书。同时 自推行精准扶贫中的精神扶贫以来，相关研究性文献丰富并具有高度理论性与指导性，本团队所有成员协同合作已在中国知网、人大复印资料、谷歌学术以及本校图书馆收集相关文献和论文 50 余篇，采取实证研究为基础，以政策导向为指引，获得诸多一手描述性研究，为后续项目持续开展提供了理论支持。

（四）综合分析法

本团队进行了深入的调研与走访后基本上全面、正确地了解并掌握了农村精神扶贫问题的相关信息，梳理了农村贫困治理背景下的精神扶贫的相关问题与对策，认清农村精神扶贫的确实与未来，运用归纳和演绎、分析与综合、抽象与概括等具体的推理论证方法对问题本质进行初层次探讨，采取类型化、体系化的思考方法以“头脑风暴”形式进行集思广益，进行了系统的实证分析、经济分析、价值分析、历史分析、文化解释等。

四、项目结果

本次社会实践的主要调研地，山东省临沂市平邑县位于沂蒙山区，是全国一百个贫困县之一，是山东省扶贫开发重点县，更是国家沂蒙山革命老区振兴规划县重点县。从本次社会实践的走访调查过程中可以看出，农村贫困治理还有很长的一段路需要走，特别是国家对“精神扶贫”的执行还有很多艰巨的任务需要克服。

（一）贫困人口思想僵化

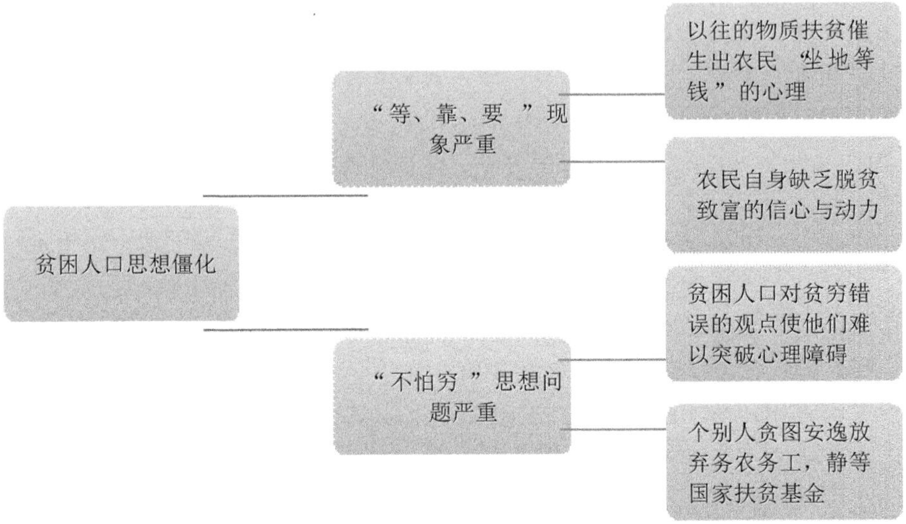

图 2

经实践小组走访调研发现，农村贫困地区的贫困人口普遍存在着受教育程度低的问题，普遍的低文凭现象导致贫困人口自我脱贫意识淡薄，存在着信心动力不足热情不高的问题。具体有以下几个方面：

第一：“等、靠、要”现象严重。经过实地实践不难看出，很多贫困居民的长期贫困状态与其长期形成的固有观念密不可分。在以往物质扶贫的影响下，一些人已经坚定政府扶贫就是“坐地等钱”的脱贫致富方式，更普遍存在着“等，靠，要”的不良心理，缺乏一种脱贫致富的信心与动力，普遍将“我要富”理解为“要我富”，丝毫没有吃苦耐劳的精神与品质。人们长期处于“被动扶贫”，使得我国农村贫困治理工作进程缓慢，效果低微，就如同习近平总书记说的那样“干部干，群众看”，这就给农村贫困治理增加了多重难度。例如，山东省临沂市平邑县流峪镇某村，当地政府落实国家相关扶贫政策，帮助居民建立金银花苗木基地之后，众多贫困户依然等着政府组织人员进行苗木种植，一味将所有希望寄托在政府身上，希望自己坐享其成。在面对贫困时，不积极从自身找解决方案，却把所有希望寄托在国家精准扶贫的扶贫财物上。从不认为自己的错误态度导致自身的贫困却将贫困的原因纠结于扶贫力度不足等因素上。

第二：“不怕穷”思想问题严重。经实践团队对平邑县贫困村进行走访调查时发现，农村贫困治理中贫困人口“扶不起”“难扶起”的原因在于，很多人害怕以自己现有的能力水平学不会新技术、新技能，进而无法发展新型扶贫产业，故而造成农村贫困治理难以进行，对贫穷错误的观点让处于农村贫困地区的人们始终无法突破原有生活方式的心理障碍。更是有个别的人贪图现有生活的闲散安逸而放弃务农务工，静等国家的扶贫基金。真所谓是“怕这怕那就不怕穷”，宁愿守着陈旧破败的生活也不愿意去尝试一个全新的有意义的人生。“蹲在墙根晒太阳，静等别人送小康”成了很大一部分贫困群众的真实写照。俗话说“巧妇难为无米之炊”，面对这些有着不健康心理的贫困群众，就算有再多的贫困治理，物质扶贫也终究只会是治标不治本，没有多大作用。长期的贫困生活使他们养成了某种对贫困生活的习惯性，因此，这样的贫困心理得以长期保存传递，这也使得农村贫困治理迟迟难以前进，“精神扶贫”也就成为我国农村贫困治理的重中之重。

（二）精神扶贫缺失现象严重，不健康精神文化呈现主流态势

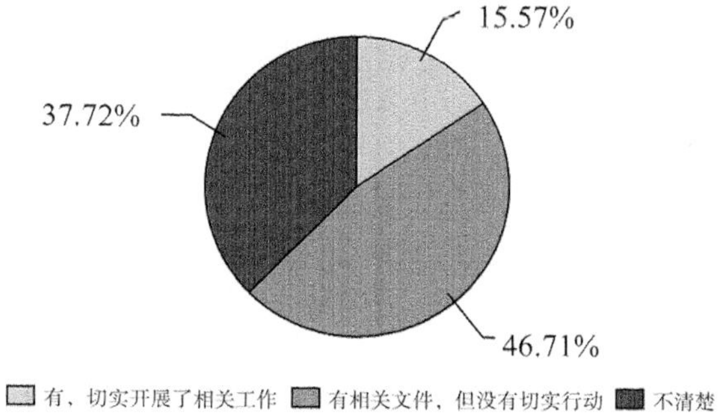

图 3

我国原本的精准扶贫注重物质上的补贴与扶持，这就使得农村精神文化建设的投入极其不足，致使我国农村地区文化资源匮乏。农村现有的精神文化建设难以发挥应有的活跃农村文化生活的作用，也起不到引领农村文化积极发展的作用。日常缺失精神扶贫相关对策，措施。日益减少的农村精神文化活动，调查发现农村相关精神扶贫的活动少之又少，本来就少有的精神扶贫的具体实施就更加难以发现效果。不健康的精神文化不仅仅动摇了他们脱贫致富的积极观念，更是让人们日常工作缺乏乐趣，生活变成了学生式的家庭工作的两点一线的生活模式。就目前实践团队的调研发现我国农村贫困治理背景下的精神扶贫缺失严重致使我国农村居民面临众多“精神文化盲区”。“精神贫困”比经

济贫困更难以解决，这就阻碍着农村贫困治理的进一步实施。

（三）受教育程度低，价值取向失范

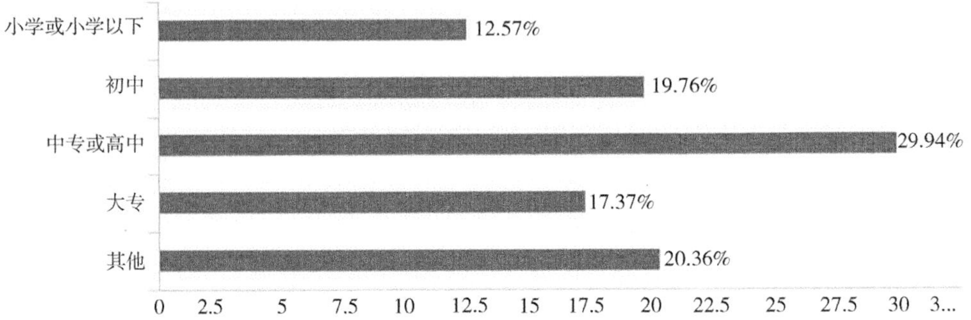

图 4

我国正处在加快农村贫困治理、全面建设小康生活的关键时期，各种社会上的矛盾开始凸显。长期以来的崇文尚贤的优良传统正在一步一步走向消亡，有很大一部分人特别是贫困居民更加相信读书无用论，众多贫困户宁愿家里人挣钱打工也不让其上学。经过调研发现，贫困地区居民的受教育程度普遍在高中及以下。尽管我国政府强制推行九年制义务教育，但由于居民的上学无用论等不良思想的影响，贫困地区的少年郎辍学率很高。以此来看，贫困地区的低学历人群是否获得脱贫致富的知识技能就不得而知，更高层次的像他们是否获得了脱贫致富的信心与动力以及改变命运的决心和信心，这些我们都不得而知。另一方面随着我国商品经济发展的深入，利己主义已经逐渐成为部分农民的主流道德观念。有用的费尽心思讨好巴结，没用的束之高阁，更有甚者把我国几千年来的优秀道德传统当成自我发展的禁锢，抛弃良心巧取豪夺，非法牟利从而脱贫致富，在暴富之后挥霍无度，醉生梦死。价值观上，农村贫困地区已经逐渐养成了一切向“钱”看的不良现象，极端的利己主义已经占领了部分人的头脑，失范的价值观念已成为一些见利忘义的人群坑蒙拐骗的借口。总之，农村贫困治理大背景下的精神扶贫建设面临着极为严峻的形势。错误价值观等不良现状的改变已经成为农村贫困治理的一大绊脚石，要想真正改变农村贫困的现状必须进行精神扶贫，价值观失范的现状。

（四）民族精神文化需求与供给的矛盾突出

随着农村贫困治理的逐渐深入，农村贫困地区的物质基础在逐渐加深，越来越多的贫困居民渴望外面的丰富的精神文化生活，而想要满足贫困居民这种精神上的需求就必须有相应的精神扶贫来提供精神生活场所和精神生活设施。然而现实生活中的精神扶贫资金匮乏，贫困居民精神生活需求与现有供应严重不符。例如对图书知识的需求，农村相关的图书精神建设严重不足。2017 年全国农村人均阅读量仅为 0. 35 册，远远低于全国人均图书阅读量。另一方面，在农村贫困地区，电影等娱乐文化活动更是一种奢望。由于原有的农村贫困治理方式，精神文化产品坐上了冷板凳，致使精神文化供应严重不足。我国农村贫困治理在精神文化方面缺乏供应，贫困居民出现了严重的精神文化需求与供应上极为突出的矛盾。

五、项目分析

近几年以来，伴随着我国精准扶贫政策的逐渐深入，扶贫效果显著，但仍然有一部分地区出现了贫困反弹，这给农村贫困治理带来了极大的麻烦。农村贫困治理之所以难以有效地完成，究其原因是部分地区精神比物质更加贫困。以往的“输血式”物质扶贫模式仅仅是“授人以鱼”而并非“授人以渔”。在十九大报告中习近平总书记提出了“扶贫先扶志，扶贫必扶智”的总方针，进一步强调了“扶贫发力要精准，精神必先行，要高度重视和认识精神扶贫在农村贫困治理中的先决性，基础性和关键性作用，把精神扶贫作为农村贫困治理的重要措施，实现农村贫困治理的早日进行”。实践小组通过对调查结果的分析研究以及本身实践过程中的体验得出致使我国农村贫困治理“精神扶贫”现状不容乐观的原因如下：

（一）思想意识没有进行完全转变

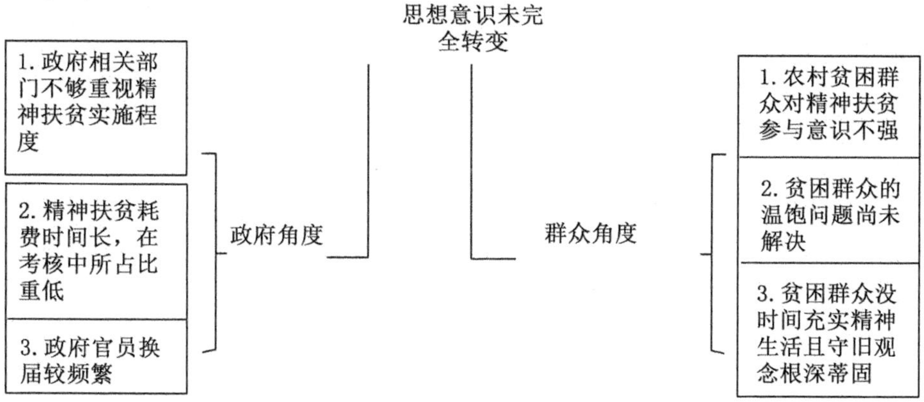

图 5

实践小组认为，思想意识的未完全转变是造成农村贫困治理背景下的精神扶贫的重要原因。而造成该原因影响阻碍农村贫困的主要因素应该有政府和群众两大方面来分析：

1. 政府角度。政府是进行农村贫困治理下的精神扶贫的主要方案的指导者。就目前情况来说，政府相关部门还不够重视“精神扶贫”的实施程度。就以往精准扶贫的事实来看，精准扶贫时间紧，任务重，为了尽快地完成扶贫任务，有些地方政府一昧地发展经济而忽视了“精神扶贫”。因为精神扶贫在最终考核体系中所占据的比重比较低，而且精神扶贫更多的是注重精神上的富裕，完成时间长，更重要的是成绩不够明显，政府官员往往换届比较频繁，很多官员为了表面上的成绩就干脆放弃精神扶贫，紧抓物质上扶贫等这些容易看出成绩的措施，来促使自己的仕途更上一层楼，这也就导致了政府方面精神扶贫处于一种“说起来重要，做起来次要，忙起来不要”的尴尬境地。

2. 群众角度。贫困群众是精神扶贫的主要对象。而目前现状是作为精神扶贫主体的农村贫困群众对精神扶贫的主动参与意识不强。首先，贫困群众就目前来言，温饱问题还未完全解决，解决温饱问题才是贫困群众的首要追求目标，相对于温饱问题而言贫困群众对于精神文化的追求尚显得微不足道。其次，贫困地区的人们仍然过着日出而作，日落而息的生活方式，还没有时间去进行充实精神生活的活动以及进行脱贫致富的相关培训。再加上贫困地区的人们守旧观念根深蒂固。“等、靠、要”观念更是贫困居民的主流思想，这些错误的思想观念很难在短时间内完成转变。

（二）政府扶贫考评体制机制不健全

政府换届频繁，众多官员为了仕途的顺利，紧抓物质扶贫这类容易出成绩的方面。这与我国现在对官员的考评机制息息相关。我国现有的考评机制缺乏对科学教育、精神文化等相关领域的绩效考评机制。精神文化建设在绩效考评中所占比例少，这就在一定程度上造成政府把精准扶贫重心放在经济的发展上，而忽略了精神文化建设，阻碍了农村精神文化行业的发展，单一的政府考评机制一味关注结果的现有考评制度缺乏一种对过程的管理及监督，而这种对结果的关注也没能有效地进行各方面的沟通反馈，使得现有考评机制流于形式，对考评结果也没有进行一种有效的利用，造成我国现存的这种重表面形式而轻视实际内涵的现状。

（三）综合因素对农村精神提升的制约

1. 结构因素。我国现有的城乡二元结构是一种长期存在的城乡生活差异巨大的城乡结构现状。这种城乡结构造成了我国农村和城市有着完全不对等的资源，这就使得我国农村贫困地区的精神文化发展处于一种滞后的状态。这就在很大程度上阻碍了贫困居民现代意识的成长，就很难促进精神文化领域的发展。再者，这种城乡二元结构的存在很大程度上导致了我国农村贫困地区的人群受教育程度普遍很低。二元结构的客观存在导致精神文化建设中政府行为倾向于城市的“特殊癖好”，这便是我国农村贫困地区精神文化建设极其匮乏的根本原因。就调查现状来说，城乡精神文化建设投入之比普遍在 8 ∶ 3 左右，城市精神文化建设的资金支持往往是农村资金投入的 2 倍之多，这使得我国城乡精神文化建设差距越来越大。总之，我国现存的城乡二元结构很大程度上造成了农村精神文化建设的落后。

2. 历史因素。我国几千年来的封建王朝统治使得封建迷信已经深入每个人的骨子里。特别是在生产力落后的小农经济的状况下，世间万物的很多事情让人无从抗拒却又无可奈何，只有求助于超现实的幻想来支撑自己生活下去。再加上封建王朝为了巩固自己的统治地位一味采取愚民政策，这就使得我国两千多年来的农民从来不曾拥有属于自己的精神思想。我国严重的历史因素使得当今我国农村贫困地区的人们的思想观念以及精神文化建设的一些要求还未能达到相应的水平，这就很大程度上加大了“愚昧型”的农村贫困地区生活方式与现代先进的精神文化生活方式之间的矛盾。

3. 经费因素。教育是改善农村精神文化生活最有效的途径，而目前我国农村地区精神文化水平普遍比较低，这也是我国农村地区精神文化贫困的重要原因。就目前来说，我国政府采用“分级改善”的模式，城市的精神文化建设经费主要由国家来承担，而农村贫困地区的精神文化建设经费则由相应地区的县乡政府承担；另一方面我国执行“分税制”，又让县乡政府的财政收入变得十分有限。所以目前我国整体的状况是农村精神文化建设经费远远少于城市的精神文化建设经费。从我国统计局发布的数据来看，2014—2017 年，我国精神文化建设经费总支出为 17427. 5 亿元，其中农村精神文化建设支出仅为 5227. 3 亿元，农村地区精神文化建设经费仅占全国总经费的 30%左右。这种经费上的欠缺，使得我国农村地区精神文化建设发展缓慢。

（四）部分扶贫干部精神扶贫能力缺乏

近年来为了打好脱贫攻坚战，全国各地都组建了相应的脱贫攻坚小组。这种看似结构严谨行动有效的小组制扶贫，在很多地方却只是表面上扶贫，实际运行过程中，各级单位之间相互推卸责任，这就造成责任的不明确等一系列的问题，达不到预期的目标。一方面驻村的一味等待上级的安排，却不主动寻找丰富农村精神文明建设的途径；另一方面，处于高层的领导会以为基层领导可以做好本职工作，变过问较少，这就使得在精神扶贫过程中，上下领导的脱节。再加上各地扶贫小组成员调动各种资源的能力严重不足，就使得我国农村精神文化建设的道路漫长而艰难。

六、结论与建议

所谓精神扶贫就是通过干预贫困者的主观世界，充分调动和发挥贫困者的自我能动性，走出一条我要脱贫、自我脱贫的致富之路。党的十八大以来，习近平总书记把“扶贫先扶志，扶贫必扶志”作为扶贫工作的重要发展理念，同时还强调在扶贫过程中，不仅要在物质上扶贫，更要把精神扶贫置于扶贫工作中的重要位置。我国农村的贫困问题是全面建设小康社会中面临的一个严峻的问题，与此同时也是阻碍我国社会主义新农村建设的重要障碍。长期以来，人们对贫困的认识过于狭隘，强调物质扶贫在脱贫中的作用，但是却忽略了农民思想意识贫困。物质决定意识，意识对物质具有能动的反作用，思想作为意识形态的一部分，是行动的先导，思想观念的先进与落后直接影响到行动的方式，先进的思想有助于激发农民的创新意识和自主意识，有助于农民积极投身于生产活动，自主地发家致富。反而落后腐朽的思想则会阻碍新农村建设的顺利进行，导致农民在生产生活的行动中散漫懒惰，混混度日。

针对我国目前农民的精神贫困的状况，必须明确扶贫的重点与难点，把物质扶贫和精神扶贫相结合，彻底改变农村中农业、农民的落后现状，按照生产发展、生活富裕、乡风文明、村容整洁、管理民主的要求，以改善农民的生产生活的环境，提高我国农民的综合素质，建立农村新文化，建设和谐农村为目的，有助于我国社会主义新农村建设的进行与发展。农民的问题作为精神扶贫内容中的重要组成部分，也是我国精神扶贫工作的目的、中心和基础。精神扶贫内容的关键就是启发农民的自觉性，调动农民的积极性，激发农民的创造性，让农民通过自己的努力发家致富，营造积极向上，乐观进取的精神文明世界。拥有积极乐观的精神与思想使农民必将成为农村社会进步的推动力量，成为社会主义现代化的力量源泉所在。从某种意义上来说，农民的文化素质、技术能力和思想道德水平，决定了新农村建设的成败。所以，必须对农民进行精神扶贫，才可以使农民树立自立自强的精神，充分发挥其自主建设社会主义新农村的能力，这是开展社会主义新农村建设的关键所在。经过我们团队的长时间探讨我们得出了以下几条建议，希望对农村精神扶贫现状存在的问题有所帮助。

（一）加强宣传引导，提高思想意识

各级部门要加大“精神扶贫”宣传力度，要坚持执行走进千村万户，深入宣传“精神扶贫”相关政策，以及十九大召开以来我国精神扶贫的现状、机遇以及挑战。要让贫困群众特别是相关政府官员充分认识到“精神扶贫”工作的艰巨性以及急迫性，特别是要广大贫困地区群众充分认识到精神扶贫相关政策在农村贫困治理过程中的重要作用和战略地位，要营造一种“政府—基层—群众”三位一体的关注支持和参与。

对政府来说。要树立一种正确的从政观念，把自身工作重点放在农村精神文化等各项不容易出成绩却可以造福群众的工作方面来，拒绝为了自身仕途的顺利而只单纯重视经济发展等容易出成绩的方面。真正做到“为官一任，造福一方”，这才是正确的为官之道。

对贫困居民来说，要积极响应“精神扶贫”相关政策，通过各种宣传渠道来获得脱贫致富的信心与动力，直面生活中的困难，从根本上摆脱贫困，远离“等，靠，要”等不良思想。重视精神文化的提高，坚持科学观念，抵制迷信，完成农村贫困地区居民的精神大脱贫。

（二）健全机制体制，加强制度保障

1. 建立精神文化领域的考评与监督体制。要加大精神文化工作在政府官员及其相关工作人员绩效考评机制中所占的比重，并将其作为政府人员换届的重要考察内容。在绩效评估中加大对精神文化领域相关方面的考察，增强过程考察力度，彻底避免考评成为一种形式，让考评真正起到一种激励监督的作用。

2. 建立健全农村贫困地区人才培养及其引进机制。我国到目前为止城市化水平仅占50%左右，而城市人才数量达到了就可怕的95%。这是一种人才分布的严重不均。在如今农村贫困治理的关键时期，农村相关人员要通过合理的支持政策加大人才引进力度，力求留住人才。打破现有的这种流于形式的精神扶贫机制，建立一种以精神扶贫人才为基础的精神扶贫专业机构，构建精神扶贫多元化体系，通过人才的引进与培养，进一步扩宽农村精神扶贫相关措施的实施，提高精神扶贫工作人员的专业素质，从而更好地服务广大人民群众，真正地完成习总书记在十九大中的嘱托，做好农村精神扶贫，改善农村精神生活严重缺失的现状。

（三）增强农村精神文化队伍建设

大力发展文化事业和文化产业，通过农民喜闻乐见、丰富多彩的文化活动，在潜移默化中使农民通过活动学到新的知识，能够符合农民心意，带给农民实实在在的好处。例如，每月举办读书日；举行有奖竞猜活动；利用道德讲堂、农民夜校、法制学校、宣传栏、阳光台、文化活动室等平台，实施“社会公德、职业道德、家庭美德、个人品德”的“四德建设”工程；开展“星级文明户”“敬老好儿媳”“道德模范”“文明家庭”等评选活动，对表现良好的农民进行奖励和支持。在实践中，不搞“理论说教”，不搞“填鸭式”灌输，通过教育引导、舆论宣传、文化熏陶、实践养成、制度保障来引导贫困群众树立正确的价值观，树立起社会主义新风尚。

七、小结

在习近平总书记扶贫开发战略思想以及中央领导就全国脱贫攻坚奖表彰大会所做的重要批示和重要讲话精神的带领下，我国以“扶贫先扶志”“扶贫必扶智”为主要扶贫方略，精神扶贫工作在全国各地顺利展开。扶贫先扶志，致富先治心。精神贫困是贫困人口在精神文化方面的一个重要特征，严重地阻碍了贫困人口的脱贫致富，阻碍了农村经济发展的步伐，使贫困人口缺乏脱贫的精神动力和智力支持。在物质扶贫的同时，更要从思想上、精神上对农民进行帮扶。对于我国现如今农民存在的问题，只有更好地对我国农民进行精神扶贫，提高我国农民积极向上、努力进取的精神，才可以更好地建设我国社会主义新农村。

附录一

关于农村贫困治理背景下“精神扶贫”现状的调查问卷

尊敬的朋友们：

您好！

为了了解农村居民对于农村“精神扶贫”知晓程度和了解情况以及对农村“精神扶贫”政策的满意程度，我们设计此次调查问卷。请在您认为对的选项上打“√”，或者“______”填写答案。

1. 您的性别

A. 男　　B. 女

2. 您的年龄

A. 20岁以下　B. 20—35　C. 36—45岁　D. 46—55　E. 56岁以上

3. 您的文化程度

A. 小学或小学以下　　B. 初中

C. 中专或高中　　D. 大专　　E. 其他__________

4. 您的主要职业

A. 全职务农　　B. 非农就业　　C. 学生

D. 退休　　E. 无业　　F. 其他__________

5. 您去年全家总收入大约是多少

A. 5000 元及以下　　B. 5000—10000 元　　C. 10001—20000 元

D. 20001—50000 元　　E. 50000 及以上

6. 您是否见过宣讲队伍进村宣传扶贫攻坚政策或其他法律政策

A. 是　　B. 否　　C. 不清楚

7. 村里是否有悬挂扶贫攻坚的标语或在宣传栏内张贴相关内容

A. 是　　B. 否　　C. 不清楚

8. 您是否见过村里开展一些类似于“3.5”学雷锋的主题活动（若选“A”请回答下一题，若选“B”或“C”请跳过下一题）

A. 是　　B. 否　　C. 不清楚

9. 您村里开展的主题活动有哪些（可多选）

A. “3.5”学雷锋日　　B. “6.5”环境保护日

C. 和事堂　　D. 不清楚

E. 其他__________

10. 您的村里是否有村居文化墙（若选“A”请回答下一题，若选“B”或“C”请跳过下一题）

A. 是　　B. 否　　C. 不清楚

11. 在村居文化墙上您都看到过哪些内容（可多选）

A. 好家风、好家训　　B. 身边的模范村民

C. 社会主义核心价值观　　D. 中华传统美德

E. 其他__________　　F. 不清楚

12. 您是否见过村里的文艺演出、法律知识宣传、义诊等志愿服务活动

A. 是　　B. 否　　C. 不清楚

13. 您的村里的有没有红白理事会、村民议事会

A. 有　　B. 没有　　C. 不清楚

14. 您认为您的村子是否需要“精神扶贫”

A. 很有必要，符合当前的国内形势　　B. 有必要，可以改善村里的风气

C. 不清楚，不了解　　D. 没有必要，浪费时间、不切实际

15. 您认为您村里的“精神扶贫”是否落到实处

A. 有，切实开展了相关工作 B. 有相关文件，但没有切实行动

C. 不清楚__________

16. 您对村里“精神扶贫”工作是否满意

A. 很满意 B. 满意 C. 不满意 D. 其他__________

17. 您认为当前农村“精神扶贫”过程中面临的问题有哪些（可多选）

A. 资金不足 B. 基础设施薄弱

C. 农民消极心理普遍 D. “精神扶贫”的内容、形式单一

E. “精神扶贫”政策发展落后

F. 其他__________

18. 您认为目前的“精神扶贫”还缺少哪些方面的工作内容

A. 环境卫生方面 B. 文明礼仪方面

C. 文化设施方面 D. 其他__________

19. 您认为“精神扶贫”对于您自身和村庄建设带来了哪些好处

A. 提升村民思想道德素质 B. 有利于环境改善，建设美丽乡村

C. 形成了文明风尚，改善了村容村貌

D. 其他__________

20. 您对“精神扶贫”有哪些意见和建议

____

____

____

本次问卷调查到此结束。感谢您为我们提供的每一份宝贵的数据，您的支持是我们不断前进、不断探索的动力。最后祝您生活愉快，工作顺利。

附录二

关于农村贫困治理背景下“精神扶贫”现状的调查问卷

第 1 题 您的性别 [单选题]

选项	小计	比例
男	64	38.32%
女	103	61.68%
本题有效填写人次	167	

第 2 题　您的年龄　[单选题]

选项	小计	比例
20 岁以下	31	18.56%
20—35 岁	22	13.17%
36—45 岁	65	38.92%
46—55 岁	36	21.56%
56 岁以上	13	7.78%
本题有效填写人次	167	

第 3 题　您的文化程度　[单选题]

选项	小计	比例
小学或小学以下	21	12.57%
初中	33	19.76%
中专或高中	50	29.94%
大专	29	17.37%
其他	34	20.36%
本题有效填写人次	167	

第 4 题　您的主要职业　[单选题]

选项	小计	比例
全职务农	31	18.56%
非农就业	62	37.13%
学生	43	25.75%
退休	16	9.58%
无业	13	7.78%
其他	2	1.2%
本题有效填写人次	167	

第 5 题　您去年全家总收入大约是多少　[单选题]

选项	小计	比例
5000 元及以下	41	24. 55%
5000—10000 元	67	40. 12%
10001—20000 元	31	18. 56%
20001—50000 元	19	11. 38%
50000 元及以上	9	5. 39%
选项	小计	比例
本题有效填写人次	167	

第 6 题　您是否见过宣讲队伍进村宣传扶贫攻坚政策或其他法律政策　[单选题]

选项	小计	比例
是	14	8. 38%
否	105	62. 87%
不清楚	48	28. 74%
本题有效填写人次	167	

第 7 题　村里是否有悬挂扶贫攻坚的标语或在宣传栏内张贴相关内容　[单选题]

选项	小计	比例
是	25	14. 97%
否	86	51. 5%
不清楚	56	33. 53%
本题有效填写人次	167	

第 8 题　您是否见过村里开展一些类似于“3. 5”学雷锋的主题活动（若选“是”请回答下一题，若选“否”或“不清楚”请跳过下一题）　[单选题]

选项	小计	比例
是	11	6.59%
否	98	58.68%
不清楚	58	34.73%
本题有效填写人次	167	

第9题　您村里开展的主题活动有哪些　[多选题]

选项	小计	比例
“3.5”学雷锋日	8	72.73%
“6.5”环境保护日	7	63.64%
和事堂	6	54.55%
不清楚	2	18.18%
其他	0	0%
本题有效填写人次	11	

第10题　您的村里是否有村居文化墙（若选“是”请回答下一题，若选“否”或“不清楚”请跳过下一题）　[单选题]

选项	小计	比例
是	27	16.17%
否	82	49.1%
不清楚	58	34.73%
本题有效填写人次	167	

第11题　在村居文化墙上您都看到过哪些内容　[多选题]

选项	小计	比例
好家风、好家训	13	48.15%
身边的模范村民	9	33.33%
社会主义核心价值观	23	85.19%
中华传统美德	19	70.37%

续表

选项	小计	比例
其他	2	7.41%
不清楚	2	7.41%
本题有效填写人次	27	

第 12 题　您是否见过村里的文艺演出、法律知识宣传、义诊等志愿服务活动　[单选题]

选项	小计	比例
是	25	14.97%
否	85	50.9%
不清楚	57	34.13%
本题有效填写人次	167	

第 13 题　您的村里的有没有红白理事会、村民议事会　[单选题]

选项	小计	比例
是	28	16.77%
否	79	47.31%
不清楚	60	35.93%
本题有效填写人次	167	

第 14 题　您认为您的村子是否需要“精神扶贫”　[单选题]

选项	小计	比例
很有必要，符合当前的国内形势	36	21.56%
有必要，可以改善村里的风气	84	50.3%
不清楚，不了解	35	20.96%
没有必要，浪费时间、不切实际	12	7.19%
本题有效填写人次	167	

第 15 题　您认为您村里的“精神扶贫”是否落到实处　[单选题]

选项	小计	比例
有，切实开展了相关工作	26	15.57%
有相关文件，但没有切实行动	78	46.71%
不清楚	63	37.72%
本题有效填写人次	167	

第 16 题　您对村里“精神扶贫”工作是否满意　[单选题]

选项	小计	比例
很满意	15	8.98%
满意	26	15.57%
不满意	90	53.89%
其他	36	21.56%
本题有效填写人次	167	

第 17 题　您认为当前农村“精神扶贫”过程中面临的问题有哪些　[多选题]

选项	小计	比例
资金不足	86	51.5%
基础设施薄弱	93	55.69%
农民消极心理普遍	84	50.3%
“精神扶贫”的内容、形式单一	84	50.3%
“精神扶贫”政策发展落后	73	43.71%
其他	29	17.37%
本题有效填写人次	167	

第 18 题　您认为目前的“精神扶贫”还缺少哪些方面的工作内容　[多选题]

选项	小计	比例
环境卫生方面	95	56. 89%
文明礼仪方面	98	58. 68%
文化设施方面	100	59. 88%
其他	26	15. 57%
本题有效填写人次	167	

第 19 题　您认为“精神扶贫”对于您自身和村庄建设带来了哪些好处　[多选题]

选项	小计	比例
提升村民思想道德素质	89	53. 29%
有利于环境改善，建设美丽乡村	109	65. 27%
形成了文明风尚，改善了村容村貌	100	59. 88%
其他	27	16. 17%
本题有效填写人次	167	

第 20 题　您对“精神扶贫”有哪些意见和建议　[填空题]

附录三

关于农村贫困治理背景下“精神扶贫”现状的访谈提纲

尊敬的朋友们：

您好！

为了了解农村“精神扶贫”政策以及相关工作的开展现状，我们设计此次访谈提纲。本次访谈大约会占用您十五分钟的时间，该访谈提纲没有标准答案，更无对错之分，请您根据实际情况认真填写。

1. 请您介绍一下我们村的贫困状况、致贫原因、产业发展、基础设施建设等方面。

2. 目前，我们＊＊村的“精神扶贫”工作的具体内容有哪些？

3. 村民对于我们的“精神扶贫”工作持什么样的态度？

4. 您认为“精神扶贫”在脱贫攻坚中有什么作用？

5. 县里对于“精神扶贫”工作有什么支持和服务措施？

6. 您认为当前我们村的“精神扶贫”工作是否有需要改进的地方呢？

7. 在“精神扶贫”的过程中，您所遇到的主要困难是什么？您是怎么解决的呢。

8. 您认为“精神扶贫”工作的开展给我们村带来了哪些改变和好处？

9. 您觉得上级制定的“精神扶贫”政策还有什么需要改进的地方？您有什么好的意见和建议。

附录四　关于农村贫困治理背景下“精神扶贫”现状的新闻稿

政管学院“精神扶贫 ”调研团队顺利开展社会实践活动

为深入贯彻落实习近平总书记扶贫开发战略思想，学习领会中央领导就全国脱贫攻坚奖表彰大会所做的重要批示和重要讲话精神，政治与公共管理学院“精神扶贫”调研团队，利用暑假时间，于临沂市平邑县的五个乡镇进行实地走访开展深入调研，通过发放调查问卷、无结构式访谈等方式探究贫困人口切实存在的问题，以“物质扶贫”与“精神扶贫”的有机结合为出发点，大力弘扬无私奉献、扶贫济困、自力更生、开拓创新精神，凝聚脱贫攻坚的强大合力，旨在为谱写好中国梦作出新的贡献。

调研开始之前，实践团队共同制定实践计划表，明确分工，合理安排时间。团队成员通过咨询老师专业问题，上网查阅相关资料后撰写、修改、打印访谈提纲和调查问卷。

随后我们团队历时十天对临沂市平邑县的五个乡镇进行实地走访。分别在当地村官和当地不同年龄、性别的百姓中进行了深入访谈和问卷调查。当时平邑县流峪镇重点贫困村车庄村的贫困现象最为明显，扶贫工作也最难开展。

在为期十天的寻访工作中，我们也碰到了许多的困难，如：许多贫困地区交通极为不便，当地人民文化水平不高导致沟通困难。众多贫困地区人口年龄两极化严重，多为留守老人和小孩，青年人大多都外出打工，对调研人群的随机性有一定的影响。

最后，小组成员对调研数据进行了深入分析、集体讨论，总结出当前农村贫困地区精神扶贫主要有以下几点问题：贫困人口思想僵化、精神扶贫缺失现象严重，不健康文化呈现主流态势、农民的精神文化需求与供给的矛盾突出等问题。

通过查阅资料和文献并结合实际情况，就当前存在的问题提出了相应的对策：加强宣传引导、提高思想意识、健全机制体制、加强制度保障、增强农村精神文化机构和队伍建设。

调研团队以坚持不懈、不怕困难的精神和严谨认真的态度出色地完成了本次实践项目。众所周知，扶贫问题是全世界所面临的难题。我国在习近平总书记的带领下，以“扶贫先扶志”“扶贫必扶智”为主要扶贫方略，在很多地区精神扶贫工作都得以顺利展开。通过本次实践，团队成员认识到知行合一的重要性，真正体会到实践出真知的含义，同时也想为扶贫工作的顺利进行贡献一分力量，期待全面小康社会早日到来。

附录五 关于农村贫困治理背景下“精神扶贫”现状的调研照片

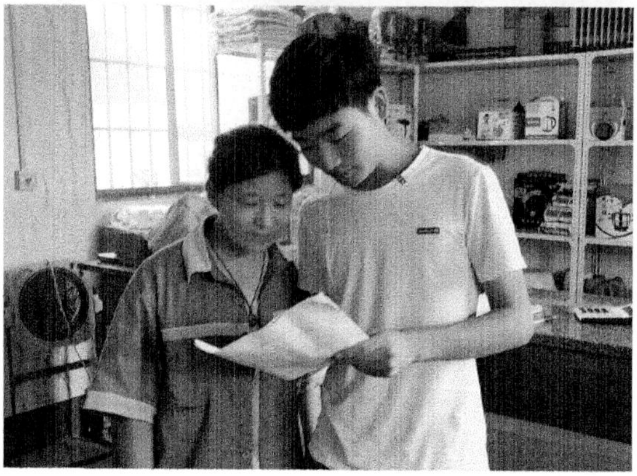

感谢

经过1个月的准备与实际调研，我们项目组完成全部的调研任务，并分析总结出调研报告如上。感谢在这辛苦调研期间给了我无私且珍贵的帮助的人们。在此期间，指导老师高度负责地指导我们进行计划书的书写、调研任务的计划、调研前的准备工作以及调研过程的进行，全程帮助我们进行调研，很感谢指导老师的辛勤付出。另外，感谢老师组织策划这一有意义的社会实践项目，一方面，帮助同学们近距离接触社会，为以后踏上社会做好准备，另一方面，使我们了解社会的现状，为以后工作打好基础，很感谢这次调研活动给我们带来的巨大的收获。总之，项目已经圆满完成，谢谢大家。

美丽乡村建设视角下农村移风易俗工作的调研

团队负责人：王尧　　指导教师：杨伟伟
团队成员：庄义贺　孟祥熙

一、村庄基本介绍

寒假期间我们团队针对聊城、临沂、莱芜的部分村庄展开了移风易俗工作的调研取证，各地农村情况发展有所不同。调研的临沂部分地区（兰山区、沂南县、费县）发展就比较好，人均收入较高，农村环卫一体化工作进行也比较好，农村街道环境较整洁，移风易俗工作开展得较好。而调研的莱芜莱城区和钢城区的环境较为脏乱，部分地区可能比较偏远的原因，易俗工作进行得并不到位。聊城针对阳谷县、茌平和高唐县进行了调研，相对水平在两者之间。下面针对典型村庄做基本介绍。

聊城市阳谷县西湖镇仓子村，位于中心城区西北6公里处，村域面积236公顷，其中耕地2744亩，其党支部党员40名，村两委成员4名，全村共有10个村民组，277户人家，其中常住人口1370人，2017年村集体收入30余万元，农民主要采取以种植粮食作物为主，养殖与劳务输出为辅，其他特色产业相结合的经济发展模式，2016年农民人均纯收入9850元，交通便利，经济发展总体较好。

该村去年评选出“好媳妇”“好婆婆”各10名，对其进行适当表彰和奖励，激发村民荣誉感上进心，引导村民群众向上向善发展，对去世村民，鼓励丧事从简，并拿出200元对其家属进行慰问，淡化了奢侈浪费之风，杜绝了大操大办现象。并对本村做出突出贡献的老党员、烈军属、老干部进行慰问，着力发挥弘扬邻里团结、家庭和睦、扶贫济困、和谐共处的社会氛围，大力开展科技普及教育，开办农家书屋，引导农民解放思想更新观念，使村内社会风气得到了明显好转。

另外，该村成立了村级调解委员会，聘请法律顾问，积极调节群众矛盾，宣讲法律知识，坚持农村教育走村入户，教育农民知法守法，建立村级网格化平台，完善社会治安防控体系，加大各类矛盾的排查，及时调节，确保一方平安，确保了社会治安与优美生活相结合的良好氛围。

二、项目目的

2018 年中央一号文件于 1 月 4 日正式公布，对实施乡村振兴战略做出了全面部署。这已是 21 世纪以来，中央一号文件连续 15 年关注三农问题了。2018 年的中央一号文件，它确定了乡村振兴战略的目标任务。党和国家致力于把农村建设成产业兴旺、生态宜居、乡风文明、治理有效、生活富裕的新生态形式，这些目标的制定，对“三农”问题提出了更高的要求。而美丽文明的乡风是引领农村大发展的思想引擎。针对风俗，必须“破旧立新”，方能“凤凰涅槃”。移风易俗与政治统治、社会治理紧密联系在一起，风俗对于国家治乱有着重要影响。中国从来是一个农业大国，农民曾长期占据着中国人口的绝大多数。我们的传统思想基础也是以农民为本。所以说，当下针对农村的移风易俗有着深远的历史与现实意义，对于摒除陋习，发扬良好传统，增强基层社会的幸福感与凝聚力都是有着无比重要的意义。

对于移风易俗工作，需要更多的人参与其中，形成强大合力。乡村振兴不是三五年就能完成的，作为一个庞大系统的工程，它的运作当中会出现各种各样的问题，移风易俗作为乡村振兴的灵魂工程，对于它的研究全面深入与否，影响着下一步工作的开展。本项目拟在实地调研的基础上，广泛深入地了解当前农村社区的文明建设情况及本村风俗情况，并调查移风易俗的开展情况，深入研究特定现象背后的深层次原因，以求形成系统的材料性文字，对我们当下的移风易俗工作的开展、全面建设美丽乡村与社会的和谐发展提供有益的借鉴，并呼吁更多多元主体参与到乡村建设中去，让更多的人特别是广大农民享受到改革开放的红利，实现中华民族伟大复兴。

三、项目内容

十九大报告中指出：“必须始终把解决好‘三农’问题作为全党工作重中之重。”作为“三农”问题的重要组成部分，乡村振兴战略以及美丽乡村的建设与发展是我国实现全面、持续发展的关键一环。同时农村移风易俗工作作为美丽乡村建设的有机组成，它的有序推进是新农村建设的有力推手，也势必是弘扬优秀传统文化、建设精神文明的有效实践。如何让七亿农民更好地融入新时代的生活，稳步推进高质量的城市化，是我们的使命与担当。

移风易俗是人在有意识促使风俗发生变化方面的思想观念和社会行动。中国古代的移风易俗思想内容丰富，从风俗角度入手，通过移风易俗行动以求善治，是中国古代富有特色的治国思想。这一思想历经千年，仍影响着我们的行为方式，特别是在农村社会，良好的风俗习惯对一个村庄的发展有着极大的意义。

在当下社会，随着市场经济的发展，人们生活牵扯到更多的利益关系，并且初级群体关系出现弱化的趋势，出现了人情关系淡薄的情况。在这时，寻求良好的社会风尚，提高社会凝聚力，促进社会健康有机地发展迫在眉睫。移山易、易俗难，喜事新办、厚养薄葬、丧事简办，这些移风易俗工作的重要关节在即将全面建成小康社会的攻坚期仍未完全打通，对健康现代的精神文化生活的认同还没有完全实现，严重制约着农村的发展。

本项目拟以优秀中国传统文化为基石，并在充分调研当前中国农村社区风俗变化与发展情况的前提下，以移风易俗工作为例，研究其开展情况、存在的问题与问题解决对策，探求适合我国在转型期的社会凝聚力构建。团队目前选取了聊城、临沂、莱芜三地，对部分村庄进行实地调研，并通过问卷调查了解到部分乡俗移易的数据资料，充分通过访谈法真实地了解到当前移风易俗工作的存在问题与农民心声。

移风易俗工作已大面积展开，不良风俗确实在一定程度上得到了遏制，农民的支持声与满意率也较高，但是，传统思想对人们的行为还有较大影响，部分思想还是不能得到及时更新，基层又没有很好地引导、融合新风尚，所以说，仍有较大不足。另外，移风易俗的前期引导对后期发展起着关键作用，项目团队呼吁基层干部在前期定要肯下功夫，不怕辛劳，起好模范带头作用，以身作则，使易俗工作春风化雨般播撒在广大农村土壤上。村民自觉进行是持续的根本，另外，要着力提供新风尚的接触平台，大力进行精神文明建设，为破旧立新提供载体。

思想是行动的指南，要实现美丽中国，必须实现乡村振兴，必须让乡村更加美丽，让乡风契合新时代的发展，指引建设美丽乡村，这一系统工程要稳抓稳打，循序渐进。本项目以人文关怀出发，心系广大农民生活，传实地心声，唤多方参与。以农民视角、乡土情怀，为美丽乡村建设建言献策。

四、项目方法

本项目在研究思路上主要沿着这样的线索展开：首先，在吸收、消化和借鉴已有相关研究成果的基础上，构造一个关于农村移风易俗建设的分析框架；

然后，通过设计调查问卷，实施问卷调查，获取第一手调研数据，通过理论框架搭建计量分析模型，以客观地分析农村移风易俗的影响因素；最后提出关于推进农村移风易俗工作，建设社会主义美丽乡村的具体建议。按照“文献资料收集、实际数据调研、实证建模检验、具体方案设计”这一思路展开，遵从的技术路线如下图所示：

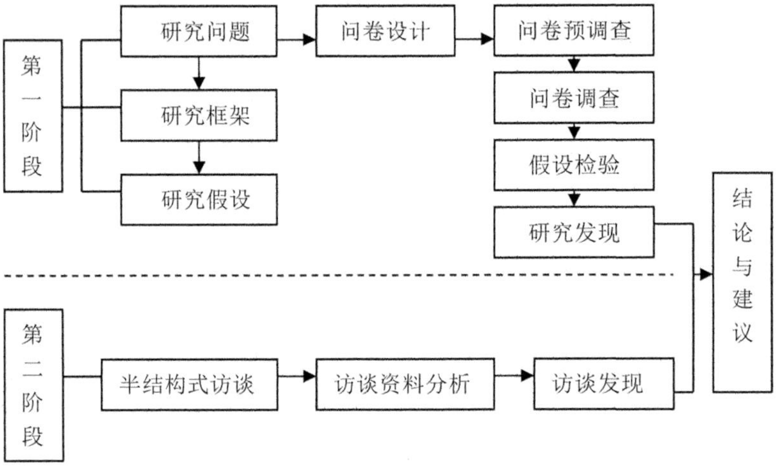

图 1　技术路线图

（一）文献研究法：查阅相关文献，利用各种渠道分专题广泛查阅国内外相关理论资料并对文献进行综合整理及利用。

（二）问卷调查法：以走访调研的方式对聊城、临沂、莱芜等地农村移风易俗的情况进行调研，获得调查信息并进行调研问卷数据分析和系统整理，最后对资料进行“归类”和“深入分析”，研究移风易俗工作的相关政策与问题。

（三）访谈法：以各地村官和农民为主要访谈对象，对其进行半结构式与结构式访谈，获取基层农民真实想法 。

（四）比较分析法：通过不同地区之间农村特定情况进行比较分析，归纳出现存问题的成因及对策。

五、项目结果

移风易俗工作的开展是民心所向，是切实利民工程，在实施上较为顺利，已经取得了一定成效，但是，也发现仍旧存在部分问题。

（一）移风易俗受众广泛，工作开展初见成效。

经过团队三人在聊城、临沂、莱芜等地的调研，我们面对面地接触到了处在移风易俗工作中的农民群众，了解了他们的一些想法与观点，也给我们带来了一些启发。经过各地多方的访谈，总的来说移风易俗工作得到了广大农民的支持，因为它在总体上遏制了铺张浪费的不良风气，也让更多人的精力和时间被解放出来得以发展其他事业，节约了金钱。但我们发现，当前的工作中仍存在一些问题，制约着移风易俗工作的进一步开展，我们国家越来越重视基层，则更应该注重风俗习惯的引领与培育。

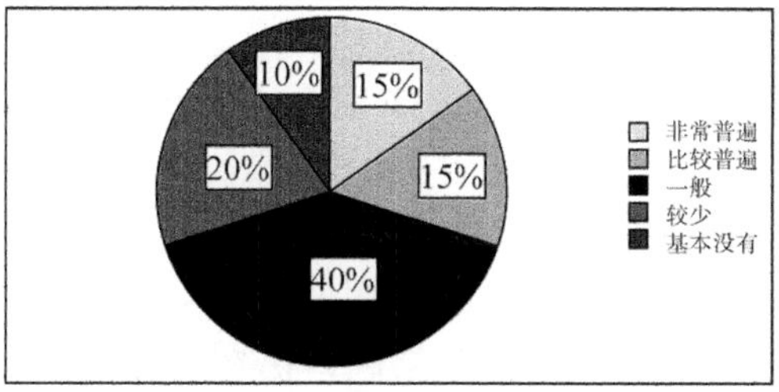

图2　农村婚丧嫁娶大办情况

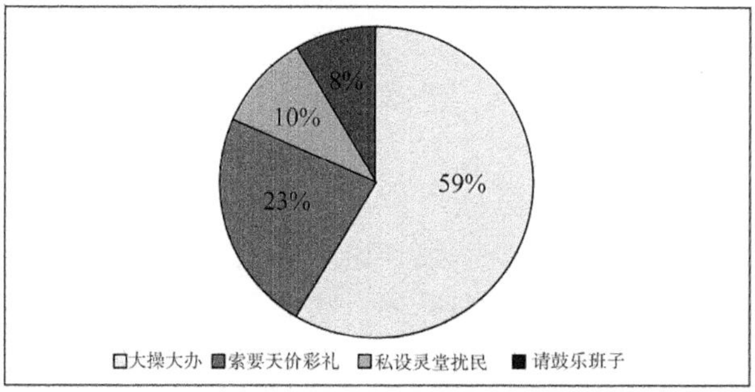

图3　红白事主要不文明行为

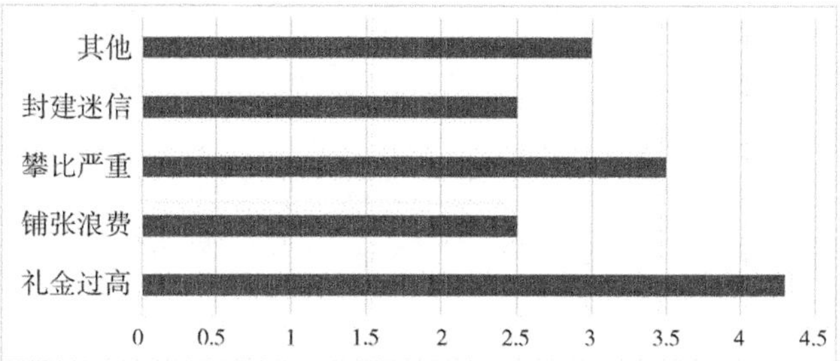

图4　红白事存在主要问题

（二）活动开展符合民心，落实情况符合预期。

经过对问卷的分析，我们了解到现今各级基层政府确实如实开展了移风易俗工作，并受到了当地民众的广泛支持，也比较满意移风易俗活动的开展，可以说是民心所向。乡俗移易有着多方面的原因，对于农民来说，更多是落后风俗浪费了大量的时间和金钱。

调研完成之后，团队及时进行了归纳总汇，当前移风易俗的突出问题表现如下：

1. 大操大办受到遏制，工作展开仍需发力。

调查村中只有30%左右现在还存在较为严重的大操大办现象，另30%左右的大操大办风气得到了明显遏制，集中于40%的为一般情况，虽然较之前有了改善，但办下来一场喜事的花费仍旧数额不小，详见图1。

2. 传统陋习影响较大，文明进步受到制约。

调查中，我们发现存在一些突出问题，甚至可以称其为“顽疾”。其主要体现在攀比严重、礼金过高、封建迷信因素仍在且较为突出，制约着乡村文明的进一步发展。从图3中可以看到，大操大办、索要天价彩礼共占到主要不文明行为的80%之多，人们对此也是“深恶痛疾”，但一些因素的存在，却让人们有种“无可奈何”的感觉。针对此现象，很多农村人的反对呼吁声颇高。我们在采访中就了解到一户人家，他家里有两个成年儿子，就谈道：现在的彩礼钱真是太高了，光礼金钱就好几万，还不算请客办宴席，有部分人家还采用“三斤三两”的做法，人家这样做，你不这样做，就显得没面子，不如人家，再加上大多都要有楼有车，结个婚跟倾家荡产似的……确实，类似情况我们了解的也不少，他们大多有两个左右男孩，这些农民面临的情况、遇到的困境也值得我们深思，农村大龄青年结婚难的问题应该合理引导，基层政府应该多加关注，莫让其成为安全隐患。

3. 重男轻女思想仍存，行为存在矛盾之处。

受长期以来人们对于“只有男子才是传后人”的陋俗影响，很多农村家庭就必须要一个男孩，现今也存在少数的“超生游击队”与打胎现象，给社会健全发展造成不良影响。而且，人们一方面着力要男孩，但是对于结婚的高额费用又多加抱怨，这类人家往往也是有两个以上男孩的家庭，与前文所述怨言可以说是行为矛盾，究其根本，思想落后占据很大部分。

4. 深入展开移风易俗，“破而后立”尚欠缺。

乡俗也要发展，要破除落后风俗，并形成适合当代农村的新风俗，使新旧得到更替，为农村的精神文化活动提供载体。通过问卷内容，我们注意到，在农民对移风易俗的工作建议中，特别期盼对精神文化生活的活动开展，希望更大范围、更加经常地展开精神文化创建活动，这既是民心所向，也是应有之义。探求符合新时代新风尚的农村文化活动，是推进移风易俗前进的关键所在。

六、项目分析

乡村振兴，既是建设美丽中国、促进城乡协同发展的举措，更是为中国的永续发展提供人、财、地保障的长久谋思。结合访谈结果，经过团队的总结，我们发现农村当前的移风易俗工作中凸显的问题原因主要有以下三个方面：

（一）传统文化影响甚深，部分旧风俗废除困难。

一个典型例子，殡葬问题。自古以来殡葬对于一个人来说就是一个大事，特别是在山东——儒家文化盛行，传统文化对人们思想观念的影响较大。尽管对于葬礼花销较之以前有所缩减，但动辄花销还是在一万元左右，加上过各种纪念周年，总计也普遍需要两三万块钱，铺张浪费的情况并没有被根本杜绝，人情因素仍较为突出。另外，很多地区没有公墓，基本还是人死之后，放在一个大棺材中，选一块特定大约5平方米的地埋下，也是占用了大片耕地。如何在农村地区实现公墓运作，并确保其并不长久地影响农业生产，是亟待解决的问题。

（二）思想观念较为落后，新风尚并不深入人心。

彩礼高是当下农村的一个突出问题，从“三斤三两”到“万紫千红一片绿”，既反映了农村青年的结婚负担重，如今的农村大龄青年不在少数，成为影响社会治安的隐患，又反映了部分农民思想观念的落后。比如，我们了解到，如果家里只有一个或两个男孩的，则大力呼吁减轻彩礼，但若是女孩多的，就并不这样做，如果有一个男孩一个女孩的，就更加矛盾了。他们一方面想减轻负担，但对于有可能自己得利的一些陋习就又表露出潜在的支持。究其原因，最根本的还是思想观念没有改正，没有树立正确的子女观。另外，人们对于移风易俗的了解并不够，往往只是浅显地停留在能减轻一部分生活负担，并没有切实地与当地风俗结合，没有真正地“内化于心、外化于行”，比如尽管设置了“红白理事会”，但显然宣传得不够到位，许多村民仍旧按照当时风俗的叫法，而且对理事会的内在认同感不强，由此可以看出，国家的法律政策与当地风俗的充分结合仍有很长的路要走。

（三）宣传教化力度不够，新风尚覆盖范围仍小。

在一些建设美丽乡村的地区，村庄的外部墙壁上大都粉刷描绘上了例如“新二十四孝”等壁画，乡村外貌大变样，但是，部分地市的美丽乡村建设还很不全面，没有形成大面积的合力，且对于人们思想观念的教化欠缺，实质工作有待进一步完善。

乡村“陋俗”不适应社会发展，给村民带来巨大的经济负担，严重影响到村民的生产生活。“陋俗之困”成为村民移风易俗的最主要原因，我们需要在改造当地风俗的基础上，制定合理的法律法规政策，以起到四两拨千斤的效果。尽管移风易俗工作的开展受到了广泛支持，但也有较大阻力的存在，主要集中于思想观念方面，改变非一朝一夕之功，需要各方共同努力，基层干部切实做好引导则能事半功倍，从实质层面深化认识、做好引领、以新风润化之是当前移风易俗工作的关键所在。

本项目聚焦农村与农民问题，针对移风易俗展开调研，凸显人文关怀与政策导向，展开规划研究。“移风易俗”工作功在当代，利在千秋，它是几千年来乡村风俗的大改造、大进化、大发展，从上层建筑方面来考虑，它是实现善治政府的需要，是基层社会凝聚力的塑造与建设和谐中国的要求。建议多加开展相关的实践调研，让更多的大学生投入其中。凝聚广大青年的力量，为乡村变革贡献青春与才华，让乡村大发展、让乡民有更好生活，真正实现乡村振兴，这是一项千秋伟业。

七、结论与建议

在基层广泛开展移风易俗，摒弃陈规陋俗，涵育文明新风是时代进步的表现与选择。应该说，开展移风易俗教育，倡导科学文明的生活理念，弘扬勤劳节俭的优良传统，是推进社会主义核心价值观在农村落地生根的务实之举，是建设美丽乡村的应有之义、必要之为。针对调研中发现的问题，我们特提出以下几点建议：

（一）结合当地风俗，加快完善村规民约。

推进移风易俗工作，破解这一问题的关键在于发挥村民自治、基层协商的作用，通过建立机构、订立制度，推动移风易俗这一“硬任务”转变为“软约束”。乡村要着力切实加强红白理事会的建设，以它为总抓手，制定相应的工作章程，并将其作为村规民约的一部分。进一步夯实基层责任，将村移风易俗工作成效与否纳入村两委年度工作考核体系。

（二）合理补助，照顾基层工作人员。

对于发挥作用在移风易俗工作一线的工作人员，进行额外的工作、生活补贴。参与移风易俗的工作人员素质不够是直接制约未来工作推进的一个严重因素，在目前的工作机制下，政府对一线人员进行额外的补贴，不仅有利于提高他们的收入，更重要的是保证其积极性、稳定性与业务水平。

（三）完善财政支持，保障工作开展。

建立政府专项经费，对移风易俗工作进行经济保障。精神文明建设专项资金是指政府对于城乡文化生活建设、社会公益事业公共投入的经费，将其用于乡村移风易俗工作合情合理。该专项经费可以根据中央与地方一定比例配套的方式来组织，可以在一定程度上支持这一专项经费的运作。

（四）紧抓党员干部模范带头，切实发挥战斗堡垒作用。

党员干部的模范带头是改变社会风气、推进民俗转变的有效手段。各村可结合各级有关规定，出台针对党员干部的具体规定，签订承诺书，以制度为党员干部的行为加上约束。

（五）丰富精神创建活动，着力关怀农民生活。

政府及基层主管部门应当关怀村民情感生活，发动社会团体组织村民开展文化娱乐活动，并保证人员编制和经费列支。政府基层部门应协同村两委、妇联、共青团等社会基层组织，开展佳节慰问、茶友会、文艺交流、电影放映、踏青赏花等其他形式的活动，在最大程度上改善村民的精神文化生活，帮助他们抵制低俗文化生活。

（六）完善工作信息，及时更新日志。

国内移风易俗工作的进展状况是落实具体政策的前提条件，而这一信息管理机制现阶段仍然很不完善，对于开展具体工作带来了极大的不便。因此，必须根据这一实际情况，首先完善当前工作相关资料的整理工作，并即时存档、更新，确定各地工作进展情况以便因时施策、因地施策。

（七）大力引入民间资本，丰富文化形式。

适当放宽对文化类民间组织的审批注册，并通过政策支持，鼓励第三方企业、社会组织对乡村文化建设进行帮扶，支持其开展工作。

（八）明确评判标准，合理安排农村脱俗。

由于精神文明建设相对落后的乡村比其他乡村更难以得到改善风俗资源的保障，因此在政府及民间的移风易俗工作中应当优先安排这类乡村“脱俗”。各地区由于所处地理位置、经济发展水平不同，人民的生活水平、文化生活水平也存在较大差异。所以，地方政府应在符合当地实际的基础上确定美丽乡村评价标准。同时要注意，由于各地不同的经济、传统与心理需要，不能盲目地推行“一刀切”的政策，需要在充分的调查和沟通的基础上，为迫切需要尽快推进移风易俗工作的乡村提供优先照顾。

移风易俗工作并非一朝一夕之功，必须坚持做到五个“必须”：一、必须长期坚持、持久施力；二、必须坚持问题导向，以钉钉子精神抓整改，具体问题具体分析，且不达目的不罢休；三、必须坚持党员干部示范带头，引领乡风民风的转变，党员干部要充分以身作则，发挥积极模范精神；四、必须形成淳朴友善的新风气，真正把农民群众的人情负担减下来，让群众受益；五、必须融入社会主义核心价值观教育之中，把当地风俗与新时代新要求切实融合，让文明新风尚在广大农村土地上扎根结果，让乡村大振兴、大发展。

附件：

关于移风易俗的调查问卷

您好，我们是山东青年政治学院的学生，为了了解农村移风易俗的情况，更好地解决农村、农民问题，助力美丽乡村的建设与乡村振兴战略的实施，使农民朋友们得到更多的实惠，我们特展开此调研，您的配合将有利于农村发展得更好，感谢您的理解与支持！

1. 您对当地党委、政府开展移风易俗工作情况知道吗？

A. 知道（ ）　　B. 不知道（ ）

2. 您支持当地党委、政府广泛开展移风易俗工作吗？

A. 支持（ ）　　B. 不支持（ ）

3. 您对当地党委、政府开展移风易俗活动感到满意吗？

A. 满意（ ）　　B. 基本满意（ ）

C. 不满意（ ）　　D. 很不满意（ ）

4. 您所在地婚丧嫁娶大操大办的情况普遍吗？

A. 非常普遍（ ）　　B. 较为普遍（ ）

C. 一般（ ）　　D. 很少（ ）

E. 基本没有（ ）

5. 您认为在您所在地的婚丧嫁娶款事宜操办中存在哪些突出问题？（多选）

A. 铺张浪费（ ） B. 封建迷信（ ）

C. 攀比严重（ ） D. 影响交通（ ）

E. 严重扰民（ ） F. 礼金过高（ ）

G. 借机敛财（ ） H. 污染环境（ ）

I. 其他（ ）

6. 您认为下列红白喜事中哪些行为不合适和不文明？(多选)

A. 燃放烟花爆竹（ ） B. 索要天价彩礼（ ）

C. 请鼓乐班子（ ） D. 低俗表演（ ）

E. 用钱贴喜匾（ ） F. 办流水席（ ）

G. 大操大办（ ） H. 私设灵堂扰民（ ）

I. 大修陵墓（ ） J. 封建迷信（ ）

7. 当前婚丧嫁娶等事宜是否造成您的精神和经济压力？

A. 压力很大（ ） B. 有压力，但可以承受（ ）

C. 没有压力（ ）

8. 您每次“随份子”的一般标准是多少？

A. 100 元以内（ ） B. 100—500 元（ ）

C. 500—1000 元（ ） D. 1000 元以上（ ）

9. 您家庭近年来“人情”消费占总收入的比例趋势是怎样的？

A. 上升（ ） B. 没有多大变化（ ）

C. 下降（ ）

10. 您对不文明殡葬行为有什么看法？

A. 非常反感，建议有关部门加强监管（ ）

B. 反感，但无可奈何（ ） C. 能理解（ ）

11. 您认为造成婚丧嫁娶事宜大操大办的根源是什么？

A. 传统习惯影响（ ） B. 攀比心理作祟（ ）

C. 敛财心理作怪（ ） D. 监管不力所致（ ）

12. 您认为婚丧嫁娶事宜大操大办现象需要制止吗？

A. 非常需要，是严重的铺张浪费（ ）

B. 需要，应合理操办（ ） C. 不需要，是自主行为（ ）

13. 您休闲时经常参与的活动是？(多选)

A 学习手艺（ ） B. 外出务工（ ）

C. 打牌消磨时间（　　）　　D. 跳广场舞（　　）

E. 体育锻炼（　　）　　F. 曲艺社团（　　）

G. 其他（　　）

14. 您是否赞成“村规民约”约定的内容？

A. 赞成（　　）　　B. 不赞成（　　）

C. 无所谓（　　）

15. 您对农村移风易俗工作有何建议？

A. 政府制定措施，严加管理（　　）

B. 发挥村民自治组织作用，强化自我约束（　　）

C. 加强宣传教育，普及科学知识（　　）

D. 深化群众性精神文明创建活动，倡导文明新风尚（　）

E. 政府经常开展送戏、送电影、送科技、送卫生下乡活动，丰富农村文化生活（　　）

F. 严格取缔封建迷信、邪教组织活动，严厉打击赌博行为（　　）

G. 其他：__________

从农村老年妇女视角浅析女性家庭地位变化

团队负责人：桑振博　　　　　　　　　　　　　　　　指导教师：陈越男
团队成员：高芮　刘紫依　亓淑琳　王欣　张晶

一、项目目的

1. 贯彻落实十九大习总书记的讲话精神，传播时代最强音。全面建成小康社会的道路曲折复杂，农村社会的发展备受瞩目，面对农村女性受到的不公正待遇，党和国家先后多次提出要维护男女平等，并将其发展为一项国策，以保障妇女的合法权益。在调研实践过程中，我们积极地将这些最新的消息传达给相对于城市比较偏远的农村地区，推动村民响应国家号召，给予农村妇女更多的平等公正。

2. 宣扬“男女平等”和“女性合法权益保护”，让依法治国深入民心。社会主义初级阶段生产力发展水平和社会文明程度较低的现状将持续制约和影响妇女发展，面对妇女发展的诸多问题，我们需要为其提供更强制性的“武器”——法律，支持女性行使自己的权利。我们希望通过与农村妇女的沟通，更明确地将维护她们相关利益的法律法规表述出来，提高妇女平等维权意识，学会用法律来保护自己。

3. 合理分析调研团队发现的问题，为政府制定和完善相关政策献计献策。中国的传统封建观念影响根深蒂固，导致生活相对平静安逸的基层政治制度不够完善，我们通过走进村民生活，反映民心、传达民意，为基层政治工作建设提出建设性的意见。同时我们也希望用最真实的声音来表达最淳朴的情感，厚积薄发，为当代中国建设新农村贡献自己的力量，期望通过制度规范真正实现男女平等。

4. 推进农村社会文明进步。通过传递新时代男女平等的思想，树新风，传正气。由于受教育水平不平等和传统封建习俗的影响，妇女的自主自立意识比较薄弱，许多不可多得的人才最终“泯为众人”。我们渴望用这些老年妇女的不公平的人生经历为社会敲响警钟，给予妇女更多的自由去发展自己，提高自己，向所有人展示“妇女能顶半边天”的魅力，为社会文明的进步贡献自己的一分力量。

5. 借助农村老年妇妇女视角，记录农村女性的变化。对比新中国成立前后农村女性地位的变化，结果令我们感慨万千。这个崭新的时代赋予了女性的担当和使命，给予她们更多的信心和鼓励。我们通过记录农村女性的地位变化，向社会展现了新时代日新月异的改变，给女性更多的位置来实现自我价值，让她们对未来的生活充满动力。从老年妇女口中听到的变化，是她们的真情流露，是她们对我们时代的认可，对国家的认可。

6. 聆听时代的声音，体味长者的百态人生，感悟历史的变迁。通过与不同妇女的交谈，我们很容易发现她们叙述中的时代特性，作为历史发展的见证者和经历者，她们的一段段故事在构成了别具一格的精彩人生篇章的同时，也在记录着时代的脚步所留下的足迹。对于年轻的我来说，与这些老人的对话更让我体会到生活的来之不易和时代的不止不息。

二、项目内容

来自学校的四个不同专业的成员组成了我们的团队。桑振博同学和刘紫依同学来自政治学与行政学专业，这个专业的同学掌握调查研究等方面的一些能力，对分析判断和协调组织等也很熟悉，对本次调研的分析资料和相关的协调和组织工作能起到非常大的作用。张晶同学来自社会工作专业，有着较熟练的社会调查研究技能和社会工作能力，也会学习老年社会工作和妇女社会工作，而刚好我们团队本次调研的对象是农村老年妇女，因此这个专业对本次调研也有很大的帮助。王欣同学来自公共管理专业，这个专业的同学有着经济学、政治学、社会学等学科的综合分析能力。高芮同学和亓淑琳同学来自老年服务与管理专业，本专业和本次调研“从农村老年妇女视角浅析女性家庭地位变化”的主题有着千丝万缕的联系，因为此专业的学生重点是学习老年方面的知识，对老年人的生活也有着超出常人的了解。在本次调研中也可谓专业与实践相结合，这四个专业都对我们本次调研的“从农村老年妇女视角浅析女性家庭地位变化”寒假社会实践项目都有着不可估量的帮助。

本次调研活动是政管学院学生寒假社会实践立项项目之一，也是学院“一院一品”项目之“大学生实践育人质量提升工程”重要内容。本次调研以项目化运作的方式，坚持社会实践与社会观察、志愿服务、专业学习有机结合，调研团以科学的方法、严谨务实的态度出色地完成了本次实践项目。

本次调研开展时间为期一周，虽然我们抱着很大的热情去开展调研，但是在我们团队的调研中还是遇到很多但困难和阻碍。因为我们本次调研对象是农村老年妇女，访谈过程中同学们需要一直保持耐心，有些老人年龄比较大，有些事情容易记不太清楚，口齿也不太清晰，同学们需要仔细聆听，认真理解；老人耳朵有些听不见，有些问题需要大声地说很多遍老人才会听见。在访谈中大部分老年人觉得比较累，有时无法集中精力，要歇一歇或者休息一下才能再开始进行，不像年轻人那样精力充沛，我们团队的本次调研面对的困难还是比较大的。

本次调研前期做的是资料搜集和撰写项目申报书等有关方面的工作。我们团队搜集许多资料也查阅很多的书籍，本次调研的“从农村老年妇女视角浅析女性家庭地位变化”也是经过我们细致地思考之后拟定的主题，写项目申报书团队中需要准备的东西很多，有调研的基本情况、我们调研的项目内容的概述，还有一些项目创新特色概述项目简介（项目内容、目的意义、国内外研究或发展现状、调研的分析及评价等）项目技术路线及可行性、对项目的参与兴趣和已有的知识积累或实践基础、项目计划和进度（可依据项目特点和内容将需要进行的工作按时间前后顺序逐项进行安排）、项目支撑条件预期提供的成果及形式、项目经费概算（包括耗材、资料、印刷、交通、住宿等费用），我们团队根据各位成员的长处和优势进行分工完成。

本次调研的中期工作是联系实践地区和撰写访谈提纲和调研问卷。我们团队联系实践地区有济南、泰安、寿光、莱芜、临沂五个地区，调研的范围也是比较广的。撰写访谈提纲和调研问卷也是由团队中的同学们综合考虑各方面的因素来拟定的。

本次调研的后期我们团队做的是实地访谈和撰写调研报告等这些工作。实地访谈我们团队认为以农村老年妇女为研究对象是很有必要的，伟大的女性在中国源远流长的历史中发挥着不可磨灭的作用，一个家庭的缩影更能从女性的身上折射出来，女性家庭地位的变化从农村老年妇女的视角更会有深刻的体现。我们团队根据调研的实际情况做出仔细的分析，最终完成调研报告。

三、项目方法

项目组成员采用文献资料收集法、实地观察法、访谈法、案例研究法等四种方法对项目进行分析研究。

（一）文献资料搜集

项目组成员要能迅速地找到需要的文献，首先需要确定自己调研项目所及的范围，明白所要“搜索”方向。其次还需要熟悉国内外主要教育期刊和每种期刊的特色，国内教育图片、音像资料的种类以及统计资料的类别，还要知道可以从哪些地方找到这些文献。我们需要熟悉索引目录的分类，方便迅速地找到我们所需要文献的出处。我们查找文献采取“滚雪球”的方式，先找几篇与研究项目有关的文章阅读，在阅读中了解与项目有关的范围，同时从这些文章所列的资料中发现新的目标线索，然后扩大查找对象。一般来看，在几篇文章中都提到的篇目，才是参考价值较高的文献中的“重点”文献。我们通过做卡片、写读书摘记、笔记等方式，有重点地采集文献中与我们调研项目相关的部分。

文献的分析与综合主要是项目组成员对自己掌握的文献进行创造性的思维加工过程。通过这样的加工，我们才能形成对事物本身的科学认识。

（二）实地观察

所谓实地调查法，是采用客观的态度与科学的方法。我们对农村老年妇女家庭地位的变化现象进行调研，在确定的范围内进行实地考察，并搜集大量资料以统计分析，从而探讨我们的调研项目。实地调查就是在调研范围内，研究分析传播媒介与受传者之间的关系及影响。实地调查目的不仅仅在于发现事实，还在于我们将调查经过系统设计、理论探讨，形成假设，然后再利用科学方法到实地验证，形成我们的新的推论或假说。

（三）访谈法

访谈法也称晤谈法，就是指是通过采访者与受访人面对面地交谈，来了解受访人的心理和行为的心理学基本研究方法。因研究问题的性质或对象等的不同，访谈法具有不同的形式。而根据我们自己项目的特点，我们选择了个别访谈法。我们信息资料的收集是通过项目成员和被调查对象面对面直接交谈方式实现的，具有较强灵活性、适应性，也更有利于我们的个性化、个别化研究。

（四）问卷调查法

问卷调查法又称为“书面调查法”，或称“填表法”。我们本次实践活动正是采用了这一调查手段。在访谈之前设计好我们的调查问卷，尽量使问题更加细致全面，之后找一两位受访者进行正式调查前的试调查，从而发现问卷中存在的问题并加以修正完善。最后根据我们的调查需要，选择农村老年妇女进行问卷调查。

四、项目结果

1. 在历史中最早出现的阶级对立其实与个体婚姻体制下夫妻之间对抗的发展同时产生的，而最早的阶级压迫则是和男性对女性奴役一起产生发展的。男性统治的根源其实就是掌握财产的权力在男性手中而不在女性手中。只有女性对男性的经济生活依赖减少直至消失，两性关系才能够建立在平等和“真正的”爱情基础之上，才能使得更多的女性不只是在家庭地位上，在各方面上的地位都可以得到巩固及提高。

2. 在中国传统社会，农村居民的生育行为首先是一种责任意识，是对自己家庭的传宗接代责任的承担，这种强烈的责任意识导致农村人民致力于男孩的生育。但随着农村教育水平的发展，男女平等意识的宣传及传统文化糟粕的剔除，农村的生育观念开始转变，生男生女的平等对待都在一定程度上反映出女性家庭地位和社会地位的提高。还有关于我国的继承法，虽在法律规定中男女享有平等的继承权，但在一些地区仍保持着原有的习俗规定，女性的继承财产权利仍处于缺失状态。但随着人们意识的提高，越来越多的家庭秉承着财产的平等化，女性也被支持分到该有的继承权，这也侧面反映出女性地位的提高，同样像婚姻的选择权，婚后的财政大权，婚后的话语权，婚后的劳动分工，婚后选择怀孕的权利等方面都有着翻天覆地的变化。

3. 女性家庭地位和社会地位的改变其实和其当时所处的社会发展有着紧密的关系。由于以前的社会大多受宗法制的影响，以及在宗法制度下自然形成的封建礼教导致中国古代的政治、经济、思想和文化等大多都是在其规定下产生发展的，在我国古代曾占据很长的统治地位，彼此之间相互渗透，相互融合，从而使得在漫长的封建时期女性的地位受到压迫且一直处于被支配的状态。1949 年后随着中国男女平等思想的深入发展、农村封建思想的破除，农村女性地位得到了巨大的提高。

五、项目分析

为贯彻落实党的十九大报告中习近平总书记“坚持男女平等基本国策，保障女性合法权益”的重要讲话精神，政管学院组成“从农村老年妇女视角浅析女性家庭地位变化”调研团，进行了为期一周的调研。经过这一周对山东个别农村的调研，我们从农村老年妇女视角将这一调研项目从以下五个方面进行分析：

第一，在妇女与宗族方面，妇女地位的变化主要体现在妇女在族里所参与的活动，尤其是在祠堂里举行的祭祖活动。新中国成立前。中国是唯一一个具有源远流长且不断绝的五千年历史的国家，孕育出了丰富的思想，但其中不乏“糟粕”。由于封建时期宗法制及其延伸而来的“三纲五常”以及封建伦理思想长期在中国古代的家庭生活中占统治地位，尤其是礼法合一，两者互相融合、互为表里、互相渗透，从而使妇女在中国古代漫长的封建社会中始终处于服从和被支配地位，但其中的“礼教”思想一直压抑着女性。妇女由于长期被传统礼教所压迫，并且当时又处于男权社会中，所以那时女性大都有着遵从“三从四德”的意愿，却没有反抗精神。在那时传统女性的心中，男性就是自己的“天”，所以在宗族中他们往往遵从男性的决策，无论是在宗族祭祀还是在宗族聚餐活动中。宗祖的祭祀活动，通常是在祠堂举行的，在以前，妇女是甚少参加宗族活动的，那个时代的女人主要以家务——照顾孩子和老人为任务，这和一直存在女性地位低的传统思想有关。例如拜灶王爷、请神、送神、上坟都是由男性参加，女性也只是帮忙准备用品等，极少能够参加拜祭。不过由于女性也是宗族中的一分子，通常的宗族祭祀是可以参加的，但是只是作为祭祀的一分子，举行活动的过程则是由男性来策划的。女性可以参与到宗族修族谱、族堂修缮、祭祀、议事等活动，不过话语权较少。如果丈夫不在家，妻子也是可以代替丈夫参加宗族会议，不过也仅限于旁听，没有提建议的权利。在宗族聚餐时，由于女性地位较低，是无法坐在席位上的。

新中国成立后，由于“男女平等”思想在农村广大地区的传播，旧思想“重男轻女”的更正，农村女性在宗族中的地位得到提高。在祭祀活动中，随着时间的推移，祠堂逐渐稀少，转变为每个姓氏的祭祀活动。而在每个姓氏的家族中妇女可参与的祭祀活动多了起来，可参与的家族决定也逐渐增多。在家族聚餐中，女性也可以坐在席中。女性在宗族中地位变化还体现在宗族中对待寡妇的态度。新中国成立以前，由于那时女性深受“三从四德”的影响，宗族中是不会允许寡妇出嫁的，而且寡妇在宗族中的活动十分受限。但是在新中国成立后，寡妇在家族中地位低的情况发生了很大的改变。由于宗族变为家族，束缚减小，并且农村女性思想得以解放，所以在家族中，寡妇再嫁不会受到限制，而且寡妇在家族中所参与的活动也变得多起来。农村女性在宗族中所参加的祭祀活动、聚餐活动和寡妇在宗族中地位的变化，都体现了农村女性在宗族中所遭受的歧视减少，地位提高。

第二，在妇女与宗教、神灵、巫术方面。在新中国成立以前，相对女性来说，男性的生活环境比较开放，范围也较为广阔，他们在较为落后的 20 世纪担负着供养一家人的责任，他们在日常农业劳作之余还会外出打工。女性则一直在家里负责照顾孩子、收拾家务或是做一些女红贴补家用，活动范围也仅局限于村子以内或者更小的地方。由于交通不便，信息科技不发达，中国自古以来的神灵思想就很是丰富，所以无论是男性还是女性，大都信奉神灵，并且由于那个时期，女性地位较低，且由于“男主外，女主内”思想的影响。男女信奉的神灵很是不同，作用也大相径庭。神灵对于女性来说，是用来维护家庭和谐，子女健康的，所以村落中的“巫婆”大都是女性，但神灵对于男性来说主要是为了事业。而新中国成立后，由于科学技术的进步，网络的普及，信奉神灵在农村地区逐渐减少，但是转变为以女性为主体。由于女性得以走进工厂，有了自己的一番事业，所以信奉的神灵方面也逐渐广泛，在以前只有男性可以信奉的神灵，现在女性也可以信奉，由此可见，女性在信奉神灵这个角度地位的提高。这个角度不仅是见证女性地位变化的一个方面，更是见证中国农村女性生活的重要经历。

第三，在妇女婚后的家庭关系方面。社会是由家庭这样的一个个“细胞”组成的，而女性作为家庭中十分重要的成员，女性在家庭中的地位一直是社会研究的重点，尤其是妇女在婚后家庭中的地位。这个方面是见证女性地位变化的重要“证据”。在新中国成立以前，女性遵从“出嫁以前从父，出嫁以后从夫，夫死从子”的观念，地位极其低下。在婆家的家务主要由女性来操办，并且还从事一部分种地的劳务。那时女性不仅要做许多家务，还要看婆家的脸色，与婆婆的关系很差。而且女性的生育还关系着女性与婆婆的关系是否向着好的方向发展。由于自古以来“母凭子贵”的思想，只要女性在结婚后的一到两年内生下儿子，家庭地位会得到极大提高；如果女性在婚后生下女儿或婚后一到两年内没有生育，在婆家的地位会受到重重的打击，而且婆媳关系也会继续恶化。所以那个时代的农村女性受这种情况的影响大都有“重男轻女”的思想，以生下儿子为重要的事。那时女性不仅是在家里地位低，而且在家族中地位也极其低下。在家族聚餐活动中，女性没有坐席的机会，还要为宴席准备饭菜。而且在家族决定商讨中也没有话语权。但是这种情况在新中国成立以后发生了巨大变化。由于新中国成立后“男女平等”新思想在农村的传播，以及农村女性“走出”家庭，“走向”工厂，在家庭中的经济地位的提升使妇女地位得到极大提高，在家中的话语权也得到提升，由此而来的女性独立、农村女性思想的解放，农村女性的生育观也不会再束缚着女性，而且农村女性在婆家地位得以提升，与婆婆的关系也得以改变。

第四，在夫妇关系方面。夫妇关系是见证女性在家庭中地位变化的直接原因。在新中国成立以前。由于封建的“三从四德”，女性还没有出嫁前，女性的婚配问题也主要是由自己的父亲来决定。所以女性的婚姻大还是多数都是包办的，在结婚以前，有的女性甚至没有见过自己的丈夫。并且，没有特殊情况也不存在退婚的意见。那是由于女性地位低，而中国自古以来就是“男权社会”，所以婚后男性是一家之主，家里的财权和决定权都是男性掌握，有关家里宴请宾客和外出赴宴都是由男性来出面。而且那时家里家暴现象很是普遍，女性做错事情就会受到丈夫暴力以及辱骂。而且由于女性长期受到束缚，权利意识淡薄，中国社会的法律不健全，所以在农村女性甘愿受尽打骂，也不会提出离婚。在家庭中的生育方面，在新中国未成立前的传统社会，农村居民把生育行为作为一种责任意识，是为了让自己的家庭得以代代传承，这种强烈的责任意识使农村人把生育男孩作为首要任务。而无法生育出男孩的家庭则会受到来自家族及其他各方面的非议，其中最受伤害的是农村妇女，因为农村盛行“重男轻女”思想，以及“养儿防老”的思想观念。生下儿子在家里的地位就会提高，生下女儿就会遭受来自家庭和外界的攻击。那时女性的地位紧紧和生育联系在一起。随着新中国成立，上述情况得到极大改变。随着“恋爱自由”观的传播，女性得以走出家门，见识更加广阔的世界以及女性地位的提高。女性的婚姻不再由父母包办。由于新时代女性观得到越来越多农村女性的信服，女性“走进”工厂，在家庭中有一定的经济地位，所以农村女性也迎来了“当家做主”的时代，而且随着社会思想的发展，农村女性的家庭地位越来越高。伴随而来的是丈夫家暴妻子的现象越来越少，而且由于农村女性“女权”意识的增强，《婚姻法》的完善，离婚率越来越高。伴随着科技的发达，医疗卫生水平的提高，农村女性的生育观发生极大变化，女性不再被生育所摆布，由此女性在家里的话语权也得到了提升。夫妇关系这个层面是最直接见证女性地位变化的。

第五，在其他方面。农村女性地位提高不仅表现在这些大的方面。在访谈中也有所涉及的“受教育权”在新中国成立前后也形成了明显的对比。1949年以前，受中国自古以来女性只要习得女德，不用受到教育的观念，农村女性几乎没有受教育权。在新中国成立后，受到农村女性思想开化的影响以及“男女平等”观念的影响和国家有关教育法的完善，女性受教育权得到保障。在访谈中我们也提到让农村老年妇女谈一下现代社会有关男女的离婚问题、男女的财产继承问题。在男女离婚问题上，大多老人对有这种情况是不予支持的，他们认为夫妻只要结婚就是一辈子，夫妻双方离婚是不正确的选择。但是农村男女双方离婚率高从侧面反映了农村女性有着越来越强的维护自己权利的意识，农村女性地位的提高。有关男女财产继承权的问题，在新中国成立以前由于“男尊女卑”，女性是没有家庭的继承权的。在新中国成立以后的广大农村地区，虽然我国的继承法规定男女享有同等的继承权，但是由于女儿大都出嫁，农村里的老人多数都由儿子抚养，所以有关财产继承问题，也是先考虑儿子，所以女性的财产继承权一直得不到维护。同时，从我们的访谈中，农村女性家庭地位的变化也体现在生活中一些小的方面。从以前家中事宜的决定权由男性掌握，到现在的共同商议；从以前家里的财政大权由男性掌握，到现在由女性掌握；从以前家族中聚餐不上桌，到现在的同桌吃饭。在农村外嫁女方面也可以体现出农村女性家庭地位的变化。以前“嫁出去的女儿就是泼出去的水”，外嫁女在婆家所遭受的虐待，作为娘家是不会出面的。而现在，只要女儿在婆家受到一点委屈，就会回娘家哭诉，而作为娘家也不会袖手旁观。从这些生活中的小细节更能体现出现代女性地位的提高。除了这些之外，我们还在每个大问题的最后让农村老年妇女自己对比了一下新中国成立前后每个大问题的变化。通过她们的对比，都得出了自新中国成立以来农村女性家庭以及宗族地位的提高。

综上所述，这次调研以农村老年妇女角度浅析了农村女性自新中国成立前后家庭及宗族地位的变化。体现了自新中国成立以来农村女性地位得到提高这个不争的事实。从大小两个方面分析了农村女性在家族以及宗族中地位变化的原因，对于研究农村女性地位变化有着极大的价值。对于近几年以来习近平总书记提出的“构建养老、孝老、敬老政策体系和社会环境”和“敬老爱老是中华民族的传统美德”有着重大实践的意义。对于自新中国成立以来“男女平等”思想的贯彻落实有一定的实践意义。

六、结论与建议

1. 要从改变传统观念入手。

在中国，“男主外，女主内”的传统家庭性别角色分工模式已经延续了几千年，它显然就是一种知性惯性意识的沉积。男权社会中，男强女弱似乎顺理成章，男主外女主内天经地义，人们习惯之后也就不再去反思，其实这本身就是一种不公正，只是因为人们的习惯而变得容易接受。男女的生理差别是客观存在，但是这种差异不能成为不公正的借口。男人和女人共同构成这个世界的生机，相对独立性使他们优劣互补，谁都有自身存在的合理性，这奠定了男女公正的可能性基础。男人在体能上优于女人，但是也在许多方面不及女人，他们之间是不可代替的关系，根本就不存在绝对的优劣。因此无论男人挣钱多，还是女人挣钱多，男女在家庭的地位，都应该是公正的，具体到一个家庭，男女的地位可能不平等，因为个体的综合能动性存在差别，但是这与性别本身无关。

2. 缩小男女经济收入的差距。

进入 21 世纪以来，纵观世界经济的发展有了很大幅度的提升，女性经济收入也有了大幅度的增长，男性的收入幅度更大，女性仍然无法达到男性的收入。男女两性的收入差距表现在很多方面，最主要的方面是在业状况和职业层次。男性更多地在薪酬较高的单位或职业，女性较地集中在收入偏低的或者难以全身心关注的职业当中，在相同职业中女性的职务等级又比男性偏低，同工不同酬的现象比比皆是。尽管根据调研收集来的数据显示，在女性中各级负责人数量有所增加，各类专业技术人员女性的比例还低于男性，但这两类职业中，女性收入占同类男性收入的比例的一半左右，低于平均的水平，且慢慢地随着收入水平的提高，女性所占该群体的比例也在慢慢变少。

3. 提高女性的教育水平

教育对女性的经济地位及其阶级地位具有极其重要的影响力。普遍认可的规律是，教育程度越高，女性的基层地位越高，将来取得的成就更高，经济地位越高。我们从现代社会的主要特征可以看出，现代社会被认为是“能力社会”而不再是早期社会的“身份社会”，个人可以通过接受良好的普通教育和职业教育来获得能力并通过自己的努力来改变自己的社会、经济地位和家庭地位。

同时教育也是宪法赋予每一个人的一项权利，法律途径实现教育是实现平等发展目标的重要工具，提高妇女的受教育机会，是促进妇女素质提高、提高女性离开男性庇护的生活能力，是参加社会生产、社会决策的必要条件，有益于减轻和消除对妇女的歧视和男女不平等的根源。

4. 发展家政服务，使女性从家务劳动中解脱出来

随着近现代计划生育政策的实施，普通家庭的规模逐渐缩小，随之女性减少了家务劳动量，女性慢慢地从繁重的家庭劳动中解脱出来，使女性有更多的时间和精力投入到自身的发展之中，发展家政服务，为女性提高自身素质提供了时间方面的条件。女性在家庭生活建设中的作用是无可替代的，他们的付出在建立和谐的家庭关系、子女教育和家庭养老中扮演了极其重要的角色。如果让女性脱离社会经济活动仅在家从事家务和照料子女及老人，每天同样的生活内容、处理相同的人际关系，将会泯灭女性的奋斗精神，大大阻碍女性自我价值的实现。

5. 不断完善法律法规

我国立法机构应加快立法速度，完善立法，从法律上维护和保障女性的合法权益，使女性在自己的合法权益受到损害时有法可依，以提高女性在家庭中的地位，促进家庭的和谐幸福。

双因素理论视角下济南社区居家养老服务人员的工作满意度调研

团队负责人：朱鸿基　　指导教师：陈越男
团队成员：杨霄　杨真真　陈莎莎　尹晨曦　张钊熙

一、项目目的

当前居家养老问题作为一个社会热点，受到广大学者的关注。但是学者们研究的主体对象几乎全为养老服务业中接受服务的老年人群体，而对养老服务人员，特别是养老服务人员的“低质少量”问题缺乏相应研究与重视。作为当前社会养老服务业存在的一大缺陷，其具有重大的社会意义。为了了解济南市养老服务业工作人员的现状，发现当前养老服务业工作人员群体中所存在的问题，本团队特此向学院申请立项，以济南市社区居家养老服务工作人员作为调研对象，同时调查多家养老机构工作人员作为数据对比，并以双因素理论为依托，通过数据推论出推动解决济南市养老服务人员存在“低质少量”问题的措施建议，加强养老服务人员人才队伍建设，以期助力济南养老服务业的持续良好发展。

二、项目内容

（一）选择问题阶段

团队成员皆为社会工作专业的学生，在参加日常课程学习与周末志愿服务期间，对本项目主题产生兴趣。团队成员分工明确，分专题广泛查阅相关的理论资料、政策文件和实践素材，对研究的主题进行具体化、明确化，最终确定本项目研究题目。

作为社会工作的学生，社区养老工作一直是我们专业所重视的领域，包括我们本次调研所调查的社区居家养老工作人员，其皆为项目中的社会工作者，故其工作也恰是我们专业未来发展的一大方向，故养老服务工作是我们所聚焦的一大重心。而对于养老服务这一领域的工作，社会工作的毕业生相比于其他的志愿者或其他专业的工作人员，能够对其提供专业性、技术性、多方位的服务，并且能够进行长期有效的服务工作，有助于降低养老服务业的成本，在有限的社会资源下提升社会养老服务质量。

在未来专业化、智能化、家庭化的养老服务业的发展趋势下，社会工作者极有可能成为这一领域的主要工作者，故我们对于养老服务业工作的关注度一直较高，在此特选此类主题作为项目中心主题。

（二）研究设计阶段

团队成员对养老服务人才队伍建设问题进行资料梳理，初步了解社区居家养老服务工作人员现状，在文献查阅的基础上，结合本项目的实际情况，并做出数据对比，从而确定研究内容——济南市社区居家养老工作人员工作满意度，确定研究对象——济南市槐荫区、历城区、历下区及天桥区的社区居家养老服务中心的工作人员，以及养老机构的工作护理人员；确定研究方法——问卷调查法。在此阶段，团队成员制定问卷并形成详细的调研方案，从而为后续研究奠定基础。

（三）研究的实施阶段

团队从 2018 年 2 月 28 日起对所选社区居家养老服务中心及养老机构开展历时 3 天的社会调研。在此期间，团队成员对两个社区居家养老中心、三家养老机构进行了工作人员满意度调查研究。其中，在前往调查某养老机构时，由于时间原因与交通原因，到达此地时已经接近下午六点，此时机构的许多工作人员都离岗休息，在岗上的工作人员较少，导致问卷收集数量下降。之后采访过程中，团队以此为戒，严格把握调查时间，并在多次调研机构与社区中积累调查经验，熟悉调查与沟通流程，缩短调查时间，在保证调查质量的前提下有效提升了调查效率。

（四）资料分析阶段

在获得问卷资料之后，团队成员首先对所有问卷进行了资料审核，核查剔除了不按照填写规则乱填乱写、大量空白等不具备研究价值的问卷，并对回收的问卷资料进行分析，同时综合社区养老工作人员的调查问卷与机构养老工作人员的调查问卷，并对两类资料进行数据对比与差异分析，最终以此推论出调查结果并提出相应建议。

（五）得出结果阶段

通过对所调查社区居家养老服务中心与养老机构的两类问卷数据，本团队最终概括出济南市居家养老服务人员工作现状具有“学历高、年轻化、专业化”的特点，但存在“岗位空缺、流失量较大”等问题；济南市养老机构工作人员现状则具有“护理人员年龄偏大、学历较低、待遇较低”等问题，且亦存在“人员不足”的岗位空缺问题。根据问卷调查所收集来的数据分析，团队成员以双因素理论作为依托，分析现今问题存在的原因，得出相应建议并形成项目研究报告。

三、项目方法

（一）文献法

本项目研究前期，团队成员在查阅大量文献资料的前提下，根据实际情况，有针对性地设计调查问卷。

（二）问卷法

本项目以问卷法作为收集资料的核心方式，团队成员借助纸质问卷对所调查的养老服务工作人员开展问卷调研，以此了解家养老服务工作人员的工作现状与满意度情况。

四、项目结果

为了解济南市社区居家养老服务工作人员与养老机构工作人员的工作现状与满意度情况，探究造成现今养老行业工作人员存在诸多问题的因素。团队成员在济南市槐荫区裕源社区“爱心在线”居家养老服务中心、历下区建新社区“长者日间照料中心”、天桥区“晚晴”老年公寓、历城区“华森”养老院与“红夕阳”老年公寓进行实地问卷调查。共计调查了两家具有代表性的社区共3位主要工作人员、2位参与工作人员与3家机构包含“护理员、护理主任、医生、护士长、院长等职位”的22名工作人员。问卷材料共计收集到27份，经审查筛选之后，共获取了25份有效问卷，问卷有效率达92.59%

在对两类问卷进行分析与对比之后，团队成员总结概括济南市社区居家养老服务工作人员与机构养老工作人员如下特点与问题。

（一）社区居家养老工作人员特点与问题

特点：
1. 社区居家养老工作人员学历多在专科以上；
2. 社区居家养老工作人员多为年龄在25岁到35岁之间，较为年轻；
问题：
1. 存在工作人员流失问题；
2. 存在因社会地位、待遇较低等问题导致的岗位空缺问题；

（二）养老机构工作人员特点与问题

特点：
1. 护理员年龄全部都在45岁以上，年龄偏大；
2. 护理员学历较低；
3. 护理员工作量较大；
问题：
1. 工作人员工资较低、待遇较差；
2. 工作人员尤其是护理员岗存在较大空缺；

在实地调研的过程中，团队成员就当前养老服务工作福利待遇问题、社会地位与认同感问题、个人工作量与公平公正问题等与工作人员进行交流，现场收集工作人员的看法与见解。此外，团队成员在实地调研的过程中，多次协助工作人员的护理工作，切身体验服务人员的工作，真切感悟现今工作人员的工作现状。

五、项目分析

项目结果总结概括济南市养老服务人员工作现状，具体分析如下：

（一）个人基本信息数据分析

在所被调查的社区居家服务工作人员中，女性的比例高达百分之百。这样的一个男女比例差距主要是由于女性工作人员对老人的照顾更为周到、细心，大多数社区以及养老机构都会选择以女性工作人员为主。而在年龄分布上，机构的服务人员年龄在45岁以上的人员比例达到了70%，而社区的养老服务人员年龄均在25岁左右，此两类数据对比表明机构的工作人员以中年人为主，而社区的工作人员基本上都为青年人群体。

在职务分布上，机构的工作人员作为文化程度较低、技术性较低的护理员的比例达到了76.47%，而数据中又反映机构关于护理员这一职位仍存在较大缺口，说明养老院对于照顾老人起居的基本护理人员需求量较大。而在社区居家养老单位中，其工作人员的工作内容主要为统计、组织老年人活动的开展、负责项目当中的各项事务以及当老人有需要时，为老人提供咨询、心理疏导等服务，这反映出社区参与居家养老的老人大多都身体健康，具备健全的自理能力，其缺乏的可能为精神上的需求，故社区养老服务人员相比照顾老人饮食起居等基本生活方式，更要掌握处理老人心理、精神层面问题的技巧，说明社区居家养老服务需要具备专业技能的技术型人才。

而据数据所知，社区所设立的居家养老服务中心的工作人员大多都属于年轻化、专业化的技术性人员，其所受到的养老服务培训大多都属于单位内部组织，而缺乏相关民政部门与专门培训机构组织的相应培训，而相较于养老机构的工作人员，社区的工作人员在学习养老服务的基本操作技术的基础上，还受到了精神慰藉以及管理运营等培训。其学历皆为专科以上的高校毕业生，在学历上要普遍高于养老机构的服务人员。

（二）社区居家养老服务人员的工作满意度现状分析

在机构工作的服务人员的工作内容主要为照顾老人起居饮食、保持老人生活区域的清洁等工作，其工作技术性要求不强，主要依靠个人经验与生活技能；而社区工作人员的工作内容主要为设计、组织老人参与社区各项活动，对有需求的老人进行心理咨询及辅导，这便反映出社区居家养老服务人员其工作上所要求的技术性及专业性。

在工作安排这一方面，机构工作人员有半数认为自己的工作排班制度较为合理，有11.1%的人认为排班制度存在问题；同时关于工作之余的休息时间，尽管大多数人认为休息时间较为充足，但仍存在16.6%的人认为自己的休息时间较少，这反映出机构的排班制度与休息时间的设置仍需进一步的完善。而社区工作人员则普遍认为自己的排班制度较为合理且休息时间较为充足。对于分配工作量，机构有42.2%的工作人员认为自身的工作量较为合理，52.63%的人认为设置得很合理；社区亦普遍认为工作分配较为合理，没有出现工作分配量不均的现象。

（三）社区居家养老服务人员福利待遇水平的满意度分析

在工资待遇这方面，社区居家养老工作人员工资要普遍高于机构的工作人员，这里部分原因是社区居家养老拥有政府的资金支持，并且社区居家养老人员的工作具有较强的技术性及专业性。而关于福利待遇这方面，机构工作人员与社区居家养老工作人员仍存在差距，机构对于工作人员中占绝大多数的护理员，都只提供住宿和免费用餐，有35%的人在饮食方面仅提供用餐补贴，而且机构都未帮其上交“五险一金”或商业保险。而社区在向工作人员提供基本的住宿及用餐的基础上，更是为其交付了“五险一金”，但是仍未做到所有的社区工作人员都给购买“五险一金”。

（四）社区居家养老服务人员个人看法与建议分析

机构工作人员与社区工作人员在工作兴趣这一方面都选择了对此工作较有兴趣甚至很热爱，这反映出养老服务业工作的从事需要工作者本身就对养老服务这一方面感兴趣。这里建议技术性、专业性较强的年轻工作者多参与甚至仅是体验养老服务的相关工作，通过半结构式访谈，我们得知，很多工作者是在工作之前尚未建立工作兴趣，而在工作了一段时间后，会逐渐对这份工作产生积极正向的心理。

而在职业未来发展看法上，机构工作者与社区工作者之间的看法有较大不同。机构工作人员的年龄普遍较大，其对于工作未来发展没有太长远的想法，其对于工作的态度就是以稳为重，会选择长久稳定地从事这份工作；而社区中相对年轻的工作人员，他们对于工作的态度除了愿意长期从事本工作之外，还有25%的人选择了之后会选择其他的相关工作，这反映出养老服务人员中“量”的问题，不仅要有人愿意加入这份工作，还要留住这份工作上的人，也就是通过各种措施来鼓励、促使工作人员流失性逐渐降低。

（五）双因素理论对解决养老工作人员问题的启示

1. 双因素理论简述

双因素理论简而言之，是对于工作人员这一领域群体的正向激励引导因素的分类讨论，该理论由赫兹伯格提出，是在马斯洛“需求层次理论”的基础上，根据基础性与发展性两类特征，将各因素分类进行整合，并将其分为“保健因素”与“激励因素”两类。

（1）激励因素　激励因素是指能够带来积极和满意效果的、与工作本身性质有关的一类因素，即个人自我实现的因素。赫兹伯格认为激励因素主要有6个：“工作本身具有挑战性、奖励、晋升、成长、负有较大责任、成就感”。这类因素属于决定性、关键性的因素，能够直接、正面地激发人们工作的主动性、积极性和创造性，能够促使工作者达到更好的工作状态。

（2）保健因素　能够带来不满意效果的因素称之为保健因素，即外化的因素（如政策、措施、监督、人际关系、物质条件和工资福利等）。在工作中，如果个体对这类因素的需要得不到满足（也可以理解为“低于一定的水平线”），会导致个体产生不满情绪，甚至会严重挫伤其积极性；反之，处理得当，不仅能防止产生不满情绪，还能提高其工作的积极性。

2. 双因素理论意义

本理论提出了“工作丰富化”的概念。在此之前，管理者通常采用增加工作量和范围，提高劳动者的工资报酬来激励员工。赫兹伯格提出，种类和量的增加只会在短期取得一定的效果，“丰富”工作的内容强调不再单纯依靠增加工作任务和范围来激发积极性，通过改善和重新设计工作内容，增加工作的挑战性，赋予员工更多的自主性和选择权，这样获得的激励作用更大，也更持久。

3. 结合双因素理论的问题分析

在此次调研所研访的调查对象中，我们将其分为两大类：社区居家养老工作人员（包含一线社工、项目主任）与养老机构工作人员（包含护理员、护理主任、医生、护士长）。

企业管理以盈利为主要目的，而机构工作人员大都属于民办机构，其管理者与工作者在很大程度上是追求经济效益，而如此一来，机构的工作人员的人数会尽可能地降低，同时个人的工作量也会随之增加，其工资待遇亦会与机构盈利相结合。而现有照护服务队伍中养老护理员的数量缺口，使得养老机构和老年人不得不聘用大量外来务工人员和下岗职工。照护服务人员整体上存在年龄偏大、学历偏低及职业培训较为缺乏等问题。另一方面，在实际调查过程中发现，在机构中接受服务的老年人经济水平并不是很高，多数老年人仅是购买了档次较低的护理服务。而对于民办养老机构来说，不仅要控制运营成本，而且由于缺乏职业保障使得前景不明，无法吸引年轻择业者，导致部分优秀人才流失，无法确保护理人员队伍的稳定性。

而社区居家养老服务中心为政府设立、机构购买项目的经营方式。其所提供的服务大部分由政府来投资，而鉴于居家养老的特殊性，其单位的工作人员大多为从事社会工作的专业技术人员，其基本上都为高校毕业、较为年轻的工作人员，通过对所调研的社区工作人员得知，其所选择这份工作的原因都为兴趣所在，这反映出，社区居家养老需要吸纳更多的年轻化、专业化的工作人员，首先需要保证兴趣所在，而兴趣点的建立，可以通过扩大宣传，提高工作社会地位与社会认同感、设置高校毕业生从事工作的鼓励政策等来提高对高校毕业生的吸引力。

六、结论与建议

在经过本次社会实践，我们所假设的济南市养老服务人员存在“低质少量”的问题得到证实，而通过对本次实践所收集到的问卷数据及半结构式访谈的数据分析，我团队对解决济南市养老服务工作人员“低质少量”问题提出如下建议：

（一）保健性因素的提高与完善

1. 现阶段，考虑到私营养老机构运营存在的问题，针对参加基础技能培训的机构和个人所建立合理的补贴制度，通过增加对机构的补贴来提高机构护理人员的培训内容与培训频率，以期提升现有工作人员的专业性与技术性，从而提高私营养老机构服务人员的服务质量，并提升整个养老服务业的服务水平。

2. 加强和完善养老护理员的职业教育和培训体系建设。老年照护专业培训涵盖了护理学、心理学、社会学和医学等多个方面的专业知识，服务内容不仅有老年人的照料、护理与康复，还有老年心理咨询与老年活动策划等多项内容。从专业设置的角度来看，政府需要引导各高等院校与中等职业学校等增设老年服务相关专业和课程，重视师资队伍、教材与课程建设。

3. 针对现有养老服务从业人员多为大龄工作者和下岗职工，其参加各类社会保险与福利待遇等情况，建议制定相应的政策法规，逐步健全护理服务人员的社会保障机制。通过政策保障来提高工作人员的现有待遇水平，提高现存工作人员的积极性，扩大对有意愿从事工作人员的吸引力，为保持养老服务业工作人员队伍的稳定性与持续性、扩大人才队伍与工作者储备提供政策支持与保障。

4. 尽量保证高校专业毕业生人才队伍不流失。从培养和培训方式来说，可以探索多种形式。如校企合作的定向培养，或是订单式培养，建立实训基地，确保学生实习和就业。

（二）激励性因素的补充与发展

1. 社会地位　拓展宣传途径、提高宣传力度，通过政府、新闻媒体、纪录电影等形式，提高职业社会知名度与影响力，优化职业形象，从而提高职业社会地位。本建议中涉及的社会地位为社会价值与社会形象，不包括经济地位与政治地位，经济地位的提升需要物质条件上的完善，而政治地位的提高则需要政府政策上的支持，以及自身作为养老服务工作人员所具有的政治权利，其中个人话语权则尤为重要。

2. 职业发展　建议完善丰富职业晋升与发展机制，畅通基层护理人员的上升通道。很多高校养老专业毕业生不愿从事养老服务工作的原因是目前工作的未来发展前景所致，通过对所访问的调查对象可知，许多人不愿从事这份工作的很大一部分原因在于认为工作没有出路，工作几年仍为基层人员，最多成为主任层级的管理人员，而且相较于其他行业，本行业发展较慢，待遇提升期较长，导致很多本专业的人才外流。

3. 奖励与成就感　建议通过增加护理人员技能比赛、工作评比等措施来促使机构完善内部工作人员评定机制。通过对 3 家养老机构的采访可得，其中仅有一家机构拥有相关激励机制，其所采用分组积分制度，方式为将所有工作人员平均分为 6—8 人一组，根据组内成员工作的时长、出勤率、老人满意度、领导看法等指标，来对机构内工作人员进行积分评定。但其机制采用的为扣分制度，满分为十二分，若有不合格之处会进行扣分，半年结算一次，分最高者可获得 300 元奖金。此机制采用的扣分制度在提升工作人员积极性上不如加分制度来得有效，只要保证干好分内工作便不会扣分，如此一来很多工作人员只会像完成任务一样对待自己的工作，不利于提升工作人员积极性，且奖励待遇需要进一步提高。

而对于较为年轻的工作人员，在济南市买房是一大问题，故在年轻的工作人员中，可将奖励设立为提供住房补助、按政策申请公租房等住房优惠福利政策，这也需要政府部门的共同努力，于此还可扩大宣传，吸引更多的年轻化人才加入济南市养老服务人才队伍当中。

关于青少年校园欺凌事件中性别差异的调查研究

团队负责人：惠含笑　　　　　　　　　　　　　　指导教师：斯满红
团队成员：王超悦　李瑞雪　花玉杰　宋金茹

一、项目目的

此次关于青少年校园欺凌事件中性别差异的调查研究，通过对几所中学的实地调查，归纳出对待校园欺凌问题男女生之间的性别差异，针对性地提出解决校园欺凌问题的可行性建议，期望日后能够运用社会工作的方法和理论，针对男女生不同的性格特点，介入青少年群体，减少校园欺凌事件的发生，帮助欺凌者与被欺凌者真正地重融社会。

二、项目内容

1. 系统梳理有关于青少年校园欺凌的内容、校园欺凌产生的原因、分析研究社会工作对校园欺凌问题的介入等相关文献。

2. 以山东省三所中学为依托，对校园欺凌事件中的不同角色人群展开调查，调查方法以问卷法、访谈法为主。调查内容主要为男女生在校园欺凌的原因、采用的手段、带来的伤害、事件过后的处理以及周边群体不同的态度，在此基础上进一步总结校园欺凌事件中的性别差异。

3. 结合当下的社会政策和前期的调研内容，分析社会工作者介入不同性别校园欺凌的可行性，提出一些有意义的建议，进而结合青少年社会工作的理论，针对如何防止青少年校园欺凌提出可行的对策。

三、项目方法

1. 文献研究法：团队成员利用图书馆、中国知网等现有资源进行相关文献的查阅，全面了解和把握国内外学者对校园欺凌事件的研究现状以及他们提出应对校园欺凌事件的可行措施。

2. 问卷法：团队成员进行了线上线下两种途径进行问卷调查，线下依托三所初中，线上借助网络载体面向广大青少年进行问卷调查，从而广泛地、深入地了解相关内容。

3. 半结构式访谈：团队成员除了直接对青少年群体进行问卷调查外，还对一位曾经有过校园欺凌经历的女生依托网络通讯工具进行了简短访谈，另外还深入校园对老师进行访谈。

四、项目结果

随着青少年校园欺凌事件的不断曝出，这一问题已经成为人们关注的焦点，虽然法规在不断完善，社会在加强监督，学校在大力宣传，但还是无法彻底真正地从欺凌者与被欺凌者的内心出发，从根本上减轻或者遏止严重的校园欺凌。而校园欺凌的形成是漫长的，对于受害者身心的影响也是持久的。作为调查者不应只以单纯同情的眼光去看待被欺凌者的境遇，更需要以切实的研究调查为支撑，深入探讨问题产生的原因，为推动这一问题的解决提供依据。本次研究群体面向10—22岁青少年，线上共回收108份问卷，线下共回收100份问卷，两份问卷完全一致。线上访谈一位学生，线下访谈了八位学生以及老师，采用了抽样调查的方法。

（一）线上问卷调查结果与分析

1. 线上参与填答问卷的共有108人，男女分别为54人，比例各占一半。回收的108份问卷中，年龄均符合调查对象的范围，都为有效问卷。

表1　问卷男女人数及比例

选项	人数	比例
A. 男	54	50%
B. 女	54	50%

2. 结果显示，一半以上的青少年均表示在自己身上或者身边发生过校园欺凌，甚至有接近五分之一的学生表示经常发生。

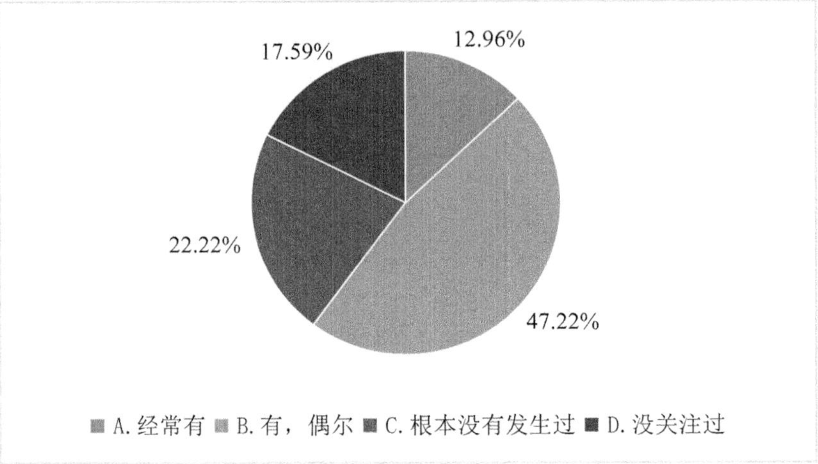

图 1 青少年发生校园欺凌的比例

3. 结果显示，男女生在校园欺凌所体现的方面上选择有所差异。男生认为主要是针对身体上的，比如打架斗殴，还有语言上的，比如辱骂、散播谣言等等；女生主要针对精神暴力，比如分帮结派、孤立、排挤、讽刺受害者等等，另外比较高的同样是语言上的欺凌。

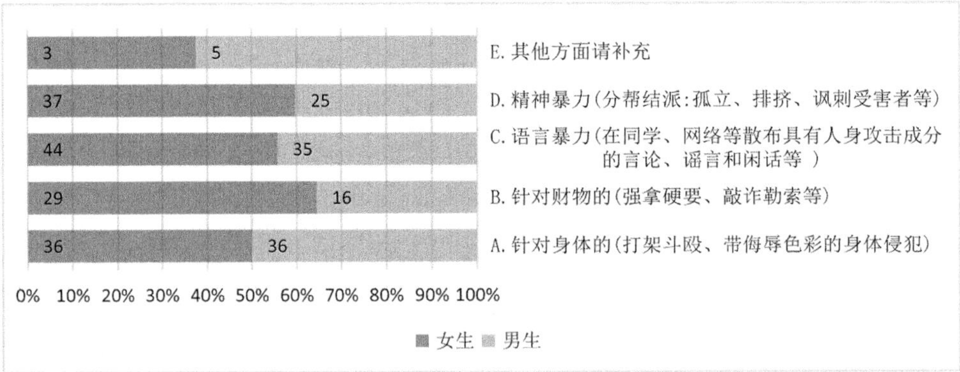

图 2 男女生在校园欺凌所体现的选择的差异

4. 在问到被调查者对于校园欺凌的态度时，不论是男同学还是女同学绝大部分都表示深恶痛绝，但仍然有学生表示这是一种正常现象，或是选择息事宁人。

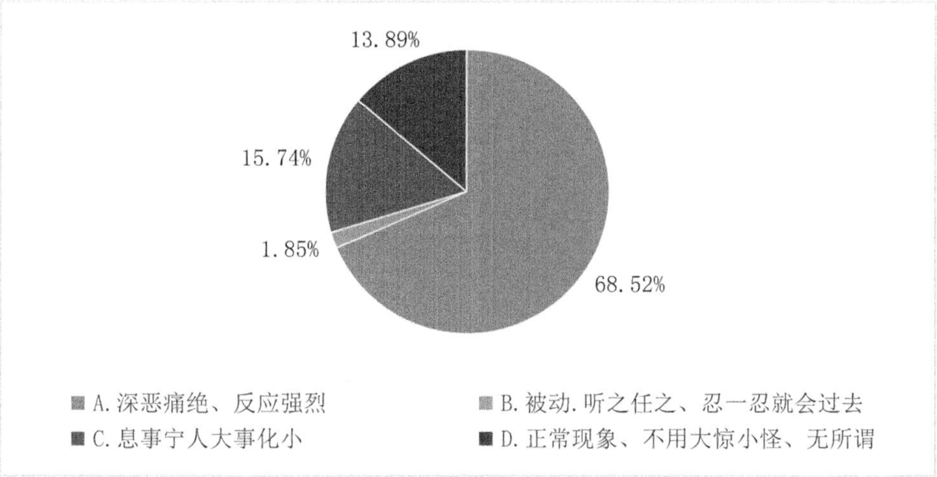

图3 大家对校园欺凌的主观态度

5. 在调查哪类人最容易成为施暴者时，女同学的态度更加明确，认为性格激烈的学生和喜欢拉帮结派的学生更容易成为校园欺凌的施暴者。男同学的态度则比较分散。

表2 施暴者源头比例

选项	人数	比例
A. 性格激烈、脾暴躁的学生	41	75.93%
B. 拉帮结派的学生	41	75.93%
C. 有“背景”的学生	26	48.15%
D. 单亲家庭或遭遇其他家庭变故的学生	18	33.33%

6. 在调查哪一类人更容易成为受害者时，男女生的首选都是性格孤僻、不易与人相处的同学，差异不是很大。

7. 在面对校园欺凌时的应对做法的调查中，男女生选择的前三位分别都是：向老师求助、向家长求助和报警寻求法律的帮助，但女生选择三项的比率更高，特别是对报警这一选项，对用这三种求助方式的意愿更为强烈。另外有两位女同学认为自己会变得更强，自己反抗；另一位同学表示寻求无果后应该还是会默默忍受。

表3　应对校园欺凌男女不同做法选择比例

选项	男生人数	男生比例	女生人数	女生比例
A. 向老师求救	35	64.81%	44	81.48%
B. 向家长求救	25	46.30%	39	72.22%
C. 找朋友帮助报复	15	27.78%	8	14.81%
D. 默默忍受：	8	14.81%	8	14.81%
E. 试图讨好施暴者以求安全	6	11.11%	6	11.11%
F. 报警寻求法律帮助	19	35.19%	32	59.26%

8. “如果目睹校园欺凌你会怎么做”中，男生选择默默无视和上前立即制止的学生更多，女生更倾向于告诉家长或者老师。

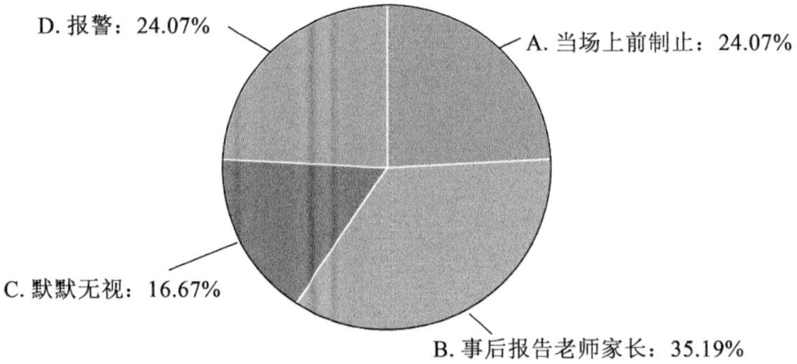

图4　面对校园欺凌男生的选择做法

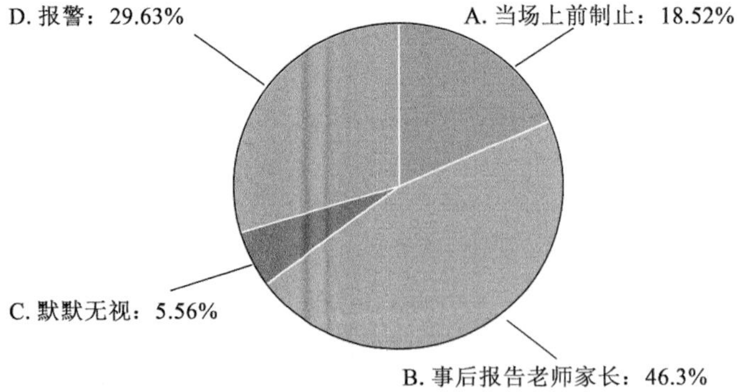

图5　面对校园欺凌女生的选择做法

9. 调查发现，女生进行校园欺凌多发生于学校厕所、校外人少处、学校周边小巷等较为隐蔽的地方；男生进行校园欺凌的地点除了这些以外，还有很多社会人员复杂的地点。下表为女生调查结果：

表 4　校园欺凌易发地点调查

选项	人数	比例
A. 校外行人稀少、僻静隐蔽的场所	44	81.48%
B. 学校周边小巷等地方	37	68.52%
C. 学校操场、教室等人员密集的场所	12	22.22%
D. 学校厕所等隐蔽场所	42	77.78%
E. 网吧等社会人员混杂的公共场所	27	50%
F. 其他方面请补充	3	5.56%

10. “你觉得对于各种预防校园欺凌的活动形式，哪种更能引起你的兴趣”问题中，女生从高到低分别是：与身边的诉说、看书或看电影、运动、积极的自我暗示、大吃和游戏。男生运动、游戏占比较高。下表为女生调查结果：

表 5　预防校园欺凌的活动兴趣调查

选项	人数	比例
A. 运动，释放掉负能量	31	57.41%
B. 看书，从书籍里获取正能量	32	59.26%
C. 大吃，忘掉消极冲动	14	25.93%
D. 跟身边的人诉说缓解压力	40	74.07%
E. 网络游戏在虚拟世界中追求“刺激”	7	12.96%
F. 自我暗示，努力压制	22	40.74%

（二）纸质调查问卷调查结果与分析

收回的 100 份问卷中，有 88 份有效问卷，项目团队成员根据性别将之分为两类做了基本的数据分析，调查结果基本与线上调查结果一致，女生由于其性格特质，对待校园欺凌事件的反应与男生还是有很大不同。

（三）半结构式访谈调查结果与分析

1. 男生与女生之间产生校园欺凌的原因里最具有差异的几点是，男生也许会因为钱财问题导致矛盾，女生因为这种原因而导致校园欺凌的比较少见；女生多会因为生活或学习中鸡毛蒜皮的小事情而激化矛盾；女生受家庭环境影响更大；男生多追求“有面子”，伙同社会青年或追寻学校中所谓“混得好的老大”，女生是组成兴趣相投的小群体，有一种“以暴制暴”的心态。另外，青少年时期因为正处于特定的阶段，因此男女生常会因为异性感情而发生校园欺凌。

2. 从校园欺凌的实施手段和形式来看，男生多为打群架、打野架，或是高年级学生辱骂、勒索低年级的同学，让低年级的同学为其写作业；女生多为多人围攻一人、争吵、辱骂、公众场合（如厕所、墙壁等）乱涂乱画、传谣等。

3. 从校园欺凌的场所来看，男生很多以“声势浩大”为荣，多在学校附近进行校园欺凌；女生多选择在较为隐蔽的地点如厕所、小树林等。

4. 另外，无论男女，在实际的情况中，有些学生不愿意主动向老师、家长等寻求帮助，但总结来看，相比之下女生会更容易主动找他人倾诉情况。整体来看，男生发生校园欺凌后一般产生的影响比较大，频率高，范围广；女生影响范围相对较小。

5. 从预防措施来看，诸多老师和家长都提到需要细心观察孩子的举动是否有异常，学校经常播放相关视频、开班会、举办主题演讲比赛、开展讲座等等。

五、项目分析

通常校园欺凌事件中会有三种角色的存在，分别是旁观者、欺凌者与被欺凌者，而调查发现，无论学生处于何种角色下，校园欺凌对任何一方都会产生影响。在新的性别视角下，项目的研究结果有了新的可以探寻的方向，该项目主要是从欺凌者的角度分析男女差异。

欺凌行为中男性校园欺凌的特点：欺凌行为多简单粗暴、聚众性、张扬性，身体冲突居多，性格消极自卑、攀比好胜、狂妄自大等。女性校园欺凌的特点：嫉妒心强、持续性强、多造成心理创伤、多以多敌一、隐蔽性、手段多样性、起因多为生活琐事、青春期与男生同期相比心理波动更大、寻求虚荣心的满足、有家庭暴力的背景等。有些被动欺凌者为寻求自我保护还常常会依附于主要的欺凌者。经过总结分析可以看出，社会性别视角下，若想对青少年的校园欺凌的改善真正起到一定作用，就非常需要具体问题具体分析，面对不同性别的孩子，家长、学校、社会等使用的策略应该具有针对性。青少年的校园欺凌是学生自身和外界环境共同造成的结果，教师和家长若能够依据男生、女生校园欺凌产生的原因，并针对不同性别的学生的行为特点，及时有效地予以干预，有望降低校园欺凌的发生率。

六、结论与建议

针对性别的差异，我们对不同性别的校园欺凌参与者提出了一系列的意见，利用社会工作者的基本手法，进行需要分析、优势分析及劣势分析，从其自身到周边环境进行介入，从而使其恢复生活信心，重新融入社会。

个案工作：对女性欺凌者开展个案工作，运用认知情绪理疗法对欺凌者开展非理性的情绪治疗，同时与她的家长面谈，了解家庭成员的关系，帮助家长与子女建立和谐的家庭关系。对女性受欺凌者开展工作，通过几次面谈了解详细的情况，利用合适的理论对案主开展心理治疗，与案主家长和老师沟通联系了解案主的情况，三方协助帮助案主从伤痛中走出来，能够正常生活。

小组工作：根据引发校园欺凌的原因，对女性欺凌者和受欺凌者开展人际交往小组、情绪管理小组等等，帮助小组成员学会与人交往，学会管控自己的情绪，降低校园欺凌事件的发生率。同样，对于男性欺凌者与被欺凌者开展相对应的小组活动。在学校成立专门的应对校园欺凌事件的小组，对青少年定期开展预防校园欺凌发生的相关活动，同时也为遭受校园欺凌事件受伤的人提供帮扶活动，这样既能减低校园欺凌事件的发生率，又帮助受伤者进行正常的生活。

社区工作：从学校方面来看，由于女学生正处于青春期的敏感时期，女学生内心会比男生更加反复无常，学校可以组成专业的辅导小组，为学生提供情绪宣泄的场所与途径，加强对一些特定隐蔽区域的巡逻。从社区方面，与社区居委会一起组织社区家长会议，给家长们普及校园欺凌方面相关的知识，引起家长的重视。家长应该学会管理自己的情绪，不要在孩子面前展现自己暴力的一面，教会孩子学会保护自己，增强他们的法治观念。组织社区青少年会议，开展关于青少年预防校园欺凌的讲座，让青少年意识到校园欺凌对自己的危害，为其普及法律知识。

从校园欺凌预防的角度来看，校园欺凌的被欺凌者首选都是性格孤僻、不易与人相处的人，因此，学校应该加强学生情绪的疏导，与家长形成良好的“家校联动”，时刻关注学生的精神状态，双方加强反馈交流。另外，学校要多开展学生喜闻乐见的活动，大力宣传教育预防校园欺凌。

无论是男生还是女生，由于青少年期本身在社会认知、社会交往上存在不稳定性，再加之校园欺凌行为产生原因之复杂，有个体原因也有外界的环境原因，因此从一方面来说，要减少校园欺凌发生概率非常困难。但由于校园欺凌对于青少年的成长极为不利，社会各界成员有必要多方联合，探求适合青少年的、预防与减轻校园欺凌问题的疏导与监管模式或策略。如今随着青少年社会工作的发展，学校专业社工队伍的壮大，社会工作的专业理念以及应用介入为校园欺凌现状的改善提供了一种新的思路，特别是从性别视角下，具有针对性的介入更为预防和消除校园欺凌提供了新的想法。

城乡义务教育一体化发展瓶颈及对策调查

团队负责人：刘伟宇　　指导教师：臧文杰
团队成员：王晓雯　孟玥　陈璐　陈啸天

一、项目目的

义务教育是现代文明的一个重要标志，是民族振兴和国家兴旺的关键，是推动社会进步的源泉。教育关乎中国未来的发展趋势，所以义务教育是必须优先发展的基本公共事业，是脱贫攻坚的基础性事业。我国的义务教育事业自1986年开始到目前为止已经实现了全面普及，这也是我国教育事业的一大成就。随着社会的发展，教育事业也在逐步地发展，教育问题也一直是国家关注的重点问题。当前我国处于新型城镇化深入发展的关键时期，这对整体提升义务教育办学条件和教育质量提出了更高的要求，因此十九大报告提出了关于城乡义务教育一体化的发展措施。城乡义务教育一体化是适应义务教育改革发展新形势、社会发展新趋势的重要举措，也是落实科学发展观、缩小城乡公共产品供给差距的必要条件。二孩政策的实行、户籍制度的改革、务工子女的流动，都给城乡义务教育一体化的推进工作带来了巨大的挑战。城乡教育资源配置倾斜化、大班额问题显著、师资力量薄弱等问题都亟待改善，对发现并解决城乡义务教育一体化工作推行中遇到的瓶颈问题刻不容缓。本次社会调查以中小学学生、教师、家长为调查对象，通过对城镇义务教育一体化的研究，试图对城乡间义务教育的教学质量差异、师资队伍建设以及城乡义务教育一体化政策的推进与发展困境进行细致调查和探究，剖析深层原因，更好地全面了解目前城镇义务教育一体化推行情况，进而有力解决城镇义务教育一体化的瓶颈问题。

二、项目内容

（一）主要内容：该项目主要通过对乡镇和城市的中小学生、家长和教师的面对面访谈和填写调查问卷方式为主，对城乡义务教育一体化的发展问题进行调查研究，主要调查内容从以下四个方面展开：

1. 城乡义务教育的普及情况调查：城乡青少年接受义务教育的年龄、青少年接受义务教育的时间、青少年的辍学情况调查；

2. 城乡中小学师资情况调查：城乡教师教学质量比较性调查，城乡教师年龄、学历、数量和专业等结构比较性调查，教师的年级、学科分配情况；

3. 城乡中小学整体教学环境调查：城乡中小学课程结构、教育形式调查，城乡中小学的教学用具、硬件设施和学习生活环境的调查，城乡中小学每个年级班级数额调查；

4. 目前我国城乡义务教育一体化建设中存在的问题调查：城乡教师薪资待遇、福利的差距问题，城乡教学质量差异弥合的瓶颈，城乡中小学费用收取的问题，城乡教育财政支持的差异探究，乡镇小学教育观念落后、管理制度不科学等问题。

（二）项目过程：2 月 21 日，实践团队——城乡义务教育一体化发展瓶颈及对策调研团，赶赴滨州市无棣县开展调研活动，对正在接受义务教育的初小学生就“义务教育中存在的问题”进行了专题访谈。受访谈的初小学生针对自己在接受教育的方式和受教育的满意程度提出了许多的问题。自此，“城乡义务教育一体化发展的瓶颈及对策调研团”社会实践团队正式全面开展。

2 月 22 日，团队成员对正在接受义务教育的学生家长进行相关问题的访谈工作。访谈过程中，家长向团队成员反映，在当前乡镇的义务教育有了很大的发展，但是还存在着一些问题，如打着义务教育的旗号收取高额的学杂费等普遍性的问题，表达了自己对义务教育中存在的问题进行解决的迫切想法。

2 月 23 日，团队成员对多位初中、小学教师进行访谈。多数教师反映城市的教师工资和福利水平要高于乡镇的教师工资和福利水平，收入的差距导致了乡镇优秀师资外流的现象出现，进一步扩大了城市与乡村的义务教育质量水平。

通过此次社会实践活动，城乡义务教育一体化发展的瓶颈及对策调研团充分了解了基层群众对城乡义务教育推行的真实想法，对进一步调查城乡义务教育一体化的问题具有深刻的意义。

三、项目方法

（一）使用文献研究法，通过网络、图书馆等渠道，查阅已有的相关学术文献和国家的法规条令，参考资料约十余篇，进一步明确项目研究的核心问题和主题方向，编制调查问卷和访谈提纲；

（二）采用问卷法，选取调查对象为调查地滨州市无棣县的乡镇中小学生10名、城市学生10名、乡镇中小学教师10名、城市中小学教师10名、城市和乡镇中小学生家长各10名，共计60份调查问卷。

（三）选取结构式访问法，依据先前制定的访谈提纲对中小学教师进行访问；

（四）采用实地研究法，进入调查地——滨州市无棣县，对多所中小学进行整体情况的调查，收集一手的调查资料；

（五）采用数据分析法，根据回收的60份有效问卷整理分析调查数据，进行项目分析报告的编写工作；

（六）最后结合文献研究法和经验总结法撰写调查报告，对相关问题进行深入研究，结合调研当地的实际情况，分析其问题产生的原因，最后结合文献和调查资料，提出可行性的解决对策。

四、项目结果

通过短暂的实地调查和访谈发现，城乡义务教育的推行工作一直得到群众的认可，并且在逐渐地改进政策推行中的不足之处。尽管如此，城乡义务教育一体化在现实生活的发展上还是有一些客观存在的问题，教育质量亟待提高。城乡义务教育一体化发展中主要存在以下几点问题：

（一）城乡师资水平差距过大。教师的质量是教育水平高低的关键，师资的质量、数量和年龄结构是关乎教育质量的三要素。当前城乡经济发展的不平衡是城乡师资水平和城乡教育环境差距大的主要原因。就目前的状况来看，城市的经济水平远远高于一些偏远的乡镇地区，这就使得教师工资水平的差距过大，城市教师待遇远远高于乡镇的教师待遇，城市教师的生活水平高于乡镇教师的生活水平，这种经济的不平衡直接导致了优秀的师资力量都向城市偏移，使得乡镇教师整体的素质偏低，进而使师资力量薄弱的乡镇地区师资更加薄弱，教育质量更是难以得到保证。

（二）大班额日益加剧。城镇学校的总体建设速度难以满足进城务工随迁子女的就学需求，很多地方的学校只好采用扩大现有的班级人数来解决新增学龄人口的就学问题，也有因过去实施重点学校制度导致城镇教育资源配置不均衡而出现的部分学校大班额现象。城镇中小学班额是地方义务教育发展水平的重要标志，既反映了一个地方教育资源供给的总体水平，又反映一个地方教育均衡发展的水平，更反映一个地方教育现代化的水平。解决好城镇中小学大班额问题，既是促进我国新型城镇化的需要，也是加快推进我国教育现代化的必然要求。

（三）教育财政支持的不平衡。当前农村中小学的教学用具配备不健全，甚至在一些偏远地区基本的教学用具需求都难以满足，硬件设施较差，相关的教学设备奇缺，乡镇的中小学还无力配备物理、化学实验室和图书资料以及体育设备，这也就在一定程度上降低了老师的教学质量和学生的自主实践能力；乡镇的学校建设也是以小和杂为主，出现了一个楼层多个年级的混杂现象，这也就加大了学校的管理难度。而在城镇的中小学教育资源配备齐全，各种各样的教学用具供老师和学生使用，有配备完善的教师资源和图书资源，便于学生的自主发挥，学校的建设空间满足学生和老师的要求，整体的教学环境都远远高于农村学校，更有利于学生的全面发展。这些差距的背后反映的是城镇和农村教育财政支持不平衡的问题。

（四）义务教育的课程改革滞后。从当前的教育形式来看，大部分学校还是采取“以老师讲课为主，学生被动听课”的方式，这种传统的教育方式的目的就是为了追求高分数，也就是所谓的“应试教育”。应试教育一直是中国教育事业的一大诟病，在近几年教育文件中，多次提到用素质教育取代应试教育的问题。但在后期学校落实素质教育的问题上出现了很多的障碍，学生难以接受真正的全面素质教育，这也就需要相关部门和社会的共同努力，打破传统应试教育的牢笼，积极落实素质教育课程改革政策。

（五）乡镇教师的专业结构不合理，教授学科冗杂。在乡镇学校美术、音乐、英语、体育等专业的教师严重缺乏，只能是其他学科的老师代课，形成了一个老师身兼数门课程的局面。固定老师的教育观念陈旧，教学方法单一，所以学生接受教育质量低，接受的知识面就较为狭窄。

（六）农村青少年辍学现象严重，辍学率居高不下，辍学是造成农村义务教育质量问题的主要原因。自从全国普及义务教育以来，农村的各级政府为了完成普及九年制义务教育的任务，在财政赤字严重的情况下，还大肆整改学校、建设新校舍，学校的财政极为紧张，但为了维持正常的学校开支，学校变相地加收学费，这样的情况对正常的教学秩序造成了严重的干扰，使得相关的义务教育政策难以真正落实，更使得很多家庭困难的学生得不到正常的学校资金资助，进而出现了大量学生辍学的现象。另一原因就是农村落后的教育观念，农村“读书无用论”的陈旧观念使得家长更不注重孩子的教育问题，甚至有的家长强制让孩子退学外出务工，这也就整体拉低了国家的受教育水平。

（七）城镇中小学乱收费现象仍然存在。像城市的择校收费、补习班收费，乡镇的学杂费、教辅资料费等。这些费用的收取正与义务教育提倡的零学杂费背道而驰。这就需要国家教育部门的大力监督和社会群体的举报监督。

（八）乡镇学校的管理理念落后，管理制度不科学。现在多数的乡镇学校采取的都是量化的管理方法。量化的管理方法注重的成绩，是种种的数据，尽管这种方法是有效的，但却忽视了教育是一个面向人的活动，并且教育活动是一个社会的，国家的工程。教育质量的提高需要的是有激情、有责任心的教师，并不是铁板的制度决定的。应该及时改变这种落后的管理理念，无论是对学生还是对教师都要秉承“以人为本”的管理宗旨。

五、项目分析

通过所收集到的信息，我们选取了以下两个要点进行深入细致的分析，主要分析内容如下：

（1）通过表 1 和图 1 我们可以了解到在受访的 20 名中小学生中，有 50%的学生初次接受义务教育的年龄是 7 周岁，这反映了大多数家长是按照义务教育法的规定年龄自主让孩子接受教育；还有 15%的学生是在 6 周岁就接受了义务教育，另有 25%和 10%的学生分别在 8 周岁和其他年龄段接受了义务教育，这也反映了我国义务教育的宣传和推行还存在着一定的不足之处，城乡义务教育一体化的推行工作还有待改善。

表 1　初次接受义务教育的年龄

		次数	百分比	有效的百分比	累积百分比
有效	6 周岁	3	15.0	15.0	15.0
	7 周岁	10	50.0	50.0	65.0
	8 周岁	5	25.0	25.0	90.0
	其他	2	10.0	10.0	100.0
	统计	20	100.0	100.0	

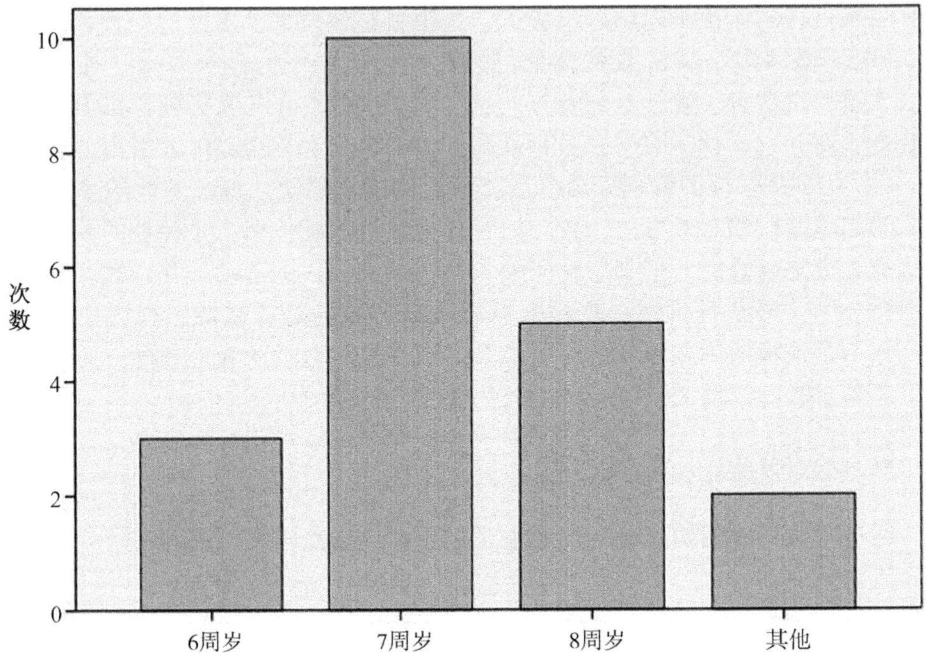

图 1　初次接受义务教育的年龄

（二）从表 2 和图 2 可以看出，被调查的 60 人中反映在义务教育阶段高收费项目课外辅导费占到了 50%，其次是生活费占到了 23. 3%；这也从侧面反映出在当前义务教育阶段还存在乱收费、高收费现象，这也就需要社会和相关部门的有效监督。

表 2　义务教育阶段高收费项目

		次数	百分比	有效的百分比	累积百分比
有效	杂费	13	21. 7	21. 7	21. 7
	生活费	14	23. 3	23. 3	45. 0
	书本费	2	3. 3	3. 3	48. 3
	课外辅导费	30	50. 0	50. 0	98. 3
	其他	1	1. 7	1. 7	100. 0
	统计	60	100. 0	100. 0	

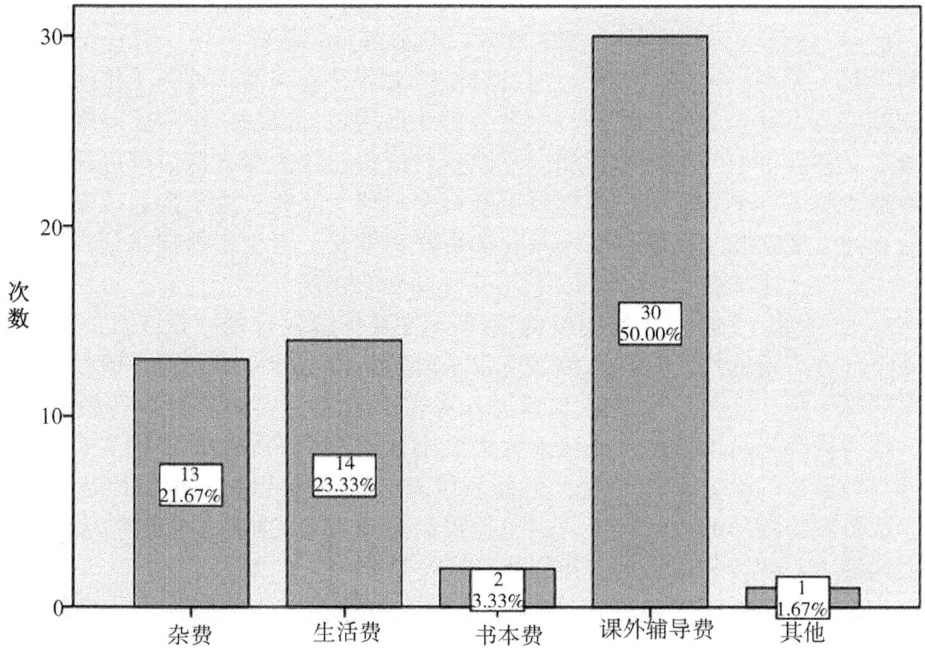

图 2　义务教育阶段高收费项目

六、结论与建议

（一）实践总结：青少年是国家未来的担负者，青少年受教育的层次是祖国未来的发展水平和中国梦的实现程度的主导因素。青少年受教育程度对其自身的成长和发展起到了关键作用。城乡义务教育牵动着我国义务教育的总体质量，决定了未来国家劳动力的素质和经济的发展问题。在国家大力推行城乡义务教育一体化的大背景下，通过对城镇义务教育一体化政策实施的调查，充分了解目前推行该政策中存在的瓶颈问题，并且对问题进行深层的分析，结合相关的文献与当地相关的材料，为调研当地的城镇义务教育一体化推行中存在的问题提出可行性的建议，并且为同类的地区提供可参考的经验支持。此次社会调查也是我们在校大学生向社会展现我校学子朝气蓬勃精神面貌的机会；是我们在校大学生走出校门，将自己所学的专业知识与社会问题相结合的良好契机。这次社会实践让我体会道，“纸上得来终觉浅，绝知此事要躬行”，在社会实践中检验自己的知识和水平。社会实践的磨炼是对专业知识的进一步加固，只有我们真正地深入社会，了解社会和服务于社会，投身于社会实践中去才会进一步地拓宽我们的视野，为我们以后走出校门，踏进社会打下坚实的基础。

（二）建议：百年大计，教育为本；国家兴盛，教育为先。教育关系到国家的兴盛，关系到国家的未来。通过对城镇义务教育一体化推行工作的调查研究，总结出了城乡义务教育推行中主要的几点问题，也从一定程度上揭示了中国城乡义务教育差距的危害性和广泛性。对这些问题的深入探讨可以帮助我们更好地了解城乡义务教育一体化政策推行中的现实问题，为了彻底改变城乡义务教育的失衡状况，使城乡义务教育能更好地发展，青少年能接受到高质量的教育，针对上述问题，提出了以下几条可行性的建议。

1. 加快乡镇中小学人事制度的改革，改善乡镇教师的生活工作条件，促进城乡师资力量的均衡配置。例如可以采取定向招生的方式培养乡镇教师，让更多的高学历、高教育水平的老师进入乡镇学校，切实解决乡镇师资力量薄弱、优秀教师不足的问题；还可以大力鼓励优秀教师下基层，让更多的优秀教师参与到乡镇的教育事业中去；另外乡镇教师的薪资和福利也可以适当地提高，改善乡镇教师的生活环境，这也会提高教师工作的积极性，挖掘乡镇教师更大的潜力，使教师队伍朝着年轻化和高学历化的方向发展，为培养高素质中小学生打下坚实的基础。

2. 推进城乡义务教育改革，推动城乡义务教育的均衡发展。城乡中小学在实现国家规定的基础教育基本要求时，更要因地制宜、实事求是地发展教育事业，实行多样、灵活、开放、自主的办学教学模式。学校要以学生接受高质量的教育为目的，充分利用自身的优势条件，例如借助高科技远程教育手段，将城市的优秀教师资源利用到乡镇教育上去，进而有效促进城乡优质教育资源共享，推动教育事业的全面发展。

3. 教育经费达到城乡均衡、区域均衡。一是要建立稳定的经费保障机制，一定的经费投入是办学的重要保证，也是教育差距的直接表现，因此要确保学生的经费投入真实达到国家的标准；二要不断提高公共资金对义务教育的供给水平，将教育资金分层次、分阶段利用到教育事业需要之处；三是要进一步明确各级教育部门与其相关部门的责任，各级部门要统一调整，将义务教育工作放于首位，重点发展教育事业。

4. 改善乡镇中小学的教学环境，努力缩小城镇办学条件差距。坚持以均衡，分层级、分阶段的方式逐步改善乡镇的教学环境，争取达到城乡同标、区域同标；鼓励和提倡建设标准化中小学，提高乡镇学校硬件配置水平，进一步解决学校服务半径大、大班额严重、教学设备不健全的问题。

5. 改变教学方法，打破应试教育僵局，深入贯彻“优先发展、育人为本、改革创新、促进公平、提高质量”的二十字方针，即把教育摆在优先发展的战略地位；把育人作为教育工作的根本要求；把改革创新作为教育发展的强大动力；把促进公平作为国家的基本教育政策；把提高质量作为教育改革发展的核心任务。在我国《义务教育法》中有若干规定明确指出：“各地要依法坚持就近免试入学制度，不能采取各种形式的考试、考核、测试选拔学生，不能将各种竞赛成绩作为招生的依据。”但是现在很多学校为争夺好的生源，就采取各种考试和竞赛进行优秀学生的选拔活动，这也就导致了多数学生只为挣高分死记硬背，而不注重理解的尴尬局面，这也是应试教育的直接表现形式。这就需要学校将素质教育、全面教育真正落实，并且相关部门要制定一定的监督机制，社会群众也要积极地监督学校的落实情况，做到社会、政府和学校的有机统一。

6. 建立城市中小学对农村中小学的一对一帮助和交流制度。城市优秀师资力量丰厚的、教学质量高的学校帮助乡村师资力量薄弱、教育质量低的学校，帮助的形式可以是资金的资助、教学设备的支援，定期选派优秀教师到指定的乡村学校进行支教活动，使乡村学校在城市学校的帮助下快速发展，提高其教育质量，努力达到城乡学校共同发展。

7. 加大对学校资金的管理力度，提高中小学的财务管理水平。要建立专门的财务管理监督部门，对学校每一笔公费的使用都要进行详细的登记；国家下拨的款项在经过财政部门审核后也要进行登记，实行专户管理，多人监督，努力提高内外部监管的透明度，规范财务核算和日常收支管理，确保教育经费正常运转；每一笔经费的使用都要提交正式的书面申请材料，在经学校部门批审后方可使用资金，严禁私人挪用教育经费，建立不合理使用经费的惩罚制度。

8. 杜绝任何不规范的收费行为。各地的教育行政部门要加大对学校乱收费的查处力度，严格规范学校的收费行为。加大对乱收费学校和个人的惩处力度，用法规约束学校的乱收费现象。

参考文献

[1] 赵勇．当代中国农村义务教育公平性分析［J］．现代农业科技．2009.

[2] 张善余．我国省际人口迁移模式．［M］．1990.

[3] 第十届全国人民代表大会常务委员会第二十二次会议．中华人民共和国义务教育法．［Z］．2006. 06. 29.

[4] 杜威．民主主义与教育［M］．人民出版社，2001.

[5] 北京教育科学出版社．中国教育政策年度分析报告［R］．2004.

[6] 温家宝．政府工作报告［R］．2010. 03. 08.

[7] 中共中央关于教育体制改革的决定［R］．1985. 5. 27.

[8] 中华人民共和国教育部．国家中长期教育改革和发展规划纲要［R］．2010.

[9] 中华人民共和国教育部．县城义务教育均衡发展督导评估暂行方法［R］．2012. 01. 20.

[10] 我国农村义务教育的问题及解决对策［J］．农业技术与装备．2010. 08.

[11] 当代教育论坛．当前农村义务教育存在的问题及其对策［J］．2010. 09.

[12] 第八届全国人民代表大会常务委员会第四次会议．中华人民共和国教师法［Z］．1993. 10. 31.

[13] 第八届全国人民代表大会第三次会议．中华人民共和国教育法［Z］．1995. 03.

[14] 柳欣源．义务教育公共服务均等化的制度构建［J］．华东师范大学学报．2017.

[15] 周丹．义务教育城乡一体化的财政体制研究［D］．武汉大学．2014.

附录一：

城乡义务教育一体化发展瓶颈及对策调查问卷

您好，我们是山东青年政治学院的学生，正在进行一项城乡义务教育一体化发展瓶颈及对策的社会调查。今天向您了解一些关于中国城乡义务教育一体化的问题，您的真实回答有助于我们对当前城乡义务教育问题的充分认识，此调查不记录、不泄露您的任何信息，请您放心填写。您的填写对我们非常重要，希望得到您的支持，谢谢您的支持与合作！

填表说明

（1）在填写问卷之前，请您务必阅读次说明。

（2）请您在每一个问题的后面选上最适合您自己情况的答案选项。

（3）请您自主完成此次问卷的填写。

（4）所有答案没有对错之分，您只需要按照自己的真实情况填即可。

（5）如有不清楚之处请向访问员询问。

（6）现在您可以开始填表。

“城乡义务教育一体化发展瓶颈及对策”项目调研团队

山东青年政治学院

2018 年 2 月 20 日

您好！调研信息只用于分析研究，不用于其他目的。谢谢您的支持！请您在所列问题下做出选择，在□上打√或将您的看法写在“__________”上。

Q1. 您的性别是：

(1) □ 男　　(2) □ 女

Q2. 您在义务教育中的身份是：

(1) □小学教师

(2) □初中教师

(3) □小学生家长

(4) □初中学生家长

(5) □小学生

(6) □中学生

Q3. 您的学历是

(1) □小学及其以下　　(2) □ 初中　　(3) □ 高中、中专

11. □大专　　(5) □ 本科　　(6) □ 研究生及以上

Q4. 您在初次接受义务教育时的年龄是？(此题只用于学生身份作答)

(1) □ 6 周岁 (2) □ 7 周岁 (3) □ 8 周岁

(4) □ 其他 (请说明) ______________

Q5. 您当前每月的工资是？(学生不用作答此题)

(1) □ 2000 元以下 (2) □ 2000—3500 元 (3) □ 3500—4500 元

(4) □ 4500—5500 元 (5) □ 5500—8000 元 (6) □ 8000 元以上

Q6. 您对义务教育的相关政策的了解情况？

(1) □ 很了解　　(2) □ 比较了解　　(3) □ 一般

(4) □ 了解一点　　(5) □ 不了解

Q7. 您的生长环境是？

(1) □ 农村　(2) □ 乡镇　(3) □ 县城　(4) □ 城市

Q8. 您所在班级的学生数额是多少 (若您是家长请填写孩子所在的班级人数)

(1) □ 30 人以内　(2) □ 30—40 人　(3) □ 40 人以上

Q9. 您觉得义务教育阶段所需经费里哪部分收费较高？

(4) □ 杂费　　(2) □ 生活费　　(3) □ 书本费

(4) □ 课外辅导费 (5) □ 其他 (请说明) ______________

Q10、您所在地区中小学教学设施是否齐全？

(1) □ 是　　(2) □ 否

Q11. 您觉得义务教育阶段学校收费给家庭带来的经济负担重吗？

(1) □ 很重，需要借款　　　　(2) □ 还可以，能在接受范围内
(3) □ 没有经济负担　　　　　(4) □ 其他（请说明）＿＿＿＿＿＿

Q12. 老师的年级和科目分配情况是？
(1) □ 每个年级都有自己固定的科目老师
(2) □ 一个老师负责一个年级，负责年级的多个科目
(3) □ 多个年级一个老师，教授同一门课程
(4) □ 一个老师负责多个年级，教授不同的科目
(5) □ 其他（请写明）＿＿＿＿＿＿

Q13. 您认为附近的中小学的主要经费来自（可多选）
(1) □ 上级的专项拨款
(2) □ 当地教育局的拨款
(3) □ 社会群体的资助
(4) □ 学生的学杂费
(5) □ 校办企业
(6) □ 其他

Q14. 您认为影响乡镇义务教育发展的因素有哪些（可多选）？
(1) □ 教育观念
(2) □ 教育经费
(3) □ 教育的整体环境
(4) □ 教师的素质
(5) □ 教育的管理体制
(6) □ 其他（请说明）＿＿＿＿＿

Q15. 您认为师资流向好学校的主要原因是？（可多选）
(1) □ 好学校的收入高
(2) □ 学生的素质高
(3) □ 教学设备充足
(4) □ 其他

Q16. 您对当前城乡义务教育一体化发展有哪些不满的地方？

＿＿＿＿＿＿＿＿＿＿＿＿＿＿＿＿＿＿＿＿＿＿＿＿＿＿＿＿＿＿

＿＿＿＿＿＿＿＿＿＿＿＿＿＿＿＿＿＿＿＿＿＿＿＿＿＿＿＿＿＿

Q17. 您对当前城乡义务教育的推行有哪些意见或建议？

＿＿＿＿＿＿＿＿＿＿＿＿＿＿＿＿＿＿＿＿＿＿＿＿＿＿＿＿＿＿

＿＿＿＿＿＿＿＿＿＿＿＿＿＿＿＿＿＿＿＿＿＿＿＿＿＿＿＿＿＿

再次感谢您花费宝贵的时间来完成本次的调查问卷！

附录二：

关于城乡义务教育一体化发展瓶颈及对策调查的访谈提纲

一、访谈目的：

本次访谈是想通过访谈中的问答，充分了解城乡义务教育的发展困境，根据回答情况对这些问题进行深入的研究，较为客观地认识目前城镇义务教育的瓶颈，针对城镇义务教育问题，提出可行性建议，并对现实政策实践中能够加速推进城乡义务教育一体化的决策进行总结提炼与理论分析。

二、访谈方式：面对面访谈

三、访谈对象：中小学教师

四、提问提纲：

您好，我们是山东青年政治学院的学生，正在进行一项城乡义务教育一体化发展瓶颈及对策的社会调查，今天有幸向您了解一些关于中国城乡义务教育一体化的问题，该访谈内容将严格保密，为保证访谈的真实性和有效性，希望您能如实地回答我们的问题。

1. 老师，您是从事教师这个职业的，请问您当时为什么选择从事这一职业？
2. 您是专业的师范生还是在大学期间主修的其他课程啊？
3. 您在学校是固定负责一个年级的课程，还是身兼多门课程啊？
4. 您所在学校目前是以传统的应试教育为主，还是已经真正开始实行素质教育了呢？
5. 您认为这项工作需要具备怎样的素质、技能和经验呢？
6. 在教师这个行业，学校对刚进入该领域的工作员工一般会进行培训吗？主要进行哪些培训呢？
7. 到目前为止，您工作了多长时间了？
8. 方便谈一下您现在的年收入是多少吗？
9. 您对当前学校给提供的生活环境和工作环境还满意吗？
10. 您觉得现在的职称评定制度怎样？还有绩效工资制度的实行？
11. 您认为目前城市和乡镇的学校存在哪些主要的差异呢？

非常感谢您的配合，此次访谈顺利结束。

五、注意事项：

1. 选取合适的访问对象，提前进行沟通；
2. 访谈地点要选择安静的、不易被干扰的地方；
3. 访谈时机选取适当，控制好访谈时间；
4. 提前准备好访谈需要的设备。